Verwendete Abkürzungen

Internationale Einheiten:

g = Gramm
kg = Kilogramm
ml = Milliliter
L = Liter
C = Celsius
kJ = Kilojoule

Küchentechnische Mengenangaben:

TL = Teelöffel
EL = Esslöffel
Pr = Prise
Tr = Tropfen
Msp. = Messerspitze
Pck = Packung, Päckchen
Ds = Dose
Bd = Bund, Gebinde
Kn = Knolle
St = Stück
kcal = Kilokalorien
B = Becher
Sch = Scheibe
Fl = Fläschchen
W = Würfel
Bl = Blatt

Sonstige Abkürzungen:

GR = Grundrezept
kl = klein
gr = groß
KH = Kohlenhydrate
E = Eiweiß
F = Fett

Luise Haarer / Jörg Ilzhöfer

Kochen und Backen *lernen* nach Grundrezepten

Vollständig neu überarbeitete Ausgabe

Schneider Verlag Hohengehren

Grundlage dieser Neuüberarbeitung ist die von Frau Regina Menne im Jahr 1992 überarbeitete Fassung der Schulausgabe des Haarer-Kochbuchs.

Bildquellenverzeichnis:

Fotos Jörg Ilzhöfer: 11, 58, 66, 69, 84, 170, 211, 212, 216, 234, 235

Studio und Archiv für Foodfotografie Teubner, Füssen: 23, 81, 88, 132, 175, 180, 195

AID, Auswertungs- und Informationsdienst für Ernährung, Landwirtschaft und Forsten e.V., Bonn: 32, 34, 96, 107, 114, 115, 148

CMA,Centrale Marketinggesellschaft der deutschen Agrarwirtschaft m.b.H., Bad Godesberg: 94

Lingen-Verlag, Köln (Köhnen-Kochbuchreihe): 15, 21, 38, 40, 44, 45, 46, 47, 63, 67, 76, 112, 120, 128, 137, 160, 173, 176, 181, 187

MEGA Das Fachzentrum für die Metzgerei und Gastronomie eG, Stuttgart: 62

Melitta Beratungs- und Verwaltungs GmbH, Minden: 227

Union Deutsche Lebensmittelwerke GmbH, Hamburg: 177

Illustrationen: Werner Schmidt, Aichwald

Umschlag: Werbeagentur ARS CORDIS, Fotografie: Thomas Kraut, www.arcordis.de

Bibliografische Information der Deutschen Nationalbibliothek

Die Deutsche Nationalbibliothek verzeichnet diese Publikation in der Deutschen Nationalbibliografie; detaillierte bibliografische Daten sind im Internet über ›http://dnb.dnb.de‹ abrufbar.

ISBN 978-3-98649-035-5

Schneider Verlag Hohengehren, Wilhelmstr. 13, 73666 Baltmannsweiler

Homepage: www.paedagogik.de

Printed in Germany – Druck: Appel & Klinger, Schneckenlohe

Inhaltsverzeichnis

Inhaltsverzeichnis

Inhaltsverzeichnis

Lebensmittelkunde

Inhaltsverzeichnis

Vorwort

Kochen und Backen nach Grundrezepten
Kleine Haushaltskunde, 2. Teil
Bearbeitet von Luise Haarer
Verlag der Burgbücherei (Wilhelm Langguth), Eßlingen a. N.

Unter diesem Titel erschien im Mai 1932 die erste Auflage. Im Vorwort dieses Buches formulierte Luise Haarer Sätze, die auch heute noch gültig sind: „Es hat sich gezeigt, dass man zu einer Fertigkeit im Kochen, Backen und Einmachen nur kommen kann, wenn man als Grundlage die Gesetzmäßigkeiten, die bei der Zusammenstellung der Zutaten und bei der Zubereitung der Speisen wirksam sind, erkennt und die sich daraus ergebenden Regeln einhält. Die meisten Koch- und Backrezepte lassen sich in eine zusammenhängende Gruppe eingliedern. Daraus ergeben sich Grundmengen und Grundrezepte. Die Grundrezepte, die an sich gleichbleiben müssen, können durch verschiedenartiges Würzen, Füllen oder Formen verändert werden. Dieses selbständige Ausschmücken, Ändern, neuartig Zusammenstellen weckt die Freude am Kochen und läßt auch Phantasie und Gemüt zu ihrem Recht kommen."

91 Jahre später ist das Kochbuch immer noch auf dem Markt und findet jedes Jahr zahlreiche Käufer. Weit über eine Million Exemplare der verschiedenen Ausgaben wurden inzwischen verkauft und es war wieder einmal Zeit, die Kochrezepte an die heutigen Ernährungsgewohnheiten und Ernährungsempfehlungen anzupassen. Auch die Zubereitungstechniken haben sich im Lauf der letzten Jahrzehnte seit dem Tod von Luise Haarer (1976) verändert. Ich bin sehr froh in Jörg Ilzhöfer einen Koch und Fachmann gefunden zu haben, der die alten Traditionen kennt und schätzt und gleichzeitig das „Gesamtkunstwerk" in die heutige Zeit fortführen kann.

Im Sommer 2023
Rainer Schneider

Vorwort

„Kochen und Backen nach Grundrezepten“ – eine Grundfibel, welche vor über 90 Jahren von Frau Luise Haarer herausgebracht wurde. Generationen ist dieses Werk der Inbegriff für Kochen und Backen, das Nachschlagewerk für fast alle Grundrezepte und Grundinformationen rund um die Themen Kochen und Backen.

Und das bis heute! Denn wenn sich ein Buch in dieser Art schon seit 3 Generationen hält, sich die eine und andere Neuauflage erlaubt und immer noch so erfolgreich ist, dann ist dies eine besondere Auszeichnung – welche heute in unserer schnelllebigen Zeit besonders positiv ins Gewicht fällt.

Doch eine Herausforderung war dies auch. Die wunderbaren und immer noch gültigen Grundrezepte von Frau Luise Haarer auf der einen Seite – die geänderten Koch-, Back- & Essgewohnheiten der heutigen Zeit auf der anderen Seite. Luise Haarer gerecht werden und doch die aktuellen Stile und Zubereitungsarten nicht außer Acht lassen, haben diese Überarbeitung zu einem besonderen Abenteuer gemacht. Ich hoffe sehr, dass dies im Sinne aller gelungen ist!

Auch haben wir versucht, den ursprünglichen Aufbau der Rezepte und deren Darstellung nicht groß zu verändern – auf der linken Seite die Zutaten und auf der rechten Seite die kurzen und prägnanten Arbeitsanweisungen. Ebenfalls sind die einzelnen Themenwelten mit einem farblichen Balken markiert, um schnell und sicher zwischen den Themen zu wechseln. Ergänzt haben wir um aktuelle Themen wie eine kleine Messerkunde sowie Wissenswertes zu Pfannen oder Schneidebrettern.

In diesem Sinne – Ihnen allen viel Freude beim Kochen und Backen sowie beim Genießen – verbunden mit fein abgeschmeckten Grüßen,

Ihr Jörg Ilzhöfer

Hygiene im Umgang mit Lebensmitteln

- Schauen Sie immer, dass mögliche Wunden an den Händen und Fingern sauber und ordentlich verbunden sind. Evtl. können auch noch Einweghandschuhe helfen.
- Nehmen Sie zum Probieren immer einen frischen Löffel.
- Schauen Sie, dass Sie Ihre Küchenhelfer (Teigschaber, Schneebesen, Schüsseln, etc.) immer gut – und gegebenenfalls auch in der Spülmaschine reinigen.
- Lagern Sie Ihre Lebensmittel immer sachgerecht und (wenn nötig) gut gekühlt. Lebensmittel im Kühlschrank immer in gut schließbaren und lebensmittelechten Gefäßen lagern. (Keine Lebensmittel in geöffneten Konservendosen lagern.)
- Geflügelfleisch nicht unter kaltem Wasser abbrausen, sondern lediglich mit einem Küchenpapier sauber und trocken abtupfen. (Durch das Abbrausen gelangen z. B. Salmonellen in Form des Feuchtigkeitsnebels auf den Spülbereich und in die Küche.)

Herde

Grundsätzlich wird zwischen einem Gasherd, einem Elektroherd und einem Induktionsherd unterschieden.

Achten Sie hier bitte immer auf die Hinweise und Empfehlungen der einzelnen Anbieter und Hersteller bzgl. der richtigen Hitze und Einstellungen.

Backofen

Grundsätzlich wird unter einem Gasbackofen, einem Elektrobackofen, einem Heißluftbackofen und einem Umluftbackofen unterschieden.

Gas- und Elektrobacköfen heizen in der Regel über die Ober- und Unterseite des Innenraumes, bzw. auch über die Seitenwände. Bei einem Heißluftofen wird die Luft direkt am Ventilator über einen Ringheizkörper in den Innenraum gebracht. Bei einem Umluftofen wird die Ober- & Unterhitze mittels eines Ventilators direkt im Raum gleichmäßig verteilt.

Bei einem Umluft-oder Heißluftofen kann im Gegensatz zum klassischen Backofen die Temperatur um bis zu 20 Grad reduziert werden.

Töpfe und Pfannen

Bei einem Elektroherd ist darauf zu achten, dass der Topf- oder Pfannenboden möglichst gleich groß wie die Herdplatte (auch bei einem Ceranfeld) ist.

Dies gilt ebenso bei einem Gasherd – hier ist auf die Größe des Flammenrings zu achten.

Bei einem Induktionsherd wird der Topf oder die Pfanne auf Grund der Technik immer ideal mit der Wärme versorgt.

Siehe dazu das Kapitel „Pfannenübersicht“ auf Seite 229.

Die Messer

In der Regel reichen für die Grundausstattung 4 verschiedene Messer:

- Officemesser / 9 – 11 cm für Gemüse, kleine Schneidearbeiten, etc.
- Kochmesser / 16 – 18 cm für Fleisch, Gemüse, Fisch, Kartoffeln, etc.
- Kochmesser / 22 – 25 cm für Bratenstücke, große Fische, Auberginen, Gurken, etc.
- Brotmesser – Wellenschliffmesser / 24 – 26 cm für Brote, Kuchen, etc.
- alle weiteren Messer sind zusätzlich und je nach Interesse beim Kochen.

Siehe dazu das Kapitel „Messer-Guide“ auf Seite 231.

Siehe dazu das Kapitel „Schneidebretter“ auf Seite 236.

Wiegen und Messen

Vor allem beim Backen sind die Mengenangaben bei Rezepten einzuhalten. Hierzu dienen meist eine Waage oder ein Messbecher / Litermaß. Ebenso gibt es Rezepte, in welchen Teelöffel (TL) oder Esslöffel (EL) als Maß angegeben werden.

Wenn Flüssigkeiten in Gramm angegeben werden, diese nicht automatisch in Liter umrechnen, also 100 g Milch in 0,1 L Milch ändern. Dies gilt nur bei Wasser. Alle anderen Flüssigkeiten bitte genau abwiegen.

Löffelmaßtabelle

Kleine Gewichts- oder Flüssigkeitsmengen können besser mit Löffeln oder Tassen bestimmt werden, da, bis auf die Elektronenwaage, nicht so kleine Einteilungen vorhanden sind.

1 gestrichener TL	= 1/3 gestrichener EL
1 gestrichener EL	= 3 gestrichene TL
1 gehäufter EL	= 2 gestrichene EL
1 TL Flüssigkeit	= 5 ml
1 EL Flüssigkeit	= 15 ml
1 Likörglas	= 20 ml
8 EL Flüssigkeit	= 125 ml = 1/8 L
	= 1 Normaltasse randvoll
1 Suppenteller	= 250 ml bzw. g

Ernährung

Grundsätzlich haben wir alle Lebensmittel zu allen Jahreszeiten – doch es ist empfehlenswert hier immer auf die Saison zu achten. Dann sind diese frischer und nachhaltiger, dies auch in Hinblick auf den Transport, die Lagerung, sowie die Zubereitung.

Ebenso ist zu berücksichtigen, dass wir bei Tieren oder bei Gemüsen nicht nur einige wenige Teile verarbeiten, sondern schon aus Respekt dem Lebensmittel gegenüber so gut wie alles verarbeiten. Also zum Beispiel nicht nur die Kohlrabiknolle, sondern auch die Stiele und die jungen Blätter (z. B. für einen Salat).

Hier einige Richtlinien und Anhaltspunkte, die zur Orientierung bei der persönlichen Ernährung dienen, welche auch immer vom jeweiligen und individuellen Stoffwechsel abhängig ist. Grundsätzlich ist es wohl am wichtigsten, sich ausgewogen zu ernähren, sich nicht zu kasteien, zwanghaft auf bestimmte Lebensmittel zu verzichten, welche meist angeblich schlecht für den eigenen Körper sind. Jeder Körper reagiert auf unterschiedliche Lebensmittel anders und individuell – wird anders verstoffwechselt, und was für die eine Person gut ist, muss für die andere Person nicht ebenso gut sein. Hören Sie vor allem auf sich selbst und Ihren Körper – und auf Ihr gesundes Bauchgefühl!

Ebenso gehört ein persönliches Maß an Getränken mit zu einer persönlichen Ernährung – diese immer verbunden mit der Zuführung von Mineralstoffen, Vitaminen oder auch Fruchtzucker.

Wieviel Energie braucht der Mensch und welche Nährstoffe sind nötig?

1 g Eiweiß	liefert	17 kJ	=	4 kcal
1 g Kohlenhydrate	liefert	17 kJ	=	4 kcal
1 g Fett	liefert	38 kJ	=	9 kcal
1 g Alkohol	liefert	30 kJ	=	7 kcal (Alkohol ist kein Nährstoff)

Die Energie, welche für den täglichen Ablauf benötigt wird, unterscheidet sich in Grundumsatz und Leistungsumsatz.
Der Grundumsatz (Ruheenergiebedarf) ist für die reinen Körperfunktionen wie Atmen, Herztätigkeit, etc. zuständig.

Der Leistungsumsatz ist für die zusätzlichen körperlichen Tätigkeiten wie Laufen, Rennen, schwer körperliche Tätigkeit, Freizeitaktivitäten etc. zuständig.

Grundsätzlich und als Beispiel teilen sich die beiden Energieumsätze (je nach Alter und Geschlecht und Gewicht) wie folgt auf:

* 50–75 % Grundumsatz
* 15–50 % Leistungsumsatz

Kalorienbedarf als grundsätzliches Beispiel

Alter	Frauen / kcal-Tag	Männer / kcal-Tag
19–24	1900	2500
25–50	1900	2400
51–64	1800	2200
65 und älter	1600	2000

Wieviel sollte man wiegen (nur grobe Richtwerte)?

			Beispiel:
Normalgewicht	=	Körpergröße in cm – 100 = xx kg	175 cm – 100 = 75 kg
Idealgewicht	=	Normalgewicht – 10 % bei Männern	75 kg – 7,5 kg = 67,5 kg
	=	Normalgewicht – 15 % bei Frauen	75 kg – 11,25 kg = 63,75 kg
Übergewicht	=	Normalgewicht + ab 10 % bis 20 %	75 kg + 7,5 kg = 82,5 kg 75 kg + 15 kg = 90 kg
Fettsucht	=	Normalgewicht + über 20 %	75 kg + 15 kg = ab 90kg
Untergewicht	=	Normalgewicht – ab 20 %	75 kg – 15 kg = unter 60 kg

Bei Untergewicht sowie bei Übergewicht muss immer ein Arzt aufgesucht werden, da es nahe liegt, dass eventuell Krankheiten wie Stoffwechselstörungen oder Magersucht beziehungsweise Kreislaufstörungen oder Herzbeschwerden zu berücksichtigen sind.

Wissenswertes über den Nährstoff Eiweiß

Jede Körperzelle besteht aus einem Eiweißgerüst. Da das Körpereiweiß für den Neuaufbau von Zellen und anderen Körperfunktionen fortlaufend ab- und aufgebaut wird, muss dem Körper ständig Eiweiß zugeführt werden. Die Eiweißbausteine bestehen aus 22 Aminosäuren. Der menschliche Körper benötigt davon aber nur 8, die essentiellen Aminosäuren. Aus diesen 8 Aminosäuren baut der Körper seine eigenen Eiweiße auf. Je mehr von allen 8 Aminosäuren in einem Lebensmittel sind, desto hochwertiger ist das Eiweiß für den Menschen.

Beispiel:

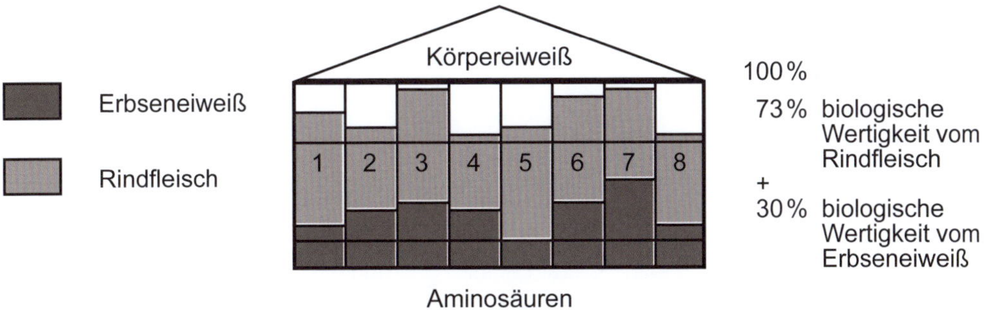

Tierische Eiweißstoffe besitzen mehr von diesen 8 Aminosäuren als pflanzliche. Deshalb ist eine ausgewogene Kombination aus tierischen und pflanzlichen Eiweißstoffen am besten.

Beispiele:	Kartoffeln	mit Milch, Ei, Fleisch oder Fisch
	Getreide	mit Milch, Ei, Fleisch oder Hefe
	Hülsenfrüchte	mit Milch, Ei, Fleisch oder Getreide

Wissenswertes über den Nährstoff Fett

Auch das Fett hat wichtige Aufgaben in unserem Körper. Es ist deshalb notwendig, genau die richtige Menge an Fett zuzuführen. Fette erfüllen folgende Aufgaben:

- Fette sind Träger der essentiellen, ungesättigten Fettsäuren, die der Körper benötigt, aber nicht selbst herstellen kann, außerdem liefern sie die meiste Energie pro Gramm.
- Fette sind Träger der fettlöslichen Vitamine A, D, E und K.
- Fette dienen in Form von Depotfett als Schutz gegen Stöße und Kälte und zum Schutz der beweglichen Organe wie Augen, Herz und Nieren, zusätzlich als langfristige Energiequelle.
- Fette können die Kohlenhydrate und Eiweiße als Energiequelle ersetzen.
- Fette verzögern die Magenentleerung und sind langsamer verdaulich, deshalb bewirken sie eine lang anhaltende Sättigung.

Ein Zuviel an Fetten bedeutet Übergewicht!

Die verschiedenen Fette

Ein Fettmolekül besteht aus zwei verschiedenen Bausteinen:

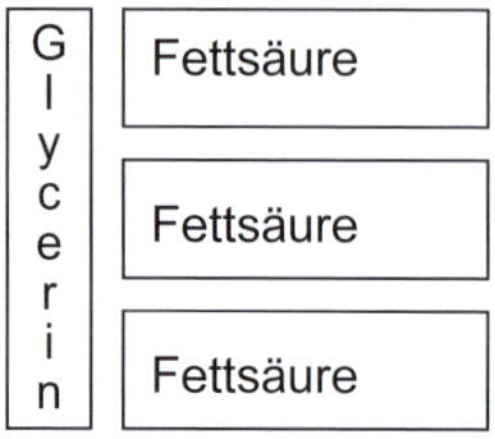

Die Fettsäuren unterscheiden sich wiederum durch ihren Aufbau in folgende Gruppen:

1. nach der Kettenlänge – langkettige Fettsäuren
   kurzkettige Fettsäuren
2. nach der Anzahl der Doppelbindungen
   – ohne Doppelbindung = gesättigte Fettsäuren
   mit Doppelbindungen = ungesättigte Fettsäuren

Für den menschlichen Körper sind die kurzkettigen und ungesättigten Fettsäuren sehr wichtig. Die langkettigen, gesättigten Fettsäuren sind für unseren Körper ohne Bedeutung und sollten deshalb gemieden werden. Sie bringen nur unnötige Energie. Die wichtigen kurzkettigen oder ungesättigten Fettsäuren befinden sich hauptsächlich in pflanzlicher Nahrung. Tierische Fette besitzen außerdem noch das Cholesterin, das eine besondere Bedeutung für den Blutfettspiegel hat. Es empfiehlt sich neben einem sparsamen Umgang an z. B. Butterschmalz (in der Ayurveda-Küche und -Medizin auch Ghee – das Lebenselixier – genannt) auch die Verwendung von Rapsöl, Sonnenblumenöl, Distelöl oder Olivenöl. Hier ist zwar zum Teil auf die längere Erhitzung bei der Zubereitung von Speisen zu achten, doch sie enthalten eben mehrfach ungesättigte Fettsäuren, z. B. Linolsäure, eine Säure, die den Blutfettspiegel zu senken vermag. Besonders zu beachten sind versteckte Fette bei Fleisch, Wurstwaren und Brotaufstrichen. Durch eine fettarme Zubereitung, z. B. durch fettsparende Garmethoden, lässt sich die Energiezufuhr durch Fett deutlich reduzieren.

Wissenswertes über den Nährstoff Kohlenhydrat

Die Kohlenhydrate sind die wichtigsten Nährstoffe für den menschlichen Körper. 50–60 % der Energie sollten durch Kohlenhydrate gedeckt werden. Der Körper gewinnt aus den Kohlenhydraten den Traubenzucker, der die Energie für jede Zelle liefert. Nerven- und Gehirnzellen können nur aus Traubenzucker die nötige Energie gewinnen. Ein Überschuss an Kohlenhydraten wird zu Depotfett umgewandelt und angelagert, das bedeutet Übergewicht.

Die Kohlenhydrate unterteilt man in drei Gruppen:

I. Einfachzucker ☐	– Traubenzucker		→ Obst, Honig	
	Fruchtzucker		→ Obst, Honig	
	Schleimzucker		→ Milchzucker	
II. Doppelzucker ☐ ☐	– Rohr- oder Rübenzucker	= Traubenzucker + Fruchtzucker	→	Zuckerrohr, Zuckerrüben
	Malzzucker	= Traubenzucker + Traubenzucker	→	Gerste, Bier Malzextrakt
	Milchzucker	= Traubenzucker + Schleimzucker	→	Milch, Milchprodukt
III. Vielfachzucker ☐ ☐ ☐ ☐	– Stärke		→ Kartoffeln, Getreide, Hülsenfrüchte	
	Glykogen		→ Leber	
	Dextrine		→ Abbauprodukt der Stärke, z. B. Brotkrusten, Zwieback	

Die Bedeutung der Kohlenhydrate für den Körper

1. Einfach- und Doppelzucker haben eine hohe Süßkraft und werden deshalb zum Süßen von Speisen verwendet.
2. Kohlenhydrate sind der Hauptenergielieferant für den Körper. In Form von Glykogen können kurzfristige Energievorräte angelegt werden.
3. Die Vielfachzucker haben eine geringe Süßkraft, dafür aber einen hohen Sättigungswert. Stärke wird langsam verdaut. Zellulose – Ballaststoffe – sind nicht verdaulich, fördern aber die Magen- und Darmtätigkeit und rufen ein langes Sättigungsgefühl hervor.

Man sollte Nahrungsmittel bevorzugen, die einen hohen Anteil an Vielfachzuckern wie Stärke und Zellulose haben. Je naturbelassener die pflanzliche Kost ist (Vollkornprodukte), um so mehr Vitamine und Mineralstoffe enthält sie, desto besser für den Körper.

Das Wasser

Das lebensnotwendige Wasser dient dem Körper als Baustoff, etwa 60% des Körpers ist Wasser, als Regulator für die Körpertemperatur und Lösungs- und Transportmittel für Sauerstoff, Nährstoffe und Abfallstoffe. Wir können nur 3 Tage ohne Wasser leben, aber 3 Wochen ohne Nahrung.

In der Nahrungszubereitung dient Wasser der Reinigung, der Wärmeübertragung beim Kochen, Dünsten, Dämpfen und als Lösungsmittel für Nährstoffe, Aroma- und Farbstoffe und Wirkstoffe wie z. B. bei Suppen, Tee und Kaffee.

Mineralstoffe

Mineralstoffe sind anorganische Stoffe. Sie sind lebensnotwendig und müssen täglich zugeführt werden. Man teilt sie ein in Mengenelemente wie Natrium, Kalium, Calcium, Magnesium und Spurenelemente wie Eisen, Jod, Mangan und Zink. Die Mengenelemente dienen hauptsächlich dem Aufbau der Knochen und Zähne, sowie der Reizleitung und der Aufrechterhaltung des osmotischen Druckes der Körperflüssigkeit. Die Spurenelemente sind am Ablauf des Stoffwechsels beteiligt wie z. B. Eisen beim Sauerstofftransport, Jod im Schilddrüsenhormon am Grundumsatz und Zink an der Insulinsynthese.
Die Natriumzufuhr erfolgt überwiegend durch die Kochsalzaufnahme. Sie ist häufig zu hoch und führt oft zu Bluthochdruck. Calcium wird durch Milch und Milchprodukte geliefert.
Alle Mineralstoffe sind wasserlöslich, deshalb muss bei der Verarbeitung besonders auf eine sachgerechte Behandlung der Lebensmittel geachtet werden.

Vitamine

Vitamine gehören ebenfalls zu den Reglerstoffen, die für den Körper sehr wichtig sind.
Man teilt die Vitamine in zwei Gruppen ein.
I. Fettlösliche Vitamine – A, D, E, K
II. Wasserlösliche Vitamine – C, B – Komplex , H
Vitamine können, bis auf zwei – A, D –, nicht im Körper gespeichert werden. Da sie an allen Stoffwechselvorgängen beteiligt sind, müssen sie täglich in richtiger Menge zugeführt werden. Geschieht dies nicht, so kann es früher oder später zu schweren Krankheiten kommen. Eine zu reichliche Zufuhr an Vitamin A kann zu Erbrechen, Durchfall, Schleimhautblutungen, Knochenbrüchen und Übererregbarkeit führen. Dies ist bei der Säuglingsernährung zu beachten, da das Provitamin A in Möhren (Karotten) vorkommt und diese häufig verwendet werden. Um die Vitamine zu erhalten, ist auf eine sorgfältige Vor- und Zubereitung zu achten.

Siehe zum Thema Mineralstoff- und Vitaminschonende Verarbeitung die Kapitel „Obst und Gemüse“ auf den Seiten 31 und 205.

Eine gute Suppe zu Beginn eines Essens regt den Appetit an und nimmt ebenfalls den ersten Hunger. Sie ist in der Regel anregend, leicht verdaulich, versorgt den Körper mit Flüssigkeit und wirkt auch als „Seelenschmeichler".

Man unterscheidet grundsätzlich zwischen
1) klare Suppe mit und ohne Einlage
2) gebundene Suppe mit und ohne Einlage.

Klare Suppe

Klare Suppen sind meist Fleisch- oder Geflügelbrühen, welche durch vorsichtiges Auskochen von Suppenfleisch, Suppenknochen oder einem Suppenhuhn gemeinsam mit frischen Gemüsen gewonnen werden. Sie dienen als gesunde Trinkbrühen oder als wohltuende Vorspeise mit oder ohne Einlage.

Zutaten Fleischbrühe

Zutaten im Topf

Zutaten Gemüsebrühe

Zutaten im Topf

Hühnerbrühe

1. Zutaten in einen Topf geben.
Das Huhn in Stücke zerteilen sowie die Innereien gut mit kaltem Wasser abspülen – gemeinsam mit dem Gemüse und den Gewürzen in einen hohen Topf geben.

2. Mit Wasser bedeckt aufkochen.
Mit kaltem Wasser auffüllen (bis 8 cm über den Zutaten) und langsam zum Kochen bringen. Kochzeit: 1,2 –2 Stunden

3. Die Brühe abschäumen.
Sobald der Kochpunkt erreicht ist, sammelt sich gräulicher Schaum an der Oberfläche. Diesen mit einem größeren Löffel vorsichtig von der Mitte an den Rand abschöpfen und entsorgen.

4. Die Hühnerbrühe durchsieben.
Ein Sieb mit einem Passiertuch auslegen, die Brühe vorsichtig hineingießen, ruhig ohne Pressen in den Topf darunter durchlaufen lassen.

5. Warme Brühe entfetten.
Auf die noch warme Brühe Papierküchentücher auflegen und vorsichtig über den Rand wegziehen.

ODER

6. Kalte Brühe entfetten.
Brühe im Topf aus dem Kühlschrank nehmen (mind. 6 Stunden) und das nun feste Fett von der Oberfläche mit Hilfe eines Löffels abheben. Dieses Fett kann zum Anbraten oder Schmoren verwendet werden.

Knochenbrühe – Grundrezept für 4-6 Portionen

500 g Fleischbrühe 1 Markknochen	→	mit kaltem Wasser abwaschen, mit Küchenpapier abtupfen
2 Karotten 1/2 Lauchstange 1/2 Sellerieknolle 2 Zwiebeln (mit Schale) Petersilie	→	waschen, in grobe Stücke schneiden
25 g Butterschmalz	→	im Topf erhitzen, 1) Fleischknochen 2) Gemüse anbraten
3 L kaltes Wasser	→	zugeben
2 Lorbeer 2 Nelken 2 Wacholder 5 Pfefferkörner 1 TL Salz	→	im Gewürzsäckchen zugeben, 2 1/2 Stunden leicht köcheln lassen, abschäumen

Hinweis: Diese Knochenbrühe ist meist etwas trüber und dient zum Auffüllen von gebundenen Suppen.

Fleischbrühe – Grundrezept für 4-6 Personen

500 g Fleischknochen	→	mit kaltem Wasser abwaschen, mit Küchenpapier abtupfen
2 Karotten 1/2 Lauchstange ½ Sellerieknolle 2 Zwiebeln (mit Schale) Petersilie	→	waschen, in grobe Stücke schneiden
3 L kaltes Wasser	→	mit allen Zutaten in einen Topf geben
2 Lorbeer 2 Nelken 2 Wacholder 5 Pfefferkörner 1 TL Ingwer 1 Knoblauchzehe 1 TL Salz	→	im Gewürzsäckchen zugeben, 2 ½ Stunden leicht köcheln lassen, abschäumen
	→	Brühe durch Sieb und Passiertuch geben, gegartes Fleisch würfeln und als Suppeneinlage verwenden

Gemüsebrühe – Grundrezept

500 g Gemüse, z. B. Sellerie, Möhren, Zwiebeln (halbiert mit Schale), Lauch, Petersilie – entsprechend der Jahreszeit auswählen	→	waschen, in grobe Stücke schneiden
40 g Butterschmalz oder Sonnenblumenöl	→	erhitzen, Gemüse darin andünsten
2 L heißes Wasser 1 TL Salz	→	zugießen
2 Lorbeer 2 Nelken 2 Wacholder 1 TL Ingwer 4 Pfefferkörner	→	im Gewürzsäckchen zugeben, 2 Stunden leicht köcheln lassen
	→	Brühe durch ein Sieb und Passiertuch geben
1 Bd. gehackte Petersilie 1 Msp. Muskat, frisch gerieben	→	als Garnitur über die heiße Suppe geben

Hühnerbrühe – Grundrezept

1 Suppenhuhn (1 kg)	→	gründlich mit kalten Wasser waschen und säubern
2,5 L kaltes Wasser 1–2 TL Salz 2 Karotten ¼ Sellerieknolle 2 Zwiebeln, halbiert mit Schale 1 Zweig Thymian	→	Wasser aufkochen und Zutaten zugeben
1 Scheibe Ingwer 2 Pfefferkörner 1 Lorbeer 2 Nelken 2 Wacholder	→	im Gewürzsäckchen zugeben, 2 Stunden leicht köcheln lassen
	→	Brühe durch ein Sieb und Passiertuch geben, das zarte Hühnerfleisch von den Knochen lösen, als Einlage verwenden

Klare Ochsenschwanzsuppe

500 g Ochsenschwanz	→	in 2 cm dicke Stücke geschnitten
40 g Butterschmalz	→	erhitzen, Ochsenschwanzstücke auf 2–3 Mal scharf anbraten
2 Karotten	→	gewaschen, grob geschnitten
2 Zwiebeln, halbiert mit Schale 1 Stück Staudensellerie	→	mit dem gesamten Ochsenschwanz kurz mitdünsten
1 TL Salz 5 Pfefferkörner 2 Piment 2 Nelken 1 Lorbeer	→	mit in den Topf geben
100 ml Madeira 100 ml Portwein	→	zugießen und ablöschen, rühren bis sich der Bodensatz ablöst
2 L kaltes Wasser	→	zugießen, 2–2 1/2 Stunden leicht köcheln lassen, evtl. abschäumen
	→	Brühe durch Sieb und Passiertuch geben, gegartes Ochsenschwanzfleisch vom Knochen nehmen, würfeln und als Suppeneinlage verwenden

Gebundene Suppen

Gebundene Suppen sind meistens Gemüsesuppen. Man kocht das Gemüse knapp gar. Die Mehlschwitze (Einbrenne) wird mit dem Gemüsekochwasser abgelöscht und das Gemüse zerkleinert zugegeben. Alles zusammen nochmals aufkochen lassen und die Suppe heiß servieren.
Als Geschmacksverfeinerung werden häufig eine Zwiebel fein gewürfelt, die in etwas Butterschmalz oder Öl glasig gedünstet wird, hinzugegeben. Weitere finale Zutaten sind geschnittene / gehackte Kräuter (Schnittlauch, Petersilie), die kurz vor dem Servieren darübergestreut werden. Sahne und Eigelb verfeinern zwar ebenfalls den Geschmack und geben eine cremige Bindung, führen beim anschließenden erneuten Aufkochen oder Erwärmen auch zum Gerinnen.

Helle Grundsuppe – Grundrezept				
Einbrenne:	30 g	Fett	→	zerlassen, nicht bräunen lassen!
	35 g	Mehl	→	trocken einstreuen, rühren bis Bläschen entstehen
	1 L	heiße Brühe kalte Flüssigkeit	→	erst nur etwas zugießen und mit dem Schneebesen eine glatte Masse rühren, die weitere Flüssigkeit langsam unter ständigem Rühren zugießen
			→	ca. 5 Min. durchkochen lassen
	Gewürze, Kräuter		→	nach Geschmack würzen

Hinweis: Beim Aufwärmen darf man die Suppe nicht kochen lassen. Das Mehl verliert sonst an Bindekraft und die Suppe wird zu flüssig.

Tipp: In der Regel wird kalte Flüssigkeit zugegossen, es geht jedoch auch warme Flüssigkeit – hier ist zwar das Risiko für eine Klümpchenbildung größer, jedoch bindet es mit warmer Flüssigkeit besser und schneller.

Blumenkohlsuppe

1 kleiner Blumenkohl (ca. 400 g)	→	putzen, waschen, in Röschen teilen
1,5 L kaltes Wasser	→	zugießen
1 TL Salz	→	zugeben, 20–30 Min. garkochen lassen, die Gemüsebrühe auffangen
30 g Fett 35 g Mehl	→	Einbrenne herstellen
3/4 L Blumenkohlbrühe 1/4 L Milch 1/4 L Sahne	→	schrittweise zugießen, 5 Min. durchkochen lassen
Abrieb von 1/4 Zitronenschale Prise frisch geriebener Muskat Pfeffer	→	Suppe vorsichtig damit abschmecken
Blumenkohlröschen	→	etwas zerkleinern und wieder zur Suppe geben, heiß servieren

Spargelsuppe

500 g geschälter in 3 cm Stücke geschnittener Spargel 1 L Wasser 1 TL Salz	→	zum Kochen bringen, ca. 20 Min. Garzeit
30 g Fett 35 g Butter	→	Mehlschwitze herstellen
1 L Spargelbrühe (Spargelstücke zurückbehalten) $^1/_4$ L Sahne	→	schrittweise zugießen, ständig rühren, 5 Min. durchkochen lassen
Salz, Pfeffer, 40 g Butter Abrieb von $^1/_3$ Zitrone Muskat frisch gerieben	→	abschmecken
	→	Spargelstücke aus dem Spargelsud zugeben, heiß servieren

Rezeptübersicht

Gemüseart	weitere Zutaten	Zubereitung	Garzeiten
Porreesuppe	1 große Stg. Porree (ca. 200 g) 1 Zwiebel	→ in Ringe schneiden	15 Minuten
Selleriesuppe	1 Knolle Sellerie (ca. 200 g) 1 Zwiebel	→ in feine Würfel schneiden	30 Minuten
Champignon-suppe	250 g Champignons 1 kleine Zwiebel	→ in feine Scheiben schneiden	30 Minuten
Tomatensuppe	4 große Tomaten (ca. 400 g) 1 Zwiebel (50 g durchwachsener Speck)	→ in feine Würfel schneiden	10 Minuten
Brockelerbsen-suppe	500 g Brockelerbsen 1 Zwiebel	→ würfeln	30 Minuten

Hinweis: Die Palerbsen, Schal- oder Brockelerbsen vertragen leichten Frost, werden früh ab März gelegt, die trockenen Samen bleiben rund und werden als Grün- oder Trockenerbsen verwendet.

Dunkle Grundsuppe – Grundrezept				
Einbrenne:	**30 g**	**Butter**	→	erhitzen, bis das Fett etwas gebräunt ist
	50 g	Mehl	→	trocken einrühren und braun rösten lassen, durch das Rösten verliert Mehl an Bindefähigkeit, deshalb ist die Mehlmenge erhöht
	1	Zwiebel	→	würfeln, zugeben und etwas mitrösten
	1 L	kalte Flüssigkeit	→	damit ablöschen, schrittweise zugießen, aufkochen lassen, ca. 5 Min. köcheln lassen
		Salz, Gewürze und Kräuter	→	zum Abschmecken nach Belieben
		Einlagen	→	nach Geschmack

Gebundene Ochsenschwanzsuppe

500 g Ochsenschwanz	→	in 2 cm dicke Stücke zerteilen
3 EL Butterschmalz	→	erhitzen, Ochsenschwanzstücke scharf anbraten, aus dem Topf nehmen
2 Karotten	→	waschen, grob schneiden
2 Zwiebeln, halbiert mit Schale 1 Stück Staudensellerie	→	im Topf scharf anbraten
1 EL Tomatenmark	→	zugeben, scharf anbraten, Fleisch wieder zugeben
1/2 L Rotwein 1/2 L Brühe 1 TL Salz 5 Pfefferkörner 2 Piment 2 Nelken 1 Lorbeer	→	zugeben, aufkochen lassen, 2 Stunden leicht köcheln lassen, Fleisch entnehmen und von den Knochen nehmen
30 g Butter 50 g Mehl	→	dunkle Mehlschwitze herstellen, mit der Ochsenschwanzbrühe ablöschen, aufkochen, 5 Min. köcheln lassen
1/4 L Rotwein 1/8 L Madeira 1 EL Sherry Abrieb von 1/4 Zitrone	→	abschmecken, Fleischstücke zugeben und heiß servieren

Gulaschsuppe

250 g Rindfleisch (Schulter)	→	in 2 cm große Würfel schneiden
2 EL Butterschmalz	→	erhitzen, Fleischwürfel scharf anbraten
2 Zwiebeln, geschält 1 rote Paprika	→	würfeln, scharf mit anbraten
1 EL Tomatenmark	→	mit anbraten
1 L Brühe 1/4 L Rotwein 250 g Kartoffelwürfel (geschält)	→	zugeben
1 TL Salz 1 TL Paprikapulver, edelsüß 1/2 TL ger. Paprikapulver 1 Knoblauchzehe (geschält) Pfeffer	→	würzen, aufkochen, 40–50 Min. Garzeit
30 g Butter 50 g Mehl	→	dunkle Mehlschwitze herstellen, die Brühe mit den Fleischwürfeln löffelweise mit der Suppenkelle zugeben, aufkochen, 5 Min. köcheln lassen
1/4 Zitronenschale	→	final mit der heißen Suppe aufkochen
2 EL Petersilie, gehackt	→	die Suppe damit garnieren

Gebundene Suppen mit anderen Bindemitteln

Geröstete Grießsuppe

30 g Butter	→	zerlassen
60 g Grieß	→	einstreuen, hellgelb anrösten
1 L Brühe	→	ablöschen, aufkochen, 15 Min. Garzeit
Salz, Pfeffer, Muskat	→	abschmecken
2 EL Petersilie, gehackt	→	die Suppe damit garnieren

Käsesuppe

1 L Brühe	→	erhitzen
2 Eier 50 g Grieß 100 g Bergkäse, gerieben 125 ml Sahne Salz Pfeffer	→	gut verquirlen, unter ständigem Rühren einlaufen lassen, nicht mehr kochen sondern 5 Minuten mit mittlerer Temperatur stocken lassen
1/8 L Weißwein Muskat Pfeffer	→	verfeinern und abschmecken

Grünkernsuppe

80 g Grünkerne 1,5 L kalte Brühe	→	über Nacht einweichen lassen
1 Zwiebel	→	würfeln
1 TL Salz 1 Pr Pfeffer	→	zugeben, alle Zutaten zum Kochen bringen 45 Min. Garzeit
1 Ei 4 EL Milch 2 EL Sahne	→	verquirlen, Suppe damit legieren, nochmals abschmecken und heiß servieren

Zwiebelsuppe

750 g Zwiebeln	→	schälen, in Ringe schneiden
30 g Butter	→	erhitzen, Zwiebelringe mit etwas Farbe anschwitzen
Blätter von 1 Thymianzweig 1/8 L Weißwein 1 L Brühe	→	heiß zugeben, aufkochen, 15 Min. Garzeit
Salz, Pfeffer, Zucker, Muskat (frisch gerieben)	→	abschmecken, heiß in Suppentasse füllen
4 Scheiben Baguette	→	auf die Suppe legen
80 g Comté oder Gruyère Käse	→	auf die Baguettescheiben geben und 5–10 Min. auf oberster Schiene bei vorgeheiztem Ofen überbacken oder 2–3 Min. unter den Grill stellen

Rezeptübersicht weiterer Suppen

Suppe	Bindemittel	Hinweise für die Zubereitung	Garzeiten
Reissuppe	60 g Reis 1/4 gewürfelte Sellerie	Reis und Sellerie im heißen Fett leicht andünsten	30 Minuten
Haferflockensuppe	60 g Haferflocken 1 gewürfelte Zwiebel	Zwiebel mit andünsten	10 Minuten
Sagosuppe	60 g Sago 1 gewürfelte Zwiebel	Zwiebel mit andünsten	12 Minuten

Suppeneinlagen

Eierauflauf

2 EL Mehl	→	glattrühren
2 EL Milch	→	zugeben, zu einem glatten Teig verquirlen
2 Eier		
Salz, Muskatnuss	→	würzen, den Teig unter langsamem Rühren in die kochende Brühe gießen, 1 mal aufkochen lassen

Eierstich

3 Eier 150 ml Sahne $^1/_4$ TL Salz 1 Pr Muskatnuss	→	alle Zutaten gut verquirlen, ein Gefäß (z.B. Tasse) einfetten, Eiermasse hineingießen, im Wasserbad bei schwacher Hitze ca. 30 Min. stocken lassen, das Wasser darf nicht kochen, es gibt sonst Bläschen
	→	Den festen, kalten Eierstich stürzen und in feine Würfel schneiden.

Grießnockerl

40 g Butter	→	schaumig rühren
1 großes Ei 60 g Grieß (4 EL) $^1/_2$ TL Salz, Pfeffer 1 Pr Muskatnuss	→	mit der Butter zu einem glatten Teig verarbeiten, 1 Std. ruhen lassen
1–2 L kochendes Wasser	→	Klößchen mit 2 Teelöffel (vor jedem Klößchen die Löffel immer in handwarmes Wasser tauchen, dann kleben diese nicht) formen und in das Wasser legen. 10 - 15 Minuten kurz unter dem Siedepunkt garziehen lassen. Das Wasser darf hierbei nicht mehr kochen.

Grießklößchen

1/8 L Milch 1 EL Butter	→	aufkochen
1 Pr Salz 70 g grober Grieß	→	unter Rühren einstreuen, weiterrühren bis ein Kloß entsteht, die Masse auskühlen lassen
1 Ei	→	verquirlen, unter die Grießmasse rühren
1 EL Petersilie, gehackt	→	unter die Masse arbeiten
1–2 L Salzwasser	→	kochen lassen, mit 2 TL Klößchen in das Wasser legen, 10 Minuten bei schwacher Hitze garziehen

Markklößchen

60 g Knochenmark	→	auslassen, abkühlen lassen, schaumig schlagen
60 g Kastenweißbrot ohne Rinde	→	sehr fein in Krumen zwischen den Händen reiben
1 Ei Salz, Pfeffer, Muskat frisch gerieben, 1 EL gehackte Petersilie	→	alle Zutaten zu einem glatten Teig verarbeiten – 1 Stunde kühl stellen
2 L Salzwasser oder Brühe	→	aufkochen
	→	Teig in 1 cm Walzen formen, 1,5 cm Stücke abschneiden, mit etwas Mehl in den Händen zu Kugeln formen
	→	5–8 Minuten in heißem Wasser / Brühe ziehen lassen

Fleischklößchen

125 g Hackfleisch 1/2 Rind / 1/2 Schwein 1/2 Zwiebel 2 EL Paniermehl 1 kl. Ei Salz, Pfeffer	→	alle Zutaten zu einem glatten Teig verarbeiten, mit feuchten Händen kleine Klößchen formen und in Salzwasser oder einer Brühe garziehen lassen

Käseklößchen

50 g weiche Butter 100 g Käse, gerieben 1 Ei 70–80 g Mehl 1 EL Petersilie, gehackt Salz, Pfeffer, Muskat	→	alle Zutaten zu einem glatten Teig kneten, kleine Klößchen formen und 10 Minuten in Wasser oder Brühe garziehen lassen

Soßen

Eine gute Soße ist die Krönung eines jeden Gerichtes. Bei vielen Gerichten wird schon während der Zubereitung eine gute Soße mit hergestellt. Bei Kurzgebratenem, Gegrilltem oder Salaten ist dies nicht der Fall. Für diese Gerichte muss dann eine extra Soße zubereitet werden. Diese Soße sollte im Geschmack und in der Farbe zum jeweiligen Gericht passen. Daher gibt es die verschiedensten Soßen. Grundsätzlich unterscheidet man 2 Gruppen:

I. Warme Soßen – helle Soßen, dunkle Soßen, aufgeschlagene Soßen

II. Kalte Soßen – Joghurtsoßen, Sahnesoßen, Ölsoßen, Mayonnaisesoßen

Warme, helle Soßen

Helle Soßen – Grundrezept		
30 g Butter	→	erhitzen
35 g Mehl (Typ 405)	→	zugeben, unter Rühren eine helle Mehlschwitze herstellen
1/2 L Brühe und / oder Sahne zugeben	→	warm nach und nach zugeben, dabei ständig mit einem Schneebesen rühren
1/8 L Weißwein 1 Nelke / 1 Lorbeer / 1 Wacholder im Gewürzbeutel	→	zugeben und 5 Min. leicht köcheln lassen Rühren nicht vergessen
Salz, Pfeffer, Gewürze	→	abschmecken
feine Bindung / Legierung	→	3 EL Sahne (kalt) mit 2 Eigelben gut verrühren, unter stetigem Rühren einarbeiten. Soße darf nicht mehr kochen, sonst gerinnt die feine Bindung.

Als Tipp: Im Anschluss noch 20 g kalte Butter in kleinen Würfeln mit einem Mixstab einarbeiten und damit schaumig aufschlagen.

1. Zwiebeln andünsten, dann Mehl anschwitzen

2. Mit Brühe ablöschen

Bechamelsoße

30 g Butter	→	zerlassen
1/2 Zwiebel, geschält, in Würfel geschnitten	→	glasig andünsten
35 g Mehl (Typ 405)	→	einstäuben, Mehlschwitze herstellen
1/4 L Brühe 1/4 L Milch oder Sahne	→	unter stetigem Rühren mit einem Schneebesen zugeben, aufkochen lassen
30 g Käse, gerieben	→	einrühren
1/2 Lorbeer 1 Nelke 1 Wacholder 2 Pfefferkörner	→	in einem Gewürzbeutel zugeben. Soße langsam und auf kleiner Flamme 5 Minuten unter stetigem Rühren köcheln lassen. Gewürzbeutel entnehmen.
Salz, Pfeffer, Muskat	→	abschmecken

Als Tipp: Noch mit wenig frischer Zitronenschale verfeinern.

Rezeptübersicht

Soße	Fett	Geschmackszutaten	Mehl	Flüssigkeit	Gewürze + Verfeinerung
Senfsoße	30 g	1 kleine Zwiebel	35 g	1/2 L Brühe (Fleisch- oder Gemüsebrühe)	1–2 EL Senf 1 TL Zitronensaft 2 EL Sahne
Tomatensoße	30 g	1 kleine Zwiebel 4 große Tomaten	35 g	1/2 L Brühe	Salz, Pfeffer, Paprika 2 EL Sahne evtl. frische Oreganoblätter
Meerrettichsoße	30 g		45 g	1/4 L Brühe 1/4 L Milch	1/4 Stange geschälter, geriebener Meerrettich Salz, Zucker
Kräutersoße	30 g	1 kleine Zwiebel	35 g	1/2 L Brühe zzgl. 1/4 L Sahne	100 g gehackte Kräuter z. B. Schnittlauch, Petersilie, Dill, Basilikum, Thymian
Käsesoße	30 g	mit oder ohne Zwiebel	35 g	1/4 L Brühe 1/4 L Milch	80 g geriebener Käse z. B. Parmesan, Gouda oder 100 g Schmelzkäse
Kapern- oder Kümmelsoße	30 g	mit oder ohne Zwiebel	35 g	1/2 L Brühe zzgl. 1/8 L Sahne	1 EL Kapern oder 1 TL Kümmel
Currysoße	30 g	2 TL Curry	35 g	1/2 L Brühe 1/8 L Sahne	2 EL geschlagene Sahne

Hinweis: Als Brühe kann immer Fleischbrühe oder Gemüsebrühe verwendet werden. Abgeschmeckt wird mit Salz und Pfeffer, sowie Gewürzen nach Wahl.

Warme, dunkle Soßen

Dunkle Soßen – Grundrezept

2–3 EL Öl	→	erhitzen
2 kg Kalbsknochen (walnussgroß)	→	zugeben, anbraten, anrösten
200 g Karotten, Sellerie, Zwiebeln mit Schale, Lauch – klein geschnitten	→	zugeben, mit anbraten, anrösten
1 1/2 EL Tomatenmark	→	einrühren, mit anrösten
1/4 L Rotwein	→	ablöschen, etwas einkochen
1 Zweig Thymian, 1 Zweig Rosmarin	→	zugeben
2 Lorbeer, 2 Nelken, 2 Wacholder, 1 Knoblauchzehe (angedrückt)	→	zugeben
3 L Brühe / Kalbsfond	→	zugeben, aufkochen lassen, 1–2 Stunden leicht köcheln lassen

Durch ein Sieb geben – Soße entweder auf die gewünschte Sämigkeit einkochen lassen oder mit etwas Stärke (mit wenig Wein, Wasser oder kalter Brühe angerührt) abbinden.

Als Tipp: Mit 40 g kalter Butter (in Würfeln) und Hilfe eines Mixstabes und ¼ TL Zitronenschale verfeinern.

Hackfleischsoße – Soße Bolognese

20 g Fett	→	erhitzen
125 g Hackfleisch	→	anbraten
1 Zwiebel, gewürfelt	→	mit andünsten
50 g Mehl	→	darüberstäuben, mitschwitzen lassen
2 EL Tomatenmark	→	einrühren
2 reife Tomaten	→	ohne Strunk in Würfel geschnitten zugeben
1/2 L Fleischbrühe (heiße)	→	unter Rühren zugießen, ca. 5 Minuten kochen lassen
2 EL Sahne	→	einrühren, nicht mehr kochen lassen
Salz, Pfeffer	→	abschmecken
gehackte Kräuter nach Wahl	→	darüberstreuen

Saure Soße mit Zwiebeln und Gurken

30 g Fett	→	zerlassen, leicht bräunen
50 g Mehl	→	einrühren, rösten lassen
2 Zwiebeln, gewürfelt	→	mit dünsten lassen
1/2 L Brühe (heiße)	→	zugießen
2 Pfefferkörner, 1 Lorbeerblatt, 1 Nelke	→	in einem Gewürzbeutel zugeben und 15 Minuten köcheln lassen
1–2 EL Tafelessig, Salz	→	abschmecken
1–2 Salz- oder Essiggurken	→	fein gewürfelt in die Soße geben, heiß servieren

Pilzsoße

30 g Butter	→	erhitzen, leicht bräunen
120 g frische Pilze, z. B. Champignons, Pfifferlinge, Kräutersaitlinge	→	trocken putzen und wenn notwendig schneiden, kurz anschwitzen
40 g Mehl	→	darüber stäuben, etwas mit anbräunen
1/4 L Sahne	→	angießen und 2 Min. köcheln lassen
1/2 L Brühe (heiß)	→	angießen und 5 Minuten leicht köcheln lassen
Salz, Pfeffer	→	abschmecken
2 EL gehackte Petersilie	→	kurz vor dem Anrichten unterziehen

Tipp: Die Champignons vierteln, kleine Pfifferlinge ganz lassen – größere halbieren, Kräutersaitlinge in 1 cm große Würfel schneiden.

Aufgeschlagene Soßen

Holländische Soße – Sauce Hollandaise

Zubereitung im Wasserbad

150 g Butter	→	zerlassen, Wasseranteil leicht auskücheln lassen, wenn die Molke sich getrennt hat, das Reinfett sauber abschöpfen oder vorsichtig durch ein Sieb geben
3 EL Weißwein 1 EL Weißweinessig 1 Lorbeer, 1 Nelke, 1 Wacholder 1 Schalotte, geschält halbiert	→	in einem Topf 2 Min. köcheln lassen
3 Eigelbe, 3 EL Weißwein	→	in eine Metallschüssel geben, auf ein Wasserdampfbad setzen und solange mit dem Schneebesen oder einem Handrührgerät (Stufe 1) luftig aufschlagen, bis eine dickliche Masse entsteht. Die Masse darf nicht kochen, sonst gerinnt diese.
	→	mit dem Weißwein / Essiggemisch nach Geschmack verfeinern
	→	nun die gesiebte, flüssige Butter sehr langsam und gleichmäßig unter stetigem und starkem Rühren einarbeiten
Salz, Pfeffer, Zucker, 1/2 TL Zitronenabrieb	→	abschmecken und sofort, noch gut warm, servieren

Kräuter-Käse-Soße

Zubereitung im Wasserbad

1/4 L Brühe (Gemüse oder Fleisch) 4 Eigelb, 2 EL Speisestärke	→	alle Zutaten kalt in einen Kochtopf geben, unter ständigem Schlagen (mit dem Handrührgerät auf Stufe 1) langsam heiß werden lassen bis die Masse dicklich ist, nicht kochen lassen, sonst fällt sie zusammen
50 g weiche Butter, 1/4 L saure Sahne, 80 g geriebener Käse (Grana Padano oder Parmesan) 2 EL gehackte Petersilie	→	vorsichtig einrühren
Salz, Pfeffer, Muskat – frisch gerieben	→	abschmecken, sofort servieren

Wein-Senf-Soße

1/4 L Weißwein 1/8 L Brühe (Gemüse o. Fleisch) 2 Eigelb 2 EL Speisestärke Salz, Peffer, Muskat – frisch gerieben 1 Pr Zucker 2 EL Senf 20 g Butter	→	alle Zutaten kalt in einen Kochtopf geben, unter ständigem Schlagen (Handrührgerät Stufe 1) langsam heiß werden lassen bis die Masse dicklich ist, nicht kochen lassen, sonst fällt sie zusammen, sofort heiß servieren

Kalte Soßen

Da sich in der heutigen Zeit viele Menschen energiebewusst ernähren wollen oder auch müssen, sollten sie besonders bei der Zubereitung von kalten Soßen auf die energiebewusste Grundsoße aus Joghurt und etwas Sahne zurückgreifen und auch die Mayonnaisesoßen mit Joghurt „strecken“.

Joghurtsoßen

Einfache Joghurtsoße – Grundrezept

150 g fettarmer Joghurt 2 EL Sahne	→	glattrühren
Salz, Pfeffer 1/2 TL Zitronenabrieb 1 Prise Muskat – frisch gerieben gehackte Kräuter nach Geschmack	→	würzen

Pikante Joghurtsoße

Zutaten		Zubereitung
150 g fettarmer Joghurt	→	glattrühren
2 EL Sahne		
Zwiebel	→	fein würfeln, unterrühren
Salz, Pfeffer,	→	abschmecken
1 Prise Chilipulver		
1 EL Schnittlauch, frisch geschnitten		

Kräuter-Joghurtsoße

Zutaten		Zubereitung
150 g fettarmer Joghurt	→	glattrühren
2 EL Sahne		
1 Zwiebel, gewürfelt	→	zugeben
1 Bd. Schnittlauch, geschn.		
1 EL Petersilie, gehackt		
1 EL Dill, gehackt	→	abschmecken
1/2 TL Zitronensaft		
Salz, Pfeffer		
1 Prise Muskat – frisch gerieben		
1 Prise Chilipulver		

Süße Joghurtsoße

Zutaten		Zubereitung
150 g fettarmer Joghurt	→	glattrühren
2 EL Sahne		
Abrieb von 1/2 Zitrone	→	Soße damit abschmecken
Zucker n. Geschmack		

Saure-Sahne-Soße

Zutaten		Zubereitung
75 g fettarmer Joghurt (1/2 Becher)	→	glattrühren
150 g saure Sahne		
1 kl. Zwiebel, gehackt		
1/2 TL Zitronenabrieb		
Salz, Pfeffer	→	abschmecken
1 Prise Muskat – frisch gerieben		
1 Prise Zucker		

Meerrettich-Sahne-Soße

Zutaten		Zubereitung
200 g Sahne, geschlagen	→	vorsichtig glattrühren
150 g saure Sahne		
3 EL Meerrettich, frisch gerieben	→	abschmecken
1 EL Petersilie, gehackt		
Salz, Pfeffer, Zucker,		
1/4 Zitronenabrieb		

Ölsoßen (Salatgrunddressing)

Ölsoße – Grundrezept		
6 EL Olivenöl 2 EL Tafelessig 1 EL Balsamicoessig (hell oder dunkel) 1/2 Zwiebel, gewürfelt Salz, Pfeffer, Zucker	→	alle Zutaten gut miteinander verrühren und abschmecken

Änderungen:
1. Weitere Essigsorten (auch gemischt)
2. gehackte / geschnittene Kräuter wie z. B. Petersilie, Schnittlauch, Dill, Basilikum, Thymian, Oregano
3. Gewürze wie z. B. Paprika, Curry, Chili
4. verschiedene Senfarten, Tomatenmark

Mayonnaisesoßen

Mayonnaise – Grundrezept		
2 Eigelbe	→	schaumig schlagen
1/2 TL Salz 1 TL Senf 1 EL Tafelessig 1/2 TL Zitronensaft 1 Pr. Zucker 2–4 Tropfen Worcestershiresauce	→	unterrühren
1/8 L Sonnenblumen-/Rapsöl	→	tropfenweise während des Schlagens einlaufen lassen und schlagen bis eine cremige Masse entsteht. ODER Alle Zutaten gemeinsam in ein hohes, schlankes Gefäß geben, einen Mixstab bis auf den Boden setzen, jetzt erst auf höchste Stufe einschalten, ohne zu bewegen 10 Sekunden mixen. Wenn dieser Bodensatz eine gleichmäßige Emulsion darstellt, diese sehr langsam mit dem Mixstab nach oben ziehen.
Hinweis: Alle Zutaten müssen die gleiche Temperatur haben, sonst gerinnt die Masse. Man sollte auch das Schlagen nicht unterbrechen.		

Quarkmayonnaise

2 Eigelbe	→	schaumig schlagen
1 TL Senf	→	unterschlagen
1 Pr Salz, Pfeffer, Zucker		
1 EL Tafelessig		
1/8 L Öl	→	tropfenweise während des Schlagens einlaufen lassen und schlagen, bis eine cremige Masse entsteht
250 g Quark gut glattgerührt	→	löffelweise unter ständigem Schlagen zugeben
gehackte Kräuter nach Geschmack		

Änderungen:

Remoulade –	1 Rezept Mayonnaise oder Quarkmayonnaise + 1 gewürfelte Essiggurke, 2 EL gehackter Schnittlauch, 1/2 gewürfelte Zwiebel, 1 gewürfelter Salzhering, 1 gewürfeltes, hartgekochtes Ei
Tomatenmayonnaise –	1 Rezept Mayonnaise oder Quarkmayonnaise + 2 EL Tomatenmark

Cocktailsoße

1/2 Rezept Mayonnaise

3 EL Tomatenketchup	→	alle Zutaten mit dem Schneebesen zu einer glatten Soße verrühren und kräftig abschmecken
1 TL Tomatenmark		
2 Tr Tabasco		
1 TL Tafelessig		
1 Msp. Zimt		
Salz, Pfeffer, Zucker		
2–3 Tropfen Worchestershiresauce		
1 TL Zitronensaft		

Gemüse

Die besondere Bedeutung des Gemüses für die gesunde Ernährung liegt darin, dass es
- eine wichtige Quelle für die Vitamin- und Mineralstoffversorgung ist,
- einen hohen Wassergehalt hat, 80–90%, und deshalb energiearm ist,
- einen hohen Ballaststoffgehalt hat und somit gut für die Verdauung ist.

Der Gehalt an Mineralstoffen und Vitaminen schwankt von Sorte zu Sorte. Dazu kommt, dass je nach Anbau- und Erntebedingungen, Lagerung und Zubereitung der Gehalt erheblich absinken kann.

Die sättigende Wirkung des Gemüses beruht auf dem Gehalt an unverdaulichen Ballaststoffen (Zellulose). Wer auf die Zugabe von reichlich Fett sowie einer Mehlsoße verzichtet, kann sich sättigend, energiearm und schmackhaft ernähren. Leicht verdauliche Gemüsearten wie Möhren oder Blumenkohl sind besonders gut für die Ernährung von Kleinkindern, Kranken und älteren Menschen geeignet. Das Gemüse enthält viele Ballaststoffe in Form von unverdaulicher Zellulose, die die Verdauung anregt und fördert. Bei empfindlichen Personen kann es z. B. bei Kohl und Hülsenfrüchten zu Blähungen kommen.
Die Zellulose schließt viele Nähr- und Wirkstoffe so ein, dass sie vom Körper nicht ausgenutzt werden können. Deshalb sollten verschiedene Gemüsearten erst gegart werden. Beim Erhitzen platzen die Zellwände auf, die Nährstoffe werden aufgeschlossen und für die Verdauungssäfte zugänglich.

Regeln für die Vor- und Zubereitung von Gemüse

1. Man verwende Gemüse so frisch wie möglich. Es soll deshalb am Tag des Kaufes oder sehr kurz darauf verwendet werden.
2. Sofern Lagerung nicht zu umgehen ist, soll sie kühl und dunkel erfolgen.
3. Gemüse wird unzerkleinert und rasch gewaschen. Auch kaltes Wasser laugt aus.
4. Zerkleinertes Gemüse nicht an der Luft liegen lassen, denn z. B. Vitamin C ist sauerstoffempfindlich, sondern sofort in die Soße geben und abdecken.
5. Garen ohne oder in nur wenig Flüssigkeit bei geschlossenem Topf schützt vor unnötigem Auslaugen und nicht notwendiger Sauerstoffzufuhr. Damit schont man die Vitamine und Mineralstoffe sowie den Eigengeschmack.
6. Auf hoher Stufe andünsten oder andämpfen, zum Fortgaren zurückschalten und die Nachwärme ausnutzen.
7. Die Koch- bzw. Dünstflüssigkeit mitverwenden, sie enthält die gelösten Vitamine und Mineralstoffe.
8. Die Garzeit sollte genau eingehalten werden, auch Warmhalten und Aufwärmen senken den Vitamingehalt.
9. Bei Blatt- und Wurzelgemüse, wie z. B. Spinat, Sauerkraut, Möhren, kann vor dem Anrichten etwas rohes Gemüse, feinst zerkleinert, untergemischt werden. Geschmack und Vitamingehalt werden dadurch verbessert.
10. Frisch zerkleinerte Kräuter verbessern ebenfalls Geschmack, Vitamin- und Mineralstoffgehalt und das Aussehen.
11. Man sollte täglich etwa 200 g Gemüse gegart oder als Rohkost verzehren.

Pilze

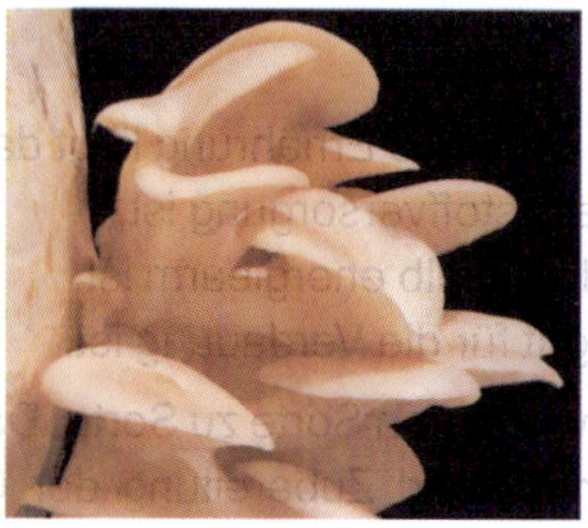

In der heutigen umweltverschmutzten Natur ist es nicht mehr besonders ratsam, Wildpilze zu sammeln. Sie sind häufig stark belastet mit Cadmium, Quecksilber und Blei. Außerdem sollte man sich sehr gut auskennen, um selbst zu sammeln. Als Alternative bieten sich heute die Kulturpilze an, die im Handel erhältlich sind. Die wichtigsten Kulturpilze sind Champignons, Austernpilze, Shiitake und Träuschling. Beim Kauf sollte man besonders sorgfältig auf die Frische der Pilze achten. Die Pilze dürfen nicht trocken, fleckig oder schmierig sein. Durch falsche Lagerung und Behandlung verderben Pilze schnell.

Man sollte folgende 3 Regeln beachten:

1. Pilze nicht in Zugluft legen – sie werden trocken und fleckig-gelb.
2. Pilze nicht zu warm und feucht lagern – sie werden lappig und schmierig.
3. Pilze nicht in die Sonne legen – sie werden trocken und schwarz.

Pilze sollten kühl und trocken an frischer Luft lagern!

Regeln für die Zubereitung von Kulturpilzen

- Pilze innerhalb von 24 Stunden verarbeiten.
- Nur heile Pilze verwenden, die Haut muss nicht abgezogen werden.
- Pilze gründlich reinigen, ohne sie zu wässern.
- Pilzgerichte nicht stark salzen oder würzen, der Eigengeschmack leidet darunter.
- Frische Pilze enthalten mehr Vitamine und Mineralstoffe als Pilzkonserven.
- Champignons können auch roh als Salat zubereitet werden.

Shiitake

Kulturträuschling

Hülsenfrüchte

Zu den Hülsenfrüchten zählen Erbsen, Bohnen, Linsen und aus biologischer Sicht Erdnüsse. Da die Samen dieser Pflanzen (Schmetterlingsblütler) in Hülsen wachsen, nennt man sie Hülsenfrüchte. Im Lebensmittelhandel versteht man unter Hülsenfrüchten nur reife, lufttrockene Samen der Erbsen, Bohnen und Linsen.

Hülsenfrüchte sind reich an Eiweiß, Kohlenhydraten und Ballaststoffen: – z. B. bis zu:
25% Eiweiß, 45% Kohlenhydrate, 3% Fett, 5% Mineralsalze, 15% Ballaststoffe, restliche % Wasser.

Arbeitsregeln

- Getrocknete Hülsenfrüchte werden vor der Verwendung ca. 24 Stunden eingeweicht.
- Das Einweichwasser sollte immer als Kochwasser weiterverwendet werden.
- Die Garzeiten liegen zwischen 1 bis 2 Stunden.
- Das Marktangebot ist sehr vielseitig, da es sehr viele verschiedene Sorten von Erbsen, Bohnen oder Linsen gibt.

Zubereitung

- Erbsen und Bohnen waschen. Die Kochzeit verkürzt sich erheblich, wenn sie über Nacht in kaltem Wasser eingeweicht werden. Linsen brauchen nicht eingeweicht zu werden.
- Die Hülsenfrüchte mit dem Einweichwasser kalt aufsetzen, langsam ankochen und etwa 1 1/2 bis 2 Stunden schwach weiterkochen. Umrühren sollte man erst, wenn die Schalen geplatzt sind, sonst brennt die Suppe leicht an.
- Gesalzen werden die Hülsenfrüchte erst nach dem Weichkochen, sonst bleiben sie leicht hart.
- Geschälte Erbsen werden nur gewaschen. Man braucht sie nicht einzuweichen, da die harte Schale entfernt wurde. Geschälte Erbsen sind deshalb auch leichter verdaulich, besonders für Kinder und ältere Menschen.
- Eine besondere Bedeutung haben die Sojabohnen, da sie einen besonders hohen Eiweißgehalt haben – 37%.

Übersicht über einige der wichtigsten Hülsenfruchtarten

Grüne Speiseerbsen

Gelbe Speiseerbsen

Linsen

Rote Linsen

Schwarze Bohnen

Weiße Bohnen

Saisonkalender für Gemüse

Im Sommer ist es nicht schwer, saisonales Gemüse zu bekommen. Aber auch im Winter werden mehr Sorten geerntet, als man zunächst annehmen würde. Hinzu kommen die vielen Gemüsesorten, die problemlos den Winter über gelagert werden können. Am dünnsten ist das Angebot zu Beginn des Frühlings, wenn der Lagervorrat zur Neige geht und die neue Ernte noch nicht eingeholt wurde.

Zutat (Gemüse)	Jan	Feb	Mar	Apr	Mai	Jun	Jul	Aug	Sep	Okt	Nov	Dez
Aubergine	–	–	–	–	–	–	●	●	●	●	–	–
Blumenkohl	–	–	–	–	●	●	●	●	●	●	–	–
Bohnen, grüne	–	–	–	–	–	–	●	●	●	●	–	–
Bohnen, dicke	–	–	–	–	–	●	●	●	–	–	–	–
Brokkoli	–	–	–	–	–	●	●	●	●	●	–	–
Butterrüben	○	○	○	○	–	–	–	●	●	●	●	●
Champignons	●	●	●	●	●	●	●	●	●	●	●	●
Erbsen	–	–	–	–	–	●	●	●	–	–	–	–
Fenchel	–	–	–	–	–	●	●	●	●	●	●	–
Grünkohl	●	●	–	–	–	–	–	–	–	–	●	●
Gurke / Salatgurke	–	–	–	–	–	●	●	●	●	●	–	–
Kartoffeln	○	○	○	○	○	●	●	●	●	●	○	○
Kohlrabi	–	–	–	–	●	●	●	●	●	●	–	–
Kürbis	○	○	–	–	–	–	–	●	●	●	●	○
Lauch / Porree	●	●	●	●	●	●	●	●	●	●	●	●
Lauch- / Fruhlingszwiebeln	–	–	–	–	●	●	●	●	●	●	–	–
Mais	–	–	–	–	–	–	–	●	●	●	–	–
Mangold	–	–	–	–	●	●	●	●	●	●	○	○
Möhren / Karotten	○	○	○	○	○	●	●	●	●	●	–	–
Paprika	–	–	–	–	–	–	●	●	●	●	–	–
Pastinaken	●	●	●	○	–	–	–	–	●	●	●	●
Radieschen	–	–	–	–	●	●	●	●	●	●	–	–
Rosenkohl	●	●	●	–	–	–	–	–	–	●	●	●
Rote Beete	○	○	○	○	–	–	●	●	●	●	●	○
Rotkohl	○	○	○	○	○	●	●	●	●	●	●	○
Schwarzwurzeln	●	●	–	–	–	–	–	–	–	●	●	●
Spargel	–	–	–	●	●	●	–	–	–	–	–	–
Spinat	–	–	●	●	●	–	–	–	●	●	●	–
Spitzkohl	–	–	–	–	●	●	–	–	–	–	–	–
Staudensellerie	–	–	–	–	–	–	●	●	●	●	–	–
Steckrüben	○	○	○	–	–	–	–	–	●	●	●	●
Tomaten	–	–	–	–	–	–	●	●	●	●	–	–
Topinambur	●	●	●	–	–	–	–	–	–	●	●	●
Weißkohl	○	○	○	○	–	●	●	●	●	●	●	○
Wirsingkohl	●	●	○	–	●	●	●	●	●	●	●	●
Zucchini	–	–	–	–	–	●	●	●	●	●	–	–
Zuckerschoten	–	–	–	–	–	●	●	●	–	–	–	–
Zwiebeln	○	○	○	○	○	○	●	●	●	●	○	○

Symbolerklärung für den Saisonkalender Gemüse

● Das Gemüse ist in diesem Monat frisch aus heimischem Anbau verfügbar.

○ Das Gemüse ist in diesem Monat als Lagerware aus heimischem Anbau verfügbar.

– Das Gemüse ist in diesem Monat nicht regional-saisonal verfügbar.

Gemüse

Gemüse ist einer der wichtigsten Lieferanten von Nährstoffen wie von Vitaminen und Mineralstoffen. Außerdem dient es als Lieferant von Ballaststoffen. Daher ist eine schonende und sachgerechte Verarbeitung, Zubereitung sowie die richtige Gartechnik besonders wichtig.

Gedämpftes Gemüse – Grundrezept

Zutaten		Zubereitung
750–1000 g Gemüse	→	putzen, waschen, wenn notwendig zerkleinern
1/8–3/8 L Flüssigkeit, z. B. Wasser oder Brühe 1 TL Salz, evtl. etwas Zitronenschale	→	Flüssigkeit zum Kochen bringen, Gemüse im Siebeinsatz einsetzen, mit einem Deckel schließen

Verfeinerung nach der Zubereitung: Salz, Pfeffer, eine Prise Zucker, evtl. etwas Muskat, zerlassene Butter und frisch gehackte Kräuter

Gemüsearten	Garzeit
frische Erbsen	10–12 Minuten
junge Möhren (Karotten, Rüben – halbiert)	10–15 Minuten
Blumenkohl in Röschen	10–12 Minuten
Rosenkohl, halbiert	12–15 Minuten
Spargel, geschält	15–18 Minuten
Lauch als Stange, je nach Dicke	15–20 Minuten
Fenchel als Knolle, halbiert, Strunk herausgeschnitten	12–15 Minuten
Chicoree, halbiert	12–18 Minuten

Gedünstetes Gemüse – Grundrezept

Zutaten		Zubereitung
750–1000 g Gemüse	→	putzen, waschen, wenn notwendig zerkleinern
1 Zwiebel	→	geschält, in Würfel geschnitten
1/4–1/2 L Flüssigkeit, z.B. Wasser oder Brühe	→	aufkochen, das vorbereitete Gemüse zugeben und unter dem Siedepunkt sanft dünsten
1/2 TL Salz 1/2 TL Zucker 1/2 EL Butter	→	Gemüse entnehmen
10–20 g Stärke 3 EL kaltes Wasser	→	gemeinsam anrühren, die Garflüssigkeit damit wunschgemäß etwas abbinden (je nach Bindung, zuerst mit weniger Stärkegemisch beginnen)
	→	ca. 1–2 Minuten leicht köcheln lassen, Gemüse wieder zugeben

Verfeinerung nach der Zubereitung: Salz, Pfeffer, eine Prise Zucker, zerlassene Butter, frisch gehackte Kräuter

Gemüsearten	Garzeit
Auberginen in Würfel (1,5 cm)	3– 4 Minuten
Frische Erbsen	12–15 Minuten
Blumenkohl in Röschen	12–14 Minuten
Brokkoli in Röschen	6– 8 Minuten
Rosenkohl, halbiert	10–14 Minuten
Kohlrabi in Streifen	12–14 Minuten
Spargel, geschält	14–16 Minuten
Lauch als Stange, je nach Dicke	12–15 Minuten
Fenchel als Knolle, halbiert, Strunk herausgeschnitten	12–15 Minuten
Chicoree, halbiert	10–15 Minuten
Tomaten in Würfel	1– 3 Minuten
Paprika in Würfel (1,5 cm)	3– 5 Minuten
Brechbohnen	8–12 Minuten
Schnittbohnen / Dicke Bohnen	8–10 Minuten

Gekochtes Gemüse – Grundrezept

Zutaten		Zubereitung
750–1000 g Gemüse	→	putzen, waschen, wenn notwendig zerkleinern
1/2 L Wasser 1 TL Salz	→	aufkochen, vorbereitetes Gemüse darin garen
1/2 TL Zucker	→	Gemüse entnehmen
30 g Butter 30 g Mehl	→	helle Mehlschwitze herstellen
1/4–1/2 L Garflüssigkeit	→	damit ablöschen
Salz, Pfeffer, 1 Prise frisch geriebener Muskat	→	kurz aufkochen, abschmecken, Gemüse mit diesem Gewürzsud leicht übergießen oder darin schwenken

Gemüsearten	Garzeit
Blumenkohl als Ganzes	25–30 Minuten
Spargel, geschält	16–18 Minuten
Schwarzwurzeln	25–30 Minuten
Rote Beete als Ganzes	40–50 Minuten
Sellerie, am Stück	40–55 Minuten

Grünkohl

1 kg Grünkohl	→	in Streifen schneiden (nicht die bloßen Stiele)
30 g Schmalz	→	erhitzen
2 Zwiebeln, geschält in grobe Würfel geschnitten	→	glasig anschwitzen, geschnittenen Grünkohl zugeben, mit andünsten
0,5–0,75 L Brühe	→	auffüllen
1 Lorbeerblatt 2 Nelken 2 Piment	→	in einem Gewürzbündel mit zugeben
200–300 g Speck duchwachsen Pfeffer 1–2 TL Senf	→	zugeben, aufkochen lassen, bei mittlerer Hitze 45–55 Minuten garen
2–3 EL Haferflocken	→	zum Binden mit einrühren, 5 Minuten leicht köcheln lassen

Rotkraut (Blaukraut)

1 kg Rotkraut	→	Strunke entfernen und fein hobeln oder in sehr feine Streifen schneiden
20 g Schmalz 1 Zwiebel, geschält in Würfel geschnitten 20 g Zucker 4 Äpfel, ohne Kerngehäuse, in Würfel geschnitten 1/8 L Brühe 0,1 L Portwein 0,2 L Rotwein 1 TL Salz 1 EL Johannisbeergelee 1/4 Streifen einer Orangenschale 2 Nelken / 1 Lorbeerblatt / 2 Piment im Gewürzsäckchen	→	alle Zutaten zusammen aufkochen und ca. 40–50 Minuten leicht köcheln lassen
2 EL Tafelessig oder 1 EL Balsamicoessig 1 Prise Zimt	→	zugeben und abschmecken

Sauerkraut

1 kg Sauerkraut 20 g Fett 1 EL Zucker 1 Zwiebel, geschält in Würfel geschnitten 1 Apfel, ohne Kerngehäuse, grob gerieben 0,4 L Brühe 3 Wacholderbeeren / 1 Lorbeerblatt im Gewürzsäckchen 1 Prise Salz	→	alle Zutaten gemeinsam zum Kochen bringen, 30–40 Minuten leicht köcheln lassen
1 Kartoffel, roh, geschält, fein gerieben	→	zur Bindung unterziehen, 5 Minuten köcheln lassen
30 g Butter, Salz, Pfeffer, etwas Zucker	→	abschmecken

Tipp: Gerne können im Sauerkraut auch noch 500 g Kassler Rippenspeer oder auch 4 Rauchmettwürstchen mitgegart / erwärmt werden.

Wirsing- oder Weißkohlgemüse

1 Wirsing oder Weißkohl	→	fein hobeln oder in feine Streifen schneiden
1/2 L Brühe 1 Zwiebel, geschält in Würfel geschnitten	→	alle Zutaten gemeinsam aufkochen und 30–40 Minuten leicht köcheln lassen
2–3 EL Stärke 4 EL Milch	→	kalt verrühren und das Kraut damit binden
Salz, Pfeffer, Muskat	→	abschmecken und heiß servieren

Spinat

1 kg Blattspinat, frisch	→	auslesen, waschen, gut ausschütteln, in einem hohen Topf bei hoher Hitze die Blätter zusammenfallen lassen, kurz abkühlen lassen, fein hacken
20 g Butter	→	ohne Farbe erhitzen
1 Zwiebel, geschält in Würfel geschnitten	→	anschwitzen, Spinat zugeben
1/8–1/4 L Sahne Salz, Pfeffer, Muskatnuss gerieben	→	zugeben, 5 Minuten köcheln lassen
2 EL Schmand	→	nach dem Garen unterheben, nochmals abschmecken

Gefülltes Gemüse

Hackfleischfüllung

250 g Hackfleisch 1 Zwiebel, geschält in Würfel geschnitten 1 Ei 3 EL Paniermehl 1 TL Senf 2 EL Parmesan, gerieben 1/2 TL Thymianblättchen, fein gehackt Salz, Pfeffer	→	alle Zutaten zu einer gleichmäßigen Masse verarbeiten, kräftig abschmecken, abgedeckt im Kühlschrank 60 Minuten ziehen lassen

Buchweizenfüllung

125 g Buchweizen	→	2 Stunden mit Wasser bedeckt einweichen, abtropfen lassen
2 Eier 4–5 EL Paniermehl 1 Zwiebel, geschält in Würfel geschnitten Salz, Pfeffer, 1/2 TL Oregano fein gehackt	→	alle Zutaten zu einer gleichmäßigen Masse verarbeiten, kräftig abschmecken, abgedeckt im Kühlschrank 30 Minuten ziehen lassen

Geeignete Gemüsesorten zum Füllen:

Paprika, Tomaten, Zwiebeln, Gurken, Aubergine, Kohlrabi, Rote Beete, kleine Sellerieknolle, Kohlblätter, Weinblätter, Chinakohlblätter, Wirsingblätter.
Das klassische Gemüse waschen, evtl. schälen (z. B. Kohlrabi), einen Deckel abschneiden, mit Hilfe eines kleinen Messers aushöhlen (ca. 1 cm Rand lassen), füllen und in Brühe (ca. 1 cm hoch im Topf) zwischen 10 und 20 Minuten (Tomaten, Gurken, Paprika) und 30–40 Minuten (Aubergine, Zwiebel, Kohlrabi, Rote Beete, Sellerieknolle) garen. Gemüse entnehmen, Gemüsefond leicht binden, zum Gemüse reichen.

Hinweis: Bei den Blattgemüsen: diese evtl. zuerst vom Strunk befreien, blanchieren, in Eiswasser abkühlen (dann lassen sich die Blätter besser rollen und die Farbe bleibt erhalten).

Grünkernfüllung

100 g Grünkern, mittel geschrotet 1/2 L kräftige Gemüsebrühe, heiß	→	zusammengießen, umrühren, 25 Minuten quellen lassen, abkühlen
1 Zwiebel, geschält in Würfel geschnitten 1 Ei	→	alle Zutaten zu einer gleichmäßigen Masse verarbeiten, gut abschmecken
Salz, Pfeffer, Prise Zucker Abrieb von 1/4 Zitrone	→	Paniermehl nach Bedarf zum möglichen Abbinden

Gemüsegerichte mit Fleisch

Möhren-Gulasch

1000 g Gulasch-Fleisch (Rind – Wade oder Schulter)	→	in 2–3 cm große Stücke geschnitten
30 g Butterschmalz	→	erhitzen und die Fleischstücke nach und nach anbraten, aus dem Bräter nehmen
3 Zwiebeln, geschält in grobe Würfel geschnitten 500 g Karotten, geschält in 2 cm große Würfel geschnitten	→	ebenfalls in der Pfanne mit anbraten
2 EL Tomatenmark	→	zugeben und ebenfalls mit anbraten
1/4 L Rotwein 1/4 L Brühe 2 Lorbeer, 2 Nelken,	→	ablöschen / zugeben und 45–55 Minuten sanft köchelnd garen lassen
2 Wacholder im Gewürzbeutel 1 Zweig Thymian	→	Gewürzbeutel und Thymianzweig entnehmen und Soße evtl. noch mit etwas Stärke (in kalter Brühe aufgelöst) auf die gewünschte Sämigkeit binden.

TIPP: Das Fleisch immer in einer heißen Pfanne mit Butterschmalz so anbraten, dass nur der Pfannenboden mit Fleisch bedeckt ist. Also in mehreren Etappen anbraten.

TIPP: Beim Schmoren verliert Fleisch in der Regel bis zu 40% an Gewicht. Für ca. 140 g fertig geschmortes Fleisch pro Portion wird ca. 220 g rohes Fleisch benötigt.

Sauerkraut – Gulasch (Szegediner-Gulasch)

1000 g Gulasch-Fleisch (Rind – Wade oder Schulter)	→	in 4 cm große Stücke geschnitten
30 g Butterschmalz	→	erhitzen und die Fleischstücke nach und nach anbraten, aus dem Bräter nehmen
5 Zwiebeln, geschält in grobe Würfel geschnitten	→	ebenfalls in der Pfanne mit anbraten
2 EL Tomatenmark	→	zugeben und ebenfalls mit anbraten
1/4 L Rotwein 1/4 L Brühe 2 Lorbeer, 2 Nelken, 2 Wacholder, 2 Knoblauchzehen – angedrückt im Gewürzbeutel	→	ablöschen / zugeben und 65–75 Minuten sanft köchelnd mitgaren lassen
500 g Sauerkraut	→	Gewürzbeutel entnehmen
1/2 TL Zucker Salz, Pfeffer 1 TL Paprikapulver, geräuchert 1/4 Zitronenabrieb	→	abschmecken und die Soße evtl. noch mit etwas Stärke (in kalter Brühe aufgelöst) auf die gewünschte Sämigkeit binden
125 g Sauerrahm	→	final unterziehen

Paprika-Tomatengemüse mit Fleischwurst
Ein Gericht für Eilige!

2 Paprika, rot 2 Paprika, gelb 2 Paprika, grün	→	halbieren, Kerngehäuse entfernen, in 2 cm Würfel schneiden
2 Zwiebeln, geschält in Würfel geschnitten 4 Tomaten	→	Strunk entfernen, in Würfel schneiden
30 g Butterschmalz	→	Zwiebelwürfel und Paprikawürfel anschwitzen
	→	Tomatenwürfel zugeben, mit anschwitzen
300 g Fleischwurst	→	in 1 cm große Würfel schneiden
	→	mit zugeben und ebenfalls mit anschwitzen
1/4 L Brühe 100 ml Sahne	→	aufgießen und 10 Minuten leicht köcheln lassen
Salz, Pfeffer, 1/2 TL Paprikapulver, geräuchert frisch gehackte Kräuter	→	abschmecken und mit einem frischen Brot servieren

Überbackenes Gemüse

Gemüse-Gratin – Grundrezept

Zutaten		Zubereitung
250 g Sahne 150 g frisch geriebener Käse (Parmesan) 2 Eier Salz, Pfeffer, Muskat – frisch gerieben	→	alles gemeinsam vermengen und kräftig abschmecken
1 kg Gemüse	→	geputzt, gewaschen, wenn nötig geschnitten
0,3 L Gemüsebrühe	→	Gemüse für 8–10 Minuten vorgaren Gemüse entnehmen, Gemüsewasser auffangen und als Grundlage für eine Suppe oder eine Soße verwenden
30 g Butter	→	das erkaltete, gegarte Gemüse in eine ausgebutterte Auflaufform geben, die Eier-Sahne-Käse-Mischung darüber gießen
3 EL Paniermehl 3 EL frische Kräuter	→	mischen und auf dem Gratin verteilen
40 g Butter	→	in kleinen Flöckchen darauf verteilen
	→	im vorgeheizten Backofen bei 200°C (Heißluft / Umluft) für ca. 30–40 Minuten backen

TIPP: Zum Überbacken eignen sich fast alle etwas festeren Gemüsesorten, die etwas vorgegart sind. Sollte das Gratin während des Garens auf der Oberseite zu braun werden - einfach mit einem Deckel oder Alufolie abdecken.

Blumenkohl-Schinken-Gratin

Zutaten		Zubereitung
500 g Blumenkohl	→	putzen, in kleine Röschen teilen, in Salzwasser bissfest vorgaren – in eine gebutterte Auflaufform geben
Salz, Pfeffer	→	würzen
150 g Kochschinken	→	in 0,5 cm große Würfel schneiden und über den Blumenkohl geben
20 g Butterschmalz 2 Zwiebeln, geschält in Würfel geschnitten	→	glasig andünsten
1/8 L Milch 1/8 L Sahne Salz, Pfeffer, 1 TL gehackter Thymian und Rosmarin 60 g Gouda, gerieben	→	verrühren, gut abschmecken und unter Rühren zu den angedünsteten Zwiebeln geben
1 EL Stärke	→	mit etwas kaltem Wasser anrühren, zugeben, aufkochen, abbinden, abschmecken, über den Blumenkohl-Schinken geben und im vorgeheizten Backofen bei 180°C (Heißluft / Umluft) ca. 20–30 Minuten ausbacken

Salate

In der heutigen Zeit stehen uns das gesamte Jahr eine Vielzahl an Gemüse und Salaten zur Verfügung, immer unter der besonderen Beachtung der entsprechenden Saison. In Hinblick auf eine gesunde und ausgewogene Ernährung sind diese auch ein wichtiger Lieferant von Vitaminen und Mineralstoffen. Daher empfiehlt sich eine besondere Sorgfalt in der Zubereitung.
Weitere Informationen auch im Kapitel „Lebensmittel Gemüse“ auf den Seiten 31 ff.

Gemüsesorten, welche gerne und gut auch roh zu Salaten verarbeitet werden können

* Zucchini
* Weißkohl
* Möhren
* Chinakohl
* Sellerie
* Staudensellerie
* Lauch
* Kohlrabi
* Paprika
* Spargel
* Rotkohl
* Fenchel
* Rote Beete

Salatsorten, welche in der Regel roh zu Salaten verarbeitet werden können

* Kopfsalat
* Eisbergsalat
* Feldsalat
* Chicoree
* Endiviensalat
* Eichblattsalat
* Tomaten
* Radiccio
* Gurken
* Romana
* Lollo
* Rucola
* Kresse
* Batavia
* Babyspinat
* Frisée
* Löwenzahn
* Portulak

Gemüsesorten, welche gegart, kalt zu Salaten verarbeitet werden können

* Bohnen
* Sellerie
* Rotkohl
* Blumenkohl
* Romanesco
* Fenchel
* Rote Beete
* Karotten
* Weißkohl
* Spargel
* Auberginen

Wie sind die Vorbereitungen für einen guten Salat?

* Salat so frisch als möglich kaufen, nicht lange lagern, sofort verarbeiten
* Erst kurz vor Verzehr putzen und waschen / evtl. schneiden oder reißen
* Je fester das Gemüse ist, desto feiner sollte geschnitten werden
* Bereiten sie immer zuerst die Salatsoße zu, dann den Salat und mischen sie alles erst kurz vor dem Verzehr
* Bei vorgegartem Gemüse sollte darauf geachtet werden, es noch bissfest zu garen

Die Salate oder Gemüsesorten sind variabel mit allen möglichen Salatsoßen zu variieren. Ebenso ist die Wahl der Kräuter reine Geschmackssache.

Kräuter für Salatsoßen

Rezepte für Salatsoßen finden Sie im Kapitel „Soßen“ auf den Seiten 23 ff.

Kräuter für Salate und deren Soßen

- Basilikum
- Kresse
- Bohnenkraut
- Minze
- Dill
- Salbei
- Zitronenmelisse
- Petersilie
- Schnittlauch
- Estragon
- Pimpernelle
- Majoran
- Rosmarin
- Bärlauch
- Brennessel
- Kamille
- Kerbel
- Pfefferminze
- Sauerampfer
- Spitzwegerich
- Koriander
- Waldmeister
- Wermut
- Zitronenverbene

Die Kräuter immer mit Sorgfalt verlesen, waschen, durch vorsichtiges Ausschütteln gut trocknen und frisch hacken / schneiden / zupfen. Die Menge richtet sich immer nach dem individuellen Geschmack. Versuchen Sie es einfach!

Weitere Zutaten für den guten Geschmack

* Zwiebeln * Knoblauch * Nüsse * Kerne / Körner * Zitronensaft * Zitronenschale
* Orangensaft * Orangenschale * geriebener Apfel * zum Teil rohe Pilze
* gebratene Pilze * Schmortomaten * Birnen * Frühlingslauch

Möhren-Apfel-Rohkost

500 g Möhren	→	putzen, waschen, raspeln
2 Äpfel (ohne Kerngehäuse)		
1 Zitrone, Hälfte des Saftes / Abrieb von 1/4 Schale	→	gemeinsam vermengen
2 TL Zucker	→	abschmecken
1 EL Olivenöl		
Salz, Pfeffer		

TIPP: Gerne noch etwas fein geschnittenen Frühlingslauch dazugeben.

Kohlrabisalat

2 St Kohlrabi	→	schälen, sehr fein reiben
2 EL Tafelessig	→	gut vermengen
1 EL Öl		
Salz, Pfeffer		

TIPP: Gerne noch mit frisch gehackter Petersilie und zerkleinerten Walnüssen servieren.

Sauerkrautsalat

250 g Sauerkraut	→	zerzupfen
2 Äpfel, ohne Kerngehäuse	→	fein würfeln
1 Zwiebel	→	in feine Würfel schneiden
2 EL Öl		
1 EL Essig	→	unterheben
1/2–1 EL Zucker		
1/4 TL Kümmel, gerieben		
1 EL Schnittlauch, fein geschnitten		
Salz, Pfeffer	→	abschmecken

Gemischter Paprikasalat

Je 1 Stück rote, gelbe, grüne Paprika	→	ohne Kerngehäuse, in Würfel schneiden
2 St Tomaten, in Würfel geschnitten		
2 St Zwiebeln, geschält, in sehr feine Scheiben geschnitten	→	alle Zutaten gemeinsam vermengen
1 kl. Ds Gemüsemais		
3 EL Öl		
1 EL Tafelessig		
1–2 EL weißer Balsamicoessig		
Salz, Pfeffer, Zucker	→	abschmecken

TIPP: Mit frisch gehackten Kräutern verfeinern, z. B. Schnittlauch oder Petersilie.

Weißkohlsalat

1 Kopf Weißkohl	→	halbieren, Strunk entfernen, äußere Blätter entfernen, sehr fein hobeln oder schneiden
1 Zwiebel geschält	→	mithobeln, alles gut mit den Händen durchkneten
2 TL Salz		
2–3 TL Zucker		
4 EL Tafelessig		
4 EL Öl		

Salz, Pfeffer, frisch gemahlener Kümmel nach Geschmack

Gemischte Salate mit Kartoffeln

Klarer Kartoffelsalat

1 kg Salatkartoffeln, festkochend (Annabelle, Belana, Nicola, Sieglinde)	→	in Salzwasser garen, ankühlen lassen und handwarm schälen, in Scheiben schneiden oder hobeln
4 gr. Gewürzgurken 1 hartgekochtes Ei 1 Zwiebel, geschält	→	alles sehr fein würfeln, auf die Kartoffelscheiben geben
3–4 EL Öl 2 EL Tafelessig 1–2 EL Gurkenwasser $^1/_8$ L heiße Brühe 1 TL Senf	→	alles gut zu einer gleichmäßigen Soße verquirlen, über die Kartoffeln geben und vorsichtig gemeinsam vermengen
Salz, Pfeffer, Prise Zucker	→	abschmecken
	→	wenn der Kartoffelsalat eventuell etwas „zu fest“ sein sollte, nochmals etwas heiße Brühe zugeben

TIPP: Den Kartoffelsalat mindestens 2 Stunden ziehen lassen. Dann schmeckt er am besten.

Bunter Kartoffelsalat

1 kg Salatkartoffeln, festkochend (Annabelle, Belana, Nicola, Sieglinde)	→	in Salzwasser garen, ankühlen lassen und handwarm schälen, in Scheiben schneiden oder hobeln
1 Zwiebel, geschält 1 grüne Paprika, ohne Kerngehäuse 2 Tomaten	→	in feine Würfel schneiden
150 g Gemüsemais	→	abtropfen lassen
3 EL Öl 3 EL Tafelessig $^1/_8$ L heiße Brühe	→	alles zu einer gleichmäßigen Soße verquirlen, über die Kartoffeln geben und vorsichtig gemeinsam vermengen
Salz, Pfeffer, Prise Zucker	→	abschmecken und mindestens 2 Stunden ziehen lassen

Heringssalat

Zutaten		Zubereitung
750 g Salatkartoffeln, festkochend (Annabelle, Belana, Nicola, Sieglinde)	→	in Salzwasser garen, ankühlen lassen und handwarm schälen, in Scheiben schneiden oder hobeln
4 marinierte Heringsfilets 1 Zwiebel, geschält 2 Gewürzgurken 1 saurer Apfel, ohne Kerngehäuse	→	in ca. 1 cm große Würfel schneiden, zu den Kartoffelscheiben geben
2 EL Öl 2 EL Tafelessig 1/8 L saure Sahne 1/8 L warme Brühe 1 TL Senf	→	alles zu einer Soße glattrühren, zu den Kartoffeln geben
Salz, Pfeffer, Zucker	→	vorsichtig vermengen
	→	abschmecken und mindestens 30 Minuten ziehen lassen

Roter Heringssalat

Zutaten		Zubereitung
750 g Salatkartoffeln, festkochend (Annabelle, Belana, Nicola, Sieglinde)	→	in Salzwasser garen, ankühlen lassen und handwarm schälen, in Scheiben schneiden oder hobeln
4 marinierte Heringsfilets 1 Gl eingelegte Rote Beete 1 Zwiebel, geschält 1 saurer Apfel, ohne Kerngehäuse	→	in ca. 1 cm große Würfel schneiden und auf die Kartoffelscheiben geben
2 EL Mayonnaise 150 g Joghurt 4 EL Rote Beete Saft 5 EL Sahne 1 EL Essig 1 EL Öl	→	alles glattrühren und über die Kartoffelscheiben geben und vorsichtig vermengen
Salz, Pfeffer, Prise Zucker	→	abschmecken und mindestens 30 Minuten ziehen lassen

Italienischer Salat

750 g Salatkartoffeln, festkochend (Annabelle, Belana, Nicola, Sieglinde)	→	in Salzwasser garen, ankühlen lassen und handwarm schälen, in Scheiben schneiden oder hobeln
6 Sardellen	→	fein würfeln
150 g kalter Braten 100 g gekochter Schinken 2 saure Äpfel, ohne Kerngehäuse 2 Zwiebel, geschält 2 Gewürzgurken 50 g gekochte Rote Beete	→	alles in ca. 1 cm große Würfel schneiden
100 g saure Sahne 100 g Joghurt 2 EL Mayonnaise 1 EL Tafelessig 1 TL Senf	→	alles glattrühren, über die Kartoffelscheiben geben und vorsichtig vermengen
Salz, Pfeffer, Prise Zucker	→	abschmecken

Russischer Salat

500 g Salatkartoffeln, festkochend (Annabelle, Belana, Nicola, Sieglinde)	→	in Salzwasser garen, ankühlen lassen und handwarm schälen, in Scheiben schneiden oder hobeln
2 gelbe Rüben 2 rote Rüben 1 kl. Sellerieknolle, geschält 1 Stange Staudensellerie 4 Gewürzgurken	→	putzen, waschen, in ca. 1 cm große Würfel schneiden, 4–5 Minuten in Salzwasser köcheln, in Eiswasser abkühlen, gut abtropfen lassen, auf die Kartoffelscheiben geben
1 Zwiebel, geschält	→	in feine Würfel schneiden, auf die Kartoffelscheiben geben
50 g geriebener Meerrettich (geschält) 150 g Joghurt 2 EL Mayonnaise 2 EL Olivenöl 1 EL Tafelessig	→	alles glattrühren, über die Kartoffelscheiben geben, vorsichtig vermengen
Salz, Pfeffer, Prise Zucker	→	abschmecken

Gemischte Salate mit Nudeln

Dänischer Salat

150 g Spiralnudeln	→	in Salzwasser bissfest garen und kalt abschrecken
1 kl. Sellerieknolle, geschält 2 Stangen Staudensellerie	→	in 1 cm große Würfel schneiden, in reichlich Salzwasser ca. 10 Minuten köcheln
125 g Tiefkühlerbsen	→	die letzten 5 Minuten mit zu dem Sellerie ins Kochwasser geben. Kalt abschrecken, abtropfen lassen. Alles auf die gekochten Nudeln geben.
2 Äpfel (ohne Kerngehäuse) 3–4 Tomaten 3 hartgekochte Eier	→	in Würfel schneiden, auf die gekochten Nudeln geben
150 g Joghurt 2–3 EL Mayonnaise 2 EL Öl 2 EL Tafelessig 1/2 TL Worcestershiresauce	→	alles glattrühren und vorsichtig unter die Spiralnudeln geben
Salz, Pfeffer, Zucker	→	abschmecken

Würziger Nudelsalat

150 g kleine Nudeln	→	in Salzwasser bissfest garen und kalt abschrecken
2 Gewürzgurken 1 Zwiebel, geschält	→	fein würfeln und zu den Nudeln geben
150 g Fleischwurst ODER 150 g gebratener Tofu	→	in ca. 1 cm große Würfel schneiden und zu den Nudeln geben
150 g Joghurt 4 EL Mayonnaise 1 EL Öl 1 EL Tafelessig 1 EL Gurkenwasser	→	alles glattrühren und vorsichtig unter die Nudeln geben
Salz, Pfeffer, Zucker	→	abschmecken

Nudel-Bohnensalat

150 g kleine Nudeln	→	in Salzwasser bissfest garen und kalt abschrecken
2 große Fleischtomaten 1 Zwiebel, geschält 100 g Kochschinken	→	in ca. 1 cm große Würfel schneiden, auf die Nudeln geben
1 Ds Brechbohnen, mit kaltem Wasser abgewaschen und abgetropft 6 grüne Oliven ohne Kerne 2 Knoblauchzehen, geschält	→	fein gehackt, auf die Nudeln geben
4 EL Öl 2–3 EL Tafelessig 1 TL Senf	→	zu einer Soße verrühren, vorsichtig unter die Nudeln geben
Salz, Pfeffer 1/2 TL Thymian 1/2 TL Majoran	→	abschmecken

TIPP: 2 EL frisch geschnittenen Schnittlauch zugeben.

Nudel-Käse-Salat

250 g Spiralnudeln	→	in Salzwasser bissfest garen, in kaltem Wasser abschrecken
4 hartgekochte Eier 150 g mittelalter Gouda 1 Bd. Radieschen, ohne Grün (wird noch verwendet)	→	in ca. 1 cm große Würfel schneiden, auf die Nudeln geben
1 Bd. Petersilie	→	hacken, auf die Nudeln geben
150 g Joghurt 4 EL Mayonnaise 2 EL Tafelessig 1/2 TL Worcestershiresauce	→	alles glattrühren und unter die Nudeln geben

Radieschengrün waschen und in feine Streifen schneiden, unter die Nudeln geben.

Prise geräuchertes Paprikapulver, Salz, Pfeffer, Prise Zucker	→	abschmecken

Gemischte Salate mit Reis

Bunter Reissalat

200 g Reis (Vollkornreis)	→	in Salzwasser bissfest garen, mit kaltem Wasser abschrecken
1 kl. Ds Erbsen 1 kl. Ds kleine Möhren 1 kl. Ds Gemüsemais	→	gut mit kaltem Wasser abspülen und abtropfen lassen, auf den Reis geben
120 g Fetakäse	→	in 1 cm große Stücke schneiden, auf den Reis geben
4 EL Öl 2 EL Tafelessig Salz, Pfeffer, Prise Zucker, 1/2 TL Currypulver, Abrieb von 1/4 Zitronenschale	→	alle Zutaten miteinander vermengen, vorsichtig unter den Reissalat geben, abschmecken

Reis-Schinken-Salat

200 g Reis (Vollkorn)	→	in Salzwasser bissfest garen, mit kaltem Wasser abschrecken
150 g Kochschinken	→	in 1 cm große Würfel schneiden, auf den Reis geben
30 g Butterschmalz 150 g Champignons	→	vierteln und in dem Butterschmalz anbraten, auf den Reis geben
1 Stange Staudensellerie	→	in feine Streifen schneiden, auf den Reis geben
150 g Joghurt 4 EL Mayonnaise 1 EL Öl 1 EL Tafelessig Salz, Pfeffer, Prise Zucker, 1/4 TL Worcestershiresauce	→	alle Zutaten miteinander vermengen, vorsichtig unter den Reissalat geben, abschmecken

TIPP: Mit frischem und fein geschnittenem Frühlingslauch garnieren.

Amerikanischer Reissalat

150 g Reis (Vollkornreis)	→	in Salzwasser bissfest garen, mit kaltem Wasser abschrecken
1 Ds Thunfisch in Öl	→	grob zerbröckeln, auf den Reis geben
2 hartgekochte Eier 1 gebratene Hähnchenbrust 100 g mittelalter Gouda 1 rote Paprika	→	in 1 cm große Würfel schneiden, auf den Reis geben
100 g Bacon-Würfel	→	in einer Pfanne anbraten, auf den Reis geben
1 Ds Erbsen 1 Ds Gemüsemais	→	gut mit kaltem Wasser abwaschen, abtropfen lassen, auf den Reis geben
150 g Joghurt 150 g Mayonnaise 2 EL Ketchup, 2 EL Sahne 2 EL Öl, 2 EL Tafelessig Salz, Pfeffer 1/2 TL geräuchertes Paprikapulver	→	zu einer glatten Soße verrühren, über den Reissalat geben und vorsichtig vermengen, abschmecken

TIPP: Noch mit frisch und kross gebratenen Baconscheiben oben auf garnieren.

Saisonkalender für Salat

Auch Blattsalate gibt es naturgemäß vor allem in den warmen Monaten. Zum Glück helfen im Winter leckerer Feldsalat und Portulak über die Runden. Anstelle von grünem Salat empfiehlt es sich, im Winter auf Rohkost aus Möhren, Kohl und Rote Bete zurückzugreifen. Dann bleibt der Salatteller trotzdem schön bunt.

Zutat (Salat)	Jan	Feb	Mar	Apr	Mai	Jun	Jul	Aug	Sep	Okt	Nov	Dez
Batavia	–	–	–	–	●	●	●	●	●	–	–	–
Chicoree	●	●	●	●	–	–	–	–	–	●	●	●
Eichblattsalat	–	–	–	–	●	●	●	●	●	●	–	–
Eisbergsalat	–	–	–	–	–	●	●	●	●	●	–	–
Endiviensalat	–	–	–	–	●	●	●	●	●	●	●	●
Feldsalat	●	●	●	●	–	–	–	–	–	●	●	●
Kopfsalat	–	–	–	–	●	●	●	●	●	●	–	–
Lollo Rosso	–	–	–	–	●	●	●	●	●	●	–	–
Portulak	●	●	●	●	–	–	●	●	●	●	●	●
Radiccio	○	○	–	–	–	–	–	●	●	●	●	○
Rucola	–	–	–	●	●	●	●	●	●	–	–	–

Symbolerklärung für den Saisonkalender Salat

● Der Salat ist in diesem Monat frisch aus heimischem Anbau verfügbar.

○ Der Salat ist in diesem Monat als Lagerware aus heimischem Anbau verfügbar.

– Der Salat ist in diesem Monat nicht regional-saisonal verfügbar.

Salate mit Fleisch, Wurst, Fisch oder Ei

Feuriger Fleischsalat

Zutaten		Zubereitung
250 g gekochtes Rindfleisch (Rindertafelspitz)	→	in feine Streifen schneiden
2 Zwiebeln, geschält 1 Paprika, rot, ohne Kerngehäuse 1 Paprika, gelb, ohne Kerngehäuse 2 Fleischtomaten, ohne Strunk	→	in 1 cm große Würfel schneiden, auf das Rindfleisch geben
1/2 Glas Paprikasoße 250 g saure Sahne 2 EL Sahne 1 EL Öl 1 EL Tafelessig	→	zu einer glatten Soße verrühren, über den Rindfleischsalat geben und vorsichtig vermengen
Salz, Pfeffer, geräuchertes Paprikapulver, Currypulver, Tabasco, Prise Zucker	→	abschmecken

Pikanter Geflügelsalat

Zutaten		Zubereitung
2 gekochte Hühnerbrüste	→	in 1,5 cm große Würfel schneiden
2 hartgekochte Eier	→	würfeln, über das Huhn geben
20 g Öl 150 g Champignons, geviertelt	→	anbraten, über das Huhn geben
150 g Joghurt 2 EL Mayonnaise 2 EL Sahne 1 EL Öl 1 EL Tafelessig	→	zu einer glatten Soße verrühren, über den Salat geben und vorsichtig vermengen
Salz, Cayennepfeffer, Prise Zucker, Zitronensaft	→	abschmecken

Fruchtiger Geflügelsalat

Zutaten		Zubereitung
2–3 gekochte Hühnerbrüste	→	in 1 cm große Würfel schneiden
2 Äpfel, ohne Kerngehäuse 6 Ananasringe 1 Orange, geschält	→	in 1 cm große Würfel schneiden, auf das Huhn geben
2 EL Süßkirschen, halbiert, ohne Steine	→	auf das Huhn geben
3 Stangen Frühlingslauch	→	in 1 cm große Scheiben schneiden, auf das Huhn geben
150 g Joghurt 4 EL Sahne 2 EL Mayonnaise 2 EL Öl 1 EL Tafelessig	→	alles zu einer gleichmäßigen Soße verarbeiten, über das Huhn geben, vorsichtig unterarbeiten
Salz, Pfeffer, Zucker, Zitronensaft	→	abschmecken

Einfacher Fischsalat

Zutaten		Zubereitung
1 L Wasser 60 g Zucker 50 g Salz 30 g Zucker 20 ml Essigessenz 2 Lorbeerblätter	→	aufkochen
500 g Heringsfilets, ohne Gräten	→	in das kochende Salz-Essigwasser geben, abschalten, 10 Minuten ziehen lassen, aus der Flüssigkeit nehmen, abkühlen lassen, in ca. 2 cm große Stücke zerpflücken
3 Gewürzgurken 2 hartgekochte Eier 1 Apfel, ohne Kerngehäuse 1 Zwiebel, geschält	→	in ca. 1 cm große Würfel schneiden, auf den Fisch geben
150 g Joghurt 150 g saure Sahne 2–4 EL Wasser der Gewürzgurken Salz, Pfeffer, Zucker	→	alles zu einer gleichmäßigen Soße verarbeiten, über den Fisch geben, vorsichtig unterarbeiten, abschmecken, mind. 30 Minuten ziehen lassen, dabei kühlen

Fisch-Gemüsesalat

Zutaten		Zubereitung
1 L Wasser 60 g Zucker 50 g Salz 30 g Zucker 20 ml Essigessenz 2 Lorbeerblätter	→	aufkochen
500 g Heringsfilets, ohne Gräten	→	in das kochende Salz-Essigwasser geben, abschalten, 10 Minuten ziehen lassen, aus der Flüssigkeit nehmen, abkühlen lassen, in ca. 2 cm große Stücke zerpflücken
1/2 kleine Knolle Sellerie, geschält	→	in 0,5 cm große Würfel schneiden, auf den Fisch geben
1 Ds Erbsen 1 Ds Möhren, klein	→	gut mit kaltem Wasser abwaschen, abtropfen, auf den Fisch geben
1 Zwiebel, geschält	→	in feine Streifen schneiden, auf den Fisch geben
5 EL Öl 4 EL Tafelessig Salz, Pfeffer, Prise Zucker, 1 TL Senf	→	alles zu einer gleichmäßigen Soße verarbeiten, über den Fisch geben, vorsichtig unterarbeiten, abschmecken, mind. 30 Minuten ziehen lassen, dabei kühlen

Thunfischsalat

Zutaten		Zubereitung
1 Ds Thunfisch in Öl	→	abtropfen lassen, grob zerpflücken
2 hartgekochte Eier 100 g Fetakäse 1 Apfel, ohne Kerngehäuse	→	in 1 cm große Würfel schneiden
1 Zwiebel, geschält	→	in feine Scheiben schneiden
50 g grüne Oliven ohne Steine, halbiert	→	alles gemeinsam zu dem Thunfisch geben
150 g saure Sahne 1 EL Joghurt 2 EL Ketchup 1 EL Kapern, gehackt Salz, Pfeffer, Prise Zucker, 1/4 TL Currypulver	→	alles gemeinsam zu einer gleichmäßigen Soße verarbeiten, auf den Salat geben, vorsichtig unterarbeiten, abschmecken

Einfacher Eiersalat

6 hartgekochte Eier 2 Gewürzgurken	→ in 1 cm große Würfel schneiden
30 g Öl 100 g Champignons, geviertelt	→ anbraten, abkühlen lassen, auf die Eier geben
1 Ds Mandarinen	→ auf die Eier geben
150 g Joghurt 3 EL Mayonnaise 1 TL Senf 1 EL Tafelessig 1 EL Öl Salz, Pfeffer, Prise Zucker	→ alles gemeinsam zu einer gleichmäßigen Soße verarbeiten, auf den Salat geben, vorsichtig unterarbeiten, abschmecken

TIPP: Gerne noch frisch geschnittenen Schnittlauch unterziehen.

Käsesalat

200 g Käse (Schweizer) 150 g Fleischwurst 1 Apfel, ohne Kerngehäuse 1 Zwiebel, geschält 2 Gewürzgurken 8 Radieschen, ohne Grün	→ in 1 cm große Würfel schneiden
4 EL Öl 5 EL Tafelessig Salz, Pfeffer, Paprikapulver, Prise Zucker	→ alles gemeinsam zu einer gleichmäßigen Soße verarbeiten, auf den Salat geben, vorsichtig unterarbeiten, abschmecken

Fleisch

Als Fleisch versteht man das Skelettmuskelfleisch von z.B. Rind, Schwein, Kalb, Schaf, Lamm, Wild oder Geflügel. Dieses besteht überwiegend aus der so genannten Muskelfaser, Fett und Bindegewebe. Die Zusammensetzung der Fleischstücke ist dabei sehr unterschiedlich. Einfluss darauf haben zum Beispiel das Herkunftsland (dort sogar die verschiedenen Regionen), die verschiedenen Rassen, die Fütterung, das Alter, das Geschlecht und im Anschluss im Besonderen die Fleischreife. Jedes Fleischstück hat eine andere Zusammensetzung.

Grundsätzlich zählt Fleisch zu einem der wichtigsten Grundnahrungsmitteln - auch wenn der Konsum individuell eher nach unten korrigiert werden sollte. Auch hier steht die Ausgewogenheit mit weiteren, wichtigen Lebensmitteln im Fokus. Es versorgt den menschlichen Körper mit wertvollen Eiweißen, den Vitaminen des B-Komplexes und diversen Mineralstoffen – zusätzlich ist es kohlenhydratarm. Die empfehlenswerte Menge liegt individuell und je nach der persönlichen Verstoffwechslung bei einer erwachsenen Person bei 300–500 g Fleisch/ Wurstwaren in der Woche.

Allgemeine Regeln für die Vor- und Zubereitung von Fleisch

1. Fleisch muss so frisch als möglich (nach der Reifung) verarbeitet werden. Es muss in einer dauerhaften Kühlkette kühl gelagert werden, immer in einem entsprechend lebensmittelechten gerechten Gefäß.

2. Fleisch nimmt leicht einen Fremdgeschmack in der Kühlung an, deshalb immer gut abdecken (Klarsichtfolie oder passender Deckel).

3. Holzbretter sind sehr gut für Obst und Gemüse – selbst für Fleisch eignen sich Holzbretter aus z.B. Kiefer, Bambus oder Olive, ebenso muss es absolut fugenfrei verarbeitet sein. Der Vorteil von Kunststoffbrettern ist, dass die unterschiedlichen Farben das Verarbeiten von Lebensmitteln einfacher macht:. Rot – Fleisch, Grün – Gemüse. Gelb – Obst, Blau – Fisch, Schwarz – Brot.

4. Fleisch, nur wenn nötig, kurz und kalt abwaschen und mit einem Küchenpapier abtrocknen. Schnitzel, Gulasch und Ähnliches nur mit einem Küchenpapier abtrocknen.

5. Bei größeren Fleischstücken werden die Bindegewebshaut und die Sehnen mit einem sehr scharfen Messer entfernt. Bei Fleischstücken wie Kotelett kann der Fettrand leicht eingeschnitten werden, damit sich das Fleisch beim Anbraten nicht wölbt.

6. Da Salz dem Fleisch Feuchtigkeit entzieht, ist zu empfehlen, wirklich erst in der Sekunde leicht zu salzen, wenn es zum Anbraten in die Pfanne oder den Bräter kommt.

7. Angebraten wird immer kurz und bei hoher Temperatur, dann gerinnt das Eiweiß in der äußersten Schicht und bildet einen Schutz, der Fleischsaft bleibt im Gargut. Gulasch und Geschnetzeltes nur in kleinen Mengen anbraten (nur auf dem Pfannenboden – nicht aufeinander). Das Fett oder Öl zum Anbraten muss ebenfalls heiß sein.

8. Zum Herstellen einer kräftigen Brühe muss das Fleisch in kaltem Wasser angesetzt werden. Kochfleisch in heißem Wasser.

9. Mageres Fleisch kann an Geschmack gewinnen, wenn es mit dünnen Speckscheiben entweder belegt oder umwickelt wird.

10. Fleisch gart besonders zart, wenn es bei Temperaturen zwischen 90 und 120°C z. B. im Backofen (auf einem Rost) gegart wird.

11. Fleisch kann man für 1–2 Tage auch in eine Beize oder in z. B. ein Kräuteröl einlegen, besonders bei bestimmten Schmorgerichten wie z. B. einem Sauerbraten. Dadurch wird das Fleisch mürber und bekommt einen besonderen Geschmack.

12. Die Garprobe bei Kurzgebratenem wie bei größeren Stücken kann gerne mittels eines Kerntemperaturfühlers stattfinden. Hier einige Richtwerte: Rare: 50–54°C / Medium: 55–57°C / Medium-Well: 58–60°C / Done: über 60°C.

13. Gerne kann das Fleisch nach dem Garen noch für ca. 10–15 Minuten „ruhen", z. B. im Backofen bei 50°C. Dann entspannt sich die Faser des Fleisches und beim Anschneiden verliert es dadurch weniger Fleischsaft. Dieser bleibt dann im Fleisch und macht es „saftiger".

14. Fleisch wird immer so geschnitten, dass Scheiben quer zur Muskelfaser (Faser) geschnitten werden. Dann ist das Fleisch schön zart. Wenn entlang der Faser geschnitten wird, ist das Fleisch zäh und trocken.

15. Grundsätzlich ist die Qualität von Fleisch auch abhängig von der Dauer und der Art der Reifung. Bei Rindfleisch sollte z. B. die klassische Reifung mindestens 3 Wochen, bestens 4 Wochen oder sogar länger betragen. Bei der Dry-Age Reifung (hauptsächlich bei Rind) wird dies in einem speziellen Kühlraum / Kühlschrank bei einer Luftfeuchtigkeit zwischen 82 % und 85 % und bei einer Temperatur zwischen +1 bis +3°C durchgeführt. Dieser Vorgang sollte mindestens 4 Wochen und kann bis zu 8 Wochen dauern.

16. Sous-Vide
Eine weitere Garmethode ist das Garen mit „Sous-Vide" – was soviel heißt wie „unter Vakuum". Hier werden Fleisch oder Fischstücke in einem Vakuumierbeutel, gemeinsam mit z. B. etwas Öl, Kräutern und Gewürzen, vakuumiert und für mindestens 2–4 Tage im Kühlschrank gelagert. Dann in einem „bewegten" Wasserbad (oder in einem Topf mit entsprechendem Sous-Vide-Stab) bei im Vorfeld definierter Kerntemperatur gegart, z. B. bei 56°C. Nach ca. 2 Stunden ist es dann fertig und kann auch erst nach 10 Stunden entnommen werden. Das Fleisch oder der Fisch kann auch gerne im Anschluss für die möglichen Röstbitterstoffe nochmals kurz angebraten werden.

Tipps zum Einkauf von Fleisch

- Kaufen Sie immer beim Metzger oder Fleischer Ihres Vertrauens ein.
- Fragen Sie das Fachpersonal nach der Herkunft und der Aufzucht des Tieres.
- Kaufen Sie, wenn möglich, keine abgepackte oder aufgeschnittene und vakuumierte Ware.
- Kaufen Sie gezielt und auch für gezielte Momente ein, in denen Sie das Stück mit der entsprechenden Aufmerksamkeit und Achtung zubereiten und genießen. Fleisch ist kein Lebensmittel für jeden Tag – es sollte etwas Besonderes sein.

Hackfleisch

Hackfleisch ist durch einen Fleischwolf gedrehtes Fleisch vom Schwein oder vom Rind. Oftmals auch gleichmäßig gemischt. Hackfleisch ist ein sehr leicht verderbliches Lebensmittel und muss nach dem Kauf (bitte frisch beim Metzger Ihres Vertrauens gekauft) auch sehr zeitnah und immer gut gekühlt verarbeitet werden. Die Garzeit ist abhängig von Form und Größe der Speisen.

Tipps zum Einkauf von Hackfleisch

1) frisch (vor max. ½ Tag) gewolft
2) immer vom Einkauf bis zur Verarbeitung kühlen
3) immer schnell verarbeiten
4) roh, immer nur im Notfall einfrieren

Innereien

Dies sind in der Regel die Zunge, das Herz, die Leber, die Nieren, die Lunge, das Hirn und das Bries.

Innereien sind als Besonderheiten in der Ernährung zu sehen – daher nur ab und zu genießen.

Teilstücke vom Rind

MEGA
Für Metzgerei und Gastronomie

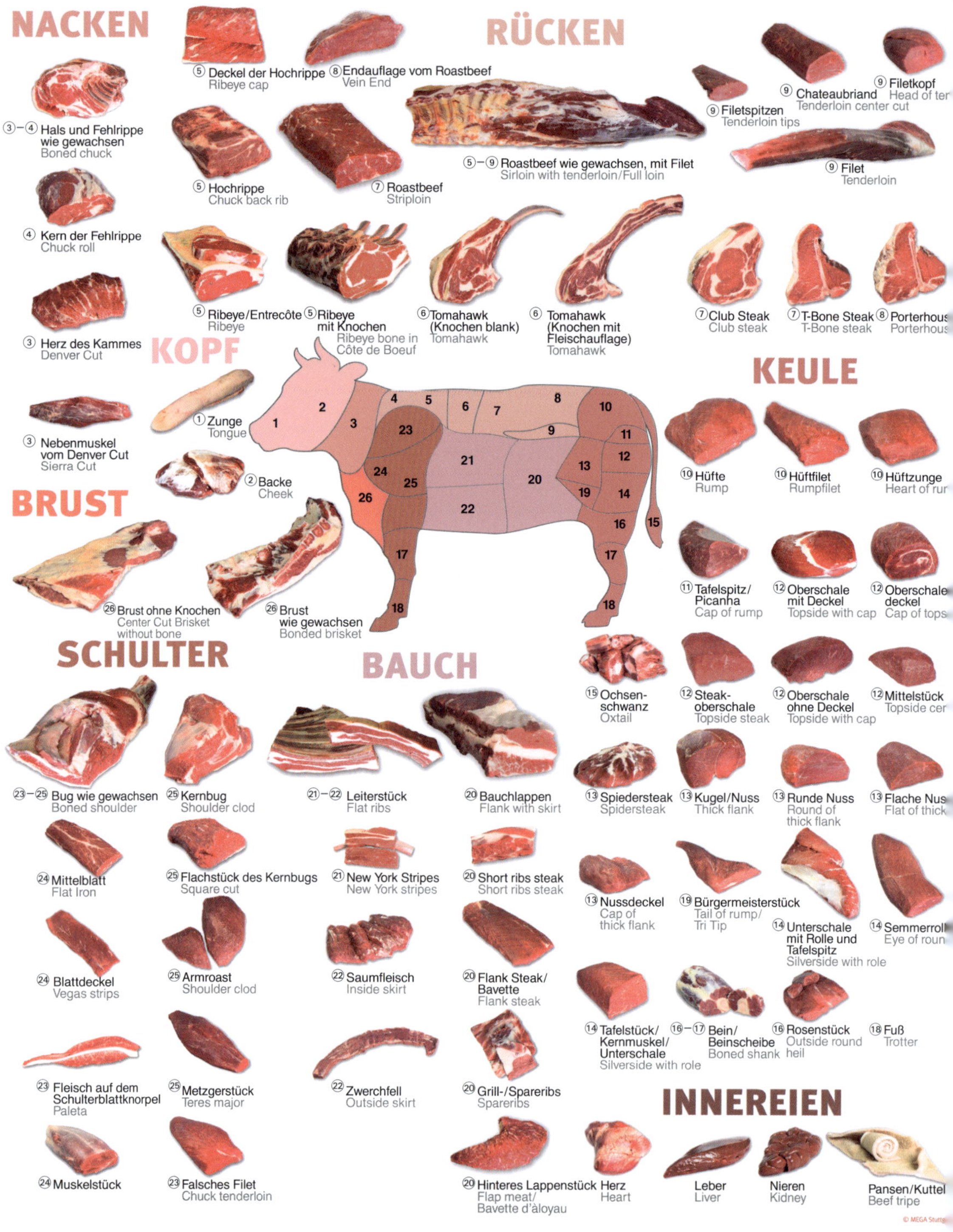

Fleischgerichte

Fleisch ist grundsätzlich ein wichtiges und vielseitiges Nahrungsmittel, welches mit Achtung vor dem Tier, in Maßen und sehr guter Qualität zubereitet und genossen werden soll. Es ist ein wichtiger Lieferant für tierische Eiweiße, wichtige Vitamine aus dem B-Komplex und Mineralstoffe.

In idealer Ergänzung zu einer Ernährung mit wunderbaren saisonalen Gemüsen, Salaten und anderen vegetarischen Lebensmitteln und Beilagen kann der Fleischkonsum daher erheblich reduziert werden.

Fleisch lässt sich sehr vielseitig zubereiten:
Kurzgebraten in der Pfanne, Braten im Ofen, Schmoren, Grillen, Frittieren, Kochen und Sous-Vide.

Fleisch wird in verschiedenen Größen zubereitet:
Ganze Bratenstücke, gewürfelt für Gulasch oder Ragout, Fleischstreifen für Geschnetzeltes, Fleischscheiben für Schnitzel oder als Koteletts, Rouladen, durchgedrehtes Fleisch.

Fleisch teilt man auch nach dem Tier entsprechend ein:
Rindfleisch, Kalbfleisch, Schweinefleisch, Lammfleisch, Geflügel, etc..

Gekochte Fleischgerichte

Siehe hierzu auch das Kapitel „Gartechnik Kochen“ auf Seite 217.

Gekochtes Rindfleisch – Grundrezept		
1 kg Rindfleisch (Tafelspitz, Rinderbrust)	→	größere Fettstücke gegebenenfalls entfernen
1 1/2 L Wasser 1 TL Salz 2 Zwiebeln, ungeschält, halbiert 2 Lorbeerblätter 3 Nelken 3 Wacholderbeeren 2 Karotten, groß, der Länge nach halbiert 1 Lauchstange, groß, der Länge nach halbiert 1 kleiner Sellerie, geschält, in Viertel geschnitten 2 Zweige Thymian	→ →	gemeinsam mit dem Rindfleisch kalt aufsetzen, einmal aufkochen lassen und dann unter dem Siedepunkt garziehen lassen. Bis zu 2 1/2 Stunden, knapp unter dem Siedepunkt halten – immer wieder den Schaum abschöpfen. Fleisch aus dem Sud nehmen, in Scheiben schneiden. Immer so schneiden, dass man die Faser durchschneidet – NICHT entlang der Faser. Warm stellen. Das Gemüse aus dem Sud nehmen.
Salz, Pfeffer, frisch gemahlener Muskat	→	abschmecken. Die Fleischscheiben anrichten, das Gemüse darauf geben und mit der Brühe leicht übergießen.

Rindfleisch süß-sauer

1 kg Rindfleisch (Tafelspitz, Rinderbrust)	→	größere Fettstücke gegebenenfalls entfernen
1 1/2 L Wasser 1 TL Salz 2 Zwiebeln, ungeschält, halbiert 2 Lorbeerblätter 3 Nelken 3 Wacholderbeeren 2 Karotten, groß, der Länge nach halbiert 1 Lauchstange, groß, der Länge nach halbiert 1 kleiner Sellerie, geschält, in Viertel geschnitten 2 Zweige Thymian	→	gemeinsam mit dem Rindfleisch kalt aufsetzen, einmal aufkochen und dann unter dem Siedepunkt garziehen lassen. Bis zu 2 1/2 Stunden knapp unter dem Siedepunkt halten – immer wieder den Schaum abschöpfen. Fleisch aus dem Sud nehmen, in Scheiben schneiden. Immer so schneiden, dass man die Faser durchschneidet – NICHT entlang der Faser. Die Scheiben in feine Streifen schneiden.

30 g Butter	→	erhitzen
2 Zwiebeln, geschält in feine Würfel geschnitten	→	glasig anschwitzen
30 g Mehl	→	darüber stäuben, etwas mit anschwitzen lassen
3/4 L heiße Brühe vom Rindfleisch	→	langsam zugießen, aufkochen lassen
4 Gewürzgurken	→	in 1 cm große Würfel schneiden, gemeinsam mit den Fleischstreifen in die Soße geben. 5 Minuten mitköcheln lassen.
1 EL Sojasoße 1 TL Essig Salz, Zucker, Pfeffer	→	abschmecken, heiß servieren

Eisbein – gekocht in Kräutersoße

1 Hintereisbein oder 2 Vordereisbeine	→	vom Metzger des Vertrauens küchenfertig vorbereitet
2 L Wasser 2 Zwiebeln, mit Schale, halbiert 1 TL Salz 2 Lorbeerblätter 5 Pfefferkörner 3 Nelken 2 Wacholderbeeren	→	einmal aufkochen, Eisbein hinzugeben und bis zu 2 Stunden köcheln lassen. Eisbein aus der Brühe nehmen, vom Knochen lösen und in portionsgroße Stücke schneiden.
40 g Butter	→	erhitzen
2 Zwiebeln, geschält in Würfel geschnitten 40 g Mehl	→	darüber stäuben, mitschwitzen lassen
1/2 L der Eisbeinbrühe 1/2 L Sahne	→	unter Rühren nach und nach zugießen, aufkochen und 5 Minuten köcheln lassen
6 EL Petersilie, gehackt 6 EL Schnittlauch, fein geschnitten 2 EL Dill, fein geschnitten	→	in die Soße geben
Salz, Pfeffer, Zucker, wenig Tafelessig und den Abrieb von 1/4 Zitrone	→	abschmecken, Fleischstücke in die Soße geben, noch 10 Minuten darin ziehen lassen

Kalbsfrikassee (Ragout fin)

Zutaten		Zubereitung
800 g Kalbfleisch (Keule oder	→	in ca. 2–3 cm große Würfel schneiden
Schulter – küchenfertig, ohne Fett)	→	Fleischwürfel für ca. 5 Minuten in kochendes Wasser geben, Fleisch aus dem Topf nehmen, abbrausen, Wasser entsorgen
1 1/2 L Geflügelbrühe 2 Karotten, der Länge nach halbiert 2 Zwiebeln, mit Schale, halbiert 1 Stange Staudensellerie 1 TL Salz 3 Lorbeerblätter	→	gemeinsam mit den Fleischwürfeln in einen Topf geben, leicht köchelnd für ca. 1–1 1/2 Stunden garen lassen. Möglichen Schaum ständig abschöpfen.
1–2 EL Butter	→	erhitzen
200 g Champignons, in 1/4 geschnitten	→	darin anschwitzen
150 g Sahne angießen	→	2 Minuten leicht köcheln lassen Fleisch aus der Brühe nehmen, warm stellen
	→	Brühe durch ein Sieb geben
40 g Butter	→	erhitzen
30 g Mehl	→	darauf stäuben, hell mitschwitzen lassen
	→	ca. 1–1 1/2 L Brühe darauf geben, mit einem Schneebesen gleichmäßig hinzufügen
3 Eigelbe	→	gut vermengen
100 g Sahne	→	mit einem Schneebesen vorsichtig in die leicht abgebundene Brühe geben. Brühe darf nicht mehr kochen - bindet nochmals ab. Fleischstücke und Champignonsahne zugeben, nicht mehr kochend erwärmen, servieren.

TIPP: Kalbsfrikassee wird (noch kleiner geschnitten) auch gerne als Füllung für warme Blätterteigpasteten oder einen Reisrand genommen.

Königsberger Klopse – Grundrezept		
Grundrezept für einen Hackfleischteig:		
2 Brötchen (auch vom Vortag möglich)	→	aufbrechen, in kaltem Wasser einweichen, gut ausdrücken und mit den Händen zerzupfen
600 g Rinderhackfleisch 1 TL Senf (mittelscharf) 5 Sardellenfilets (gehackt) 1 EL Kapern (gehackt) 2 Eier (M) 1 Zwiebel, geschält, in feine Würfel geschnitten 1–2 EL Paniermehl Salz, Pfeffer, Abrieb von 1/4 Zitrone, Worcestershiresauce	→	alle Zutaten zu einem glatten Teig verarbeiten und kräftig abschmecken, mit feuchten Händen pfirsichgroße Klopse formen
1,5–2 L Wasser 3 Lorbeerblätter, 2 Nelken 3 Wacholderbeeren 1 Zwiebel, mit Schale, halbiert 1 TL Salz	→	zum Kochen bringen, Klopse einlegen, 10–15 Minuten ziehen lassen, nicht kochen
40 g Butter	→	erhitzen
40 g Mehl	→	darauf stäuben, helle Mehlschwitze erstellen
350 ml Milch 350 ml vom Kochsud 200 ml Sahne	→	unter Rühren (Schneebesen) klumpenfrei einarbeiten, 5 Minuten köcheln lassen
2–3 EL Kapern, Salz, Pfeffer, Abrieb von 1/4 Zitronenschale, Prise Muskat, Prise Zucker, Worcestershiresauce	→	abschmecken, mit frisch gehackter Petersilie garnieren

TIPP: Kleine geformte Klopse ergeben ein schönes Klößchen-Ragout. Oder: Sie füllen mit Oliven oder Backpflaumen. Oder: Kleine Klopse können auch gut frittiert werden.

Geschmorte Fleischgerichte

Siehe dazu das Kapitel „Gartechnik Schmoren“ auf Seite 222.

Rinderschmorbraten – Grundrezept		
800 g Rinderbraten / -schulter	→	mit einem frischen Küchenpapier abtupfen
40 g Butterschmalz	→	erhitzen, Fleisch von allen Seiten braun anbraten
1 gewürfelte Zwiebel	→	kurz mit anbraten
1 EL Tomatenmark	→	zugeben, 2–3 Stunden schmoren
1/2 L Brühe, 1/8 L Rotwein		
1 TL Salz, 1/2 TL Pfeffer		
1 TL Senf		Kräutersäckchen wieder entnehmen
2 Lorbeerblätter, 3 Nelken		zarten Braten aus der Soße nehmen, Soße
3 Wacholderbeeren im Kräutersäckchen		mit einem Mixstab fein pürieren
30 g Mehl	→	verquirlen, Soße binden, einmal aufkochen,
1/8 L Rotwein		Braten wieder zurück in die Soße geben
Salz, Pfeffer	→	abschmecken, und frisch aufgeschnitten servieren

Sauerbraten

600 g Rindfleisch (Tafelspitz, Bürgermeisterstück, Bug)	→	leicht mit einem Küchenpapier abtupfen
1 L Rotwein	→	Fleisch in die Beize legen, abdecken, kühl
1/4 L Tafelessig		lagern, mind. 24 Stunden darin ziehen lassen
1/2 L Wasser	→	Fleisch herausnehmen, trocken tupfen, Beize
2 Karotten, der Länge nach halbiert		durch ein Seib geben
1/2 Sellerie klein, in Würfel geschnitten		
1/2 Lauchstange, der Länge nach halbiert		
2 Zwiebeln, mit Schale, geviertelt		
3 Lorbeerblätter, 3 Nelken		
3 Wacholderbeeren		
40 g Butterschmalz	→	im Bräter erhitzen, Fleisch darin rundherum anbraten, salzen, pfeffern, mit Beize auffüllen und bei geschlossenem Deckel mind. 2 Stunden schmoren (ab und zu wenden). Braten aus der Soße nehmen, auf die Seite stellen. Soße durch ein Sieb geben, um 1/3 einköcheln lassen
Salz, Pfeffer	→	abschmecken
4 TL Stärke	→	anrühren und die kochende Soße damit binden
3 EL Rotwein oder Wasser	→	den angekühlten Braten in Scheiben schneiden – immer die Faser durchschneiden – NIE entlang der Faser schneiden. Scheiben in die Soße legen, darin erwärmen, heiß servieren

Herstellung von Rouladen

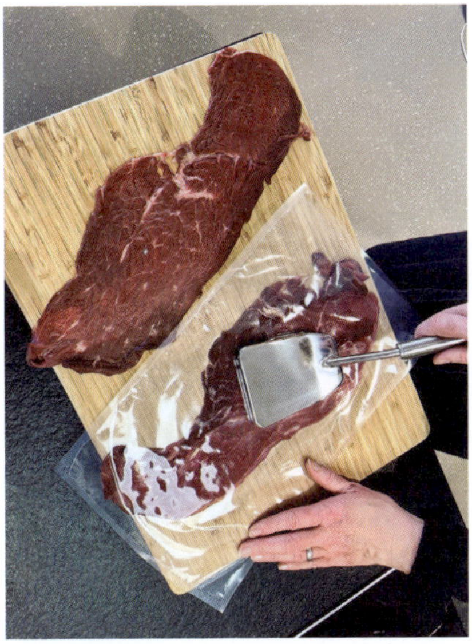

1. Die Fleischscheiben zwischen zwei Folien mit einem Plattierer dünn plattieren.

2. Auf die Rouladenscheiben den Senf verstreichen und mit Speckscheiben, angedünsteten Zwiebeln und Essiggurken belegen.

3. Die Rouladen stramm aufrollen und dabei den Seiten nach innen einschlagen, damit die Füllung nicht herausfallen kann.

4. Butterschmalz erhitzen und die Rouladen von allen Seiten gut anbraten.

Hinweis: Als Füllung kann auch 1/2 Rezept Hackfleischteig oder eine Gemüsefüllung genommen werden.

Rinderroulade

4 dünne Scheiben Rindfleisch (Oberschale)	→	mit einem Küchenpapier trocken tupfen
Senf	→	dünn damit bestreichen
Salz, Pfeffer	→	würzen
30 g Butterschmalz	→	erhitzen
2 Zwiebeln, geschält in Streifen geschnitten	→	im Butterschmalz goldgelb anschwitzen
60 g durchwachsener, geräucherter Speck	→	in feine Scheiben schneiden, auf die 4 Rindfleischscheiben verteilen
2 Gewürzgurken	→	ebenso die angeschwitzten Zwiebeln darauf verteilen, aufrollen, feststecken
30 g Butterschmalz	→	erhitzen, die Rouladen von allen Seiten salzen und darin scharf anbraten, aus dem Bräter nehmen
2 Zwiebeln, geschält, in grobe Würfel geschnitten 1 Bd. gewürfeltes Suppengrün 2 Knoblauchzehen, zerdrückt	→	in den Bräter geben und mit anschwitzen
2 EL Tomatenmark	→	mit in den Bräter geben und etwas mit anbraten lassen
600 ml Brühe 400 ml Rotwein	→	ablöschen, aufkochen lassen, Rouladen wieder mit dazu geben und 1 1/2–2 Stunden schmoren lassen
	→	Rouladen aus der Soße nehmen – warm stellen
2 Zweige Thymian	→	zugeben und 15 Minuten köcheln lassen
2 Zweige Rosmarin Salz, Pfeffer, Abrieb von 1/4 Zitrone	→	Soße durch ein Sieb geben
30–40 g Mehl 4 EL Rotwein oder Brühe	→	anrühren, einmal aufkochen, die Soße damit binden
Salz, Pfeffer, geräuchertes Paprikapulver	→	abschmecken
150 g saure Sahne	→	unterziehen, nicht mehr aufkochen, Rouladen wieder in die Soße legen, wieder erwärmen, heiß servieren

Rindergulasch und Gulasch halb/halb

700 g Gulasch geschnitten vom Rind (Hals, Schulter, Oberschale) Oder halb Rind / halb Schwein 40 g Butterschmalz	→	erhitzen, Fleischwürfel in 3–4 Portionen nacheinander scharf anbraten, Fleisch neben dem Bräter warm halten
500 g Zwiebelringe	→	anbraten
3 EL Tomatenmark	→	gemeinsam mit den Zwiebelringen anbraten
	→	Fleischwürfel wieder mit hinzugeben
700 ml Rotwein 300 ml Brühe	→	ablöschen
Salz, Pfeffer geräuchertes Paprikapulver 2 Knoblauchzehen 3 Zweige Majoran	→	zugeben, würzen und mind. 1 1/2 Stunden schmoren, Majoran entnehmen
30–40 g Mehl 4 EL Rotwein oder Brühe	→	anrühren, Gulasch damit abbinden, einmal aufkochen lassen
Sahne nach Geschmack, wenn gewünscht	→	verfeinern, abschmecken, heiß servieren

Ungarisches Gulasch

1 Rezept Rindergulasch oder Gulasch halb und halb statt 500 g Zwiebeln:	→	die Zubereitung bleibt gleich
250 g Zwiebelringe	→	mit anbraten,
1 rote Paprika 1 grüne Paprika 4 Tomaten	→	würfeln, kurz mit andünsten

Schaschlik im Topf

200 g Rindernacken 200 g Schweinenacken	→	in ca. 4 cm große Stücke schneiden
2 Zwiebeln	→	vierteln
1 grüne Paprika 4 dicke Scheiben durchwachsener Speck	→	ebenfalls in ca. 4 cm große Stücke schneiden – alle Zutaten wechselnd auf einen Spieß stecken
Salz, Pfeffer, Paprikapulver	→	von allen Seiten würzen
30–40 g Butterschmalz	→	erhitzen, Spieße von allen Seiten scharf anbraten, aus dem Bräter nehmen, auf die Seite stellen
2 EL Tomatenmark	→	in den Bratenansatz geben und mit anschwitzen
$^{1}/_{8}$ L Rotwein $^{1}/_{2}$ L Brühe	→	zugeben, Spieße zurückgeben, 1–1 $^{1}/_{2}$ Stunden schmoren
1 Lorbeerblatt 3 Wacholderbeeren 2 Nelken	→	Spieße entnehmen
30 g Mehl 4 EL Brühe oder Rotwein	→	vermengen, einmal aufkochen, Soße damit abbinden, Spieße wieder zurück in die Soße
Salz, Pfeffer, geräuchertes Paprikapulver	→	abschmecken, heiß servieren

Schweinelende

400 g Schweinelende	→	mit einem Küchenpapier trocken tupfen, von den Silberhäutchen befreien
20 g Butterschmalz	→	erhitzen, Fleisch von allen Seiten anbraten
1 Zwiebel, geschält in Würfel geschnitten	→	kurz mitbraten
Salz, Pfeffer, 1 TL Senf, 1 Knoblauchzehe (zerdrückt), 1 Thymianzweig	→	zugeben und würzen
$^{1}/_{2}$ L Brühe	→	ablöschen, 20–30 Minuten schmoren, Fleisch herausnehmen, in Scheiben schneiden, Soße durch ein Sieb geben
20 g Mehl 4 EL Brühe, kalt	→	vermengen, einmal aufkochen, Soße damit binden
4 EL Sahne	→	Soße damit verfeinern, die Fleischscheiben damit leicht übergießen

Schweine-Schmorbraten

600 g Schweinbraten (Schulter oder Hals)	→	mit einem Küchenpapier abtupfen
30 g Butterschmalz Salz	→	Fleisch salzen und von allen Seiten scharf anbraten
2 Zwiebeln, geschält in grobe Würfel geschnitten 2 EL Tomatenmark 2 Karotten, in Würfel geschnitten	→	kurz mit anbraten
1/2 L Brühe 1/8 L Rotwein 1 Knoblauchzehe, zerdrückt 2 Zweige Thymian 1 Zweig Rosmarin	→	zugeben, einmal aufkochen lassen
1 TL (gestrichen) Salz 1/2 TL Pfefferkörner 2 Lorbeerblätter 2 Wacholderbeeren 2 Nelken 1 TL Majoran, getrocknet	→	würzen, 1 1/2 Stunden schmoren, Fleisch aus der Soße nehmen, Scheiben schneiden, warm stellen. Soße durch ein Sieb geben.
20–30 g Mehl 4 EL Brühe oder Rotwein	→	verrühren, Soße damit binden, einmal aufkochen
4 EL Sahne Salz, Pfeffer Abrieb von 1/4 Zitrone	→	verfeinern, abschmecken, Fleischscheiben wieder in die Soße geben, heiß servieren

Schweinefleischröllchen

4 dünne, große Scheiben Schweinefleisch	→	z. B. aus der Oberschale
1 Bd. Suppengrün 100 g frische Champignons 100 g mittelalter Gouda	→	Gemüse putzen, in sehr feine Würfel schneiden, salzen, pfeffern und auf je eine Seite der 4 Fleischscheiben legen
	→	Scheiben vorsichtig aufrollen und mit einem Küchengarn zusammenbinden, Röllchen von außen salzen
30–40 g Butterschmalz	→	erhitzen, Röllchen von allen Seiten anbraten
1/2 L Brühe	→	zugießen und 40–50 Minuten schmoren. Aus der Soße nehmen und das Küchengarn entfernen, warm halten.
40 g Mehl 4 EL kalte Brühe	→	verrühren, Soße damit binden, einmal aufkochen, Röllchen wieder zurück in die Soße geben
Salz. Pfeffer	→	abschmecken und heiß servieren

Geschnetzeltes Kalbfleisch

Zutaten		Zubereitung
600 g Kalbfleisch (z. B. aus der Nuss)	→	in feine Streifen schneiden,
Salz	→	leicht salzen
30 g Butterschmalz	→	erhitzen, Fleisch darin auf 2–3 Mal scharf anbraten – auf die Seite stellen
2 Zwiebeln, geschält, in Würfel geschnitten	→	in der selben Pfanne goldgelb anbraten, Fleisch wieder mit dazu geben, ebenfalls den möglichen Fleischsaft
40 g Mehl	→	darüberstäuben und etwas mit bräunen
100 ml Weißwein	→	ablöschen, auf die Hälfte einkochen lassen
300 ml Brühe	→	ablöschen, 2–3 Minuten leicht köcheln lassen
250 ml Sahne Salz, Pfeffer	→	würzen und 6–10 Minuten weich schmoren lassen, mittlere Hitze
Abrieb von 1/4 Zitrone Msp. Muskat 2 EL frisch gehackte Petersilie Salz, Pfeffer	→	abschmecken, einmal kurz aufköcheln lassen, heiß servieren

Geschmorter Hackbraten

Zutaten		Zubereitung
500 g Gehacktes 1/2 Rind und 1/2 Schwein 1 Zwiebel, gewürfelt 6 EL Paniermehl oder 2 Brötchen 2 Eier 1 TL Salz 1/2 TL Pfeffer 1/2 TL Paprika 1 TL Senf	→	alle Zutaten zu einem glatten Teig verkneten, mit nassen Händen einen länglichen Laib formen
50 g Paniermehl	→	den Laib darin wenden
30 g Fett	→	erhitzen, Laib von allen Seiten scharf braun anbraten
1 Bd. Suppengrün, fein gewürfelt	→	kurz mitbraten
300 ml Brühe 1 TL Tomatenmark	→	zugeben, aufkochen lassen, 60 Minuten schmoren
	→	Hackbraten herausnehmen und in Scheiben schneiden
20 g Mehl 4 EL kaltes Wasser	→	verquirlen, Soße damit binden, abschmecken

Hinweis: Hackbraten kann auch im Backofen gegart werden, 45 Minuten bei 225°C und 10 Minuten Nachwärme.

Hackfleischpfanne

Zutaten		Zubereitung
400 g Gehacktes, 1/2 Rind und 1/2 Schwein 30 g Butterschmalz Salz, Pfeffer	→	erhitzen und das Hack auf 2–3 Mal scharf anbraten, warm stellen
2 Paprika 2 Zwiebeln, geschält	→	in 1 cm große Würfel schneiden und in der Fleischpfanne anschwitzen
4 Tomaten, ohne Strunk	→	Hackfleisch wieder dazu geben
1 kl. Dose Mais 150 g Champignons, in 1/4 geschnitten	→	zugeben und 5 Minuten mit erhitzen
300 ml Brühe 2 EL Tomatenmark	→	zugeben, aufkochen, 10 Minuten garen
30 g Mehl 4 EL kaltes Wasser	→	verrühren, Soße/Hackfleischmischung damit abbinden
Salz, Pfeffer, Paprikapulver, 1/2 TL Majoran (getrocknet) 1/2 TL Thymianblätter (frisch)	→	abschmecken
2 EL Petersilie, gehackt 2 EL Schnittlauch, geschnitten	→	über die Hackfleischpfanne streuen

Kurzgebratenes aus der Pfanne

Siehe dazu das Kapitel „Gartechnik Braten“ auf Seite 221.

Schnitzel oder Kotelett natur

Zutaten		Zubereitung
4 Schnitzel oder Kotelett (ca. 350 g)	→	Fleisch vom Schwein oder Kalb (z.B. Oberschale für ein Schnitzel) von Sehnen befreien, Schnitzel zwischen 2 Klarsichtfolien plattieren
30 g Butterschmalz Salz	→	Butterschmalz erhitzen, Fleisch leicht salzen, auf jeder Seite ca. 40 Sekunden anbraten, auf einen Rost (darunter eine Fettwanne) in den Backofen (100°C Heißluft / Umluft) das Schnitzel ca. 8 Minuten garziehen lassen. Das Kotelett benötigt ca. 40–50 Minuten. Kerntemperatur sollte bei ca. 56°C liegen
1 EL Butter 1 kleiner Zweig Thymian 1 kleiner Zweig Rosmarin 1 kleine Knoblauchzehe	→	In die Pfanne mit dem Bratensatz etwas Butter aufschäumen lassen, Rosmarin, Thymian, etwas angedrückten Knoblauch sowie Salz und Pfeffer zugeben. Mit dieser warmen Gewürzbutter das Fleisch im Anschluss leicht begießen.

Schnitzel oder Kotelett paniert

Zutaten		Zubereitung
4 Schnitzel oder Kotelett (ca. 350 g)	→	Fleisch vom Schwein oder Kalb (z.B. Oberschale für ein Schnitzel) von Sehnen befreien, Schnitzel zwischen 2 Klarsichtfolien plattieren
2–3 EL doppelgriffiges Mehl	→	Fleisch nach dem Salzen darin wenden, überschüssiges Mehl abklopfen
2 Eier Salz, Pfeffer, etwas Abrieb einer Zitronenschale	→	verquirlen, Fleisch darin wenden
6 EL Panierbrot (vom Bäcker gerieben) Salz, Pfeffer	→	Fleischscheiben darin wenden, Panade etwas andrücken
40 g Butterschmalz	→	Butterschmalz erhitzen, auf jeder Seite ca. 40–60 Sekunden anbraten bis eine schöne gold-gelbe Röstung entsteht, auf einen Rost (darunter eine Fettwanne) in den Backofen (100°C Heißluft / Umluft) das Schnitzel ca. 5–8 Minuten garziehen lassen. Das Kotelett benötigt ca. 40–50 Minuten. Kerntemperatur sollte bei ca. 56°C liegen.
1 EL Butter 1 kleiner Zweig Thymian 1 kleiner Zweig Rosmarin 1 kleine Knoblauchzehe	→	In die Pfanne mit dem Bratensatz etwas Butter aufschäumen lassen, Rosmarin, Thymian, etwas angedrückten Knoblauch, sowie Salz und Pfeffer zugeben. Mit dieser warmen Gewürzbutter das Fleisch im Anschluss leicht begießen.

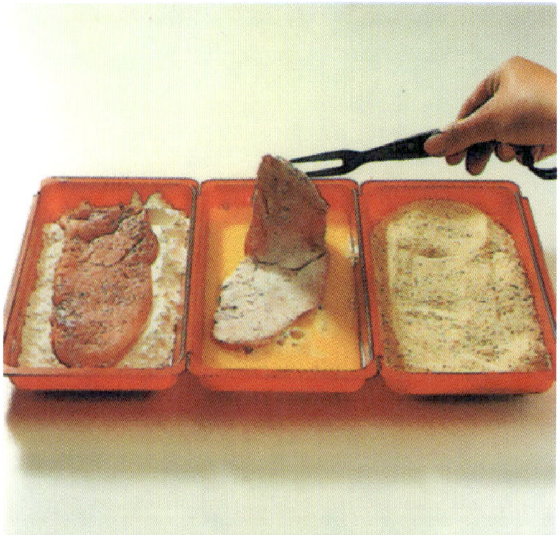

Gefülltes Schnitzel (Cordon bleu)

4 dickere Scheiben Kalbfleisch (Rücken oder Oberschale)	→	fertig vom Metzger mit einer Tasche versehen, oder selber einschneiden
4 Scheiben Greyerzer Käse 4 Scheiben Kochschinken Salz, Pfeffer	→	die Taschen leicht würzen und sauber mit den Käse- und Schinkenscheiben füllen. Die offene Tasche evtl. mit einem kleinen Holzspieß verschließen.
3 EL doppelgriffiges Mehl	→	Fleisch darin sauber wenden, überflüssiges Mehl abklopfen
3 Eier Salz, Pfeffer, Abrieb von 1/4 Zitrone	→	verquirlen, Fleisch darin vorsichtig wenden
6 EL Paniermehl (vom Bäcker gerieben) Salz, Pfeffer	→	Fleisch darin wenden, die Panade leicht andrücken
80 g Butterschmalz	→	erhitzen, Fleisch darin von beiden Seiten goldgelb knusprig anbraten, mehrmals wenden, insgesamt von jeder Seite ca. 4–5 Minuten, evtl. Hitze zum Schluss etwas zurücknehmen. Vor dem Servieren das Holzstäbchen herausziehen.
Zitronenscheiben	→	evtl. mit dünnen Zitronenscheiben servieren

Gefülltes Kotelett

4 dickere Scheiben vom Schweinekotelett	→	fertig vom Metzger mit einer Tasche versehen oder selbst einschneiden
1 Stange Lauch 1 Zwiebel, geschält 1 Knoblauchzehe, geschält	→	alles in sehr feine Würfel schneiden
Salz, Pfeffer	→	Gemüse damit abschmecken, in die Taschen füllen, den Rest aufheben, Taschen mit Holzstäbchen verschließen
50 g Butterschmalz	→	erhitzen, Koteletts von beiden Seiten mit Farbe anbraten, Hitze etwas zurücknehmen
Salz, Pfeffer	→	das Fleisch würzen, restliches Gemüse mit anbraten. Das Kotelett von jeder Seite 6–8 Minuten garen. Holzstäbchen entfernen und gemeinsam mit dem Gemüse anrichten, heiß servieren.

Bratwurst

4 frische Bratwürste vom Metzger	→	5 Minuten in heißes (nicht kochendes) Wasser legen, damit die Würste beim Braten nicht platzen. Evtl. mit einer dünnen Nadel mehrmals einstechen.
30 g Butterschmalz	→	erhitzen, Würste von allen Seiten braun anbraten, Temperatur etwas nach unten regulieren, 8 – 10 Minuten gar braten

TIPP: Mit goldgelb angebratenen Zwiebeln servieren.

Gebratene Rippchen

4 Stück Schweinerippchen vom Metzger 30 g Butterschmalz	→	erhitzen, Rippchen von beiden Seiten kurz und scharf anbraten
Salz, Pfeffer	→	würzen
2 Zwiebeln, geschält, in Scheiben geschnitten 2 Tomaten, enthäutet, in Würfel geschnitten	→	gemeinsam mit den Rippchen mit anbraten, Temperatur nach unten regeln, 10 Minuten unter mehrmaligem Wenden fertig garen

TIPP: Gerne kann beim letzten Arbeitsschritt auch noch etwas Rosmarin und Knoblauch zugegeben werden.

Fleischgerichte – gebraten im Ofen

Siehe dazu auch das Kapitel „Gartechnik Backen“ auf Seite 225.
Man kann alle großen Fleischstücke ab 1 kg im Backofen zubereiten, mit oder ohne Füllung.

Braten im Ofen – Grundrezept

1,8–2 kg Rinder- oder Schweinebraten (z.B. Schulter), alternativ auch Kalbs-, Lamm-, Reh- oder Putenkeule Salz 30 g Butterschmalz	→	das gewünschte Bratenstück salzen, Butterschmalz in einer Pfanne oder Bräter erhitzen und rundherum gut anbraten. Bratenstück in ein tiefes Backofenblech legen.
1 Bd. Suppengrün, in 2 cm große Stücke geschnitten 2 Zwiebeln geschält, in Würfel geschnitten 1–2 EL Tomatenmark	→	in der heißen Pfanne / Bräter auf Farbe anschwitzen
0,5 L Brühe 0,5 L Rotwein	→	ablöschen, das Gemüse mit der Flüssigkeit um den Braten in das Backblech legen
2 Lorbeer 2 Wacholder 2 Nelken 2 Zweige Rosmarin	→	in die Flüssigkeit legen
80 g dünne Speckscheiben	→	auf die Oberseite des Bratens nebeneinander legen, bei 140°C Heißluft/Umluft ca. 3–4 Stunden garen. Fleisch entnehmen, Soßenansatz durch ein Sieb geben, kurz aufkochen, nochmals abschmecken, evtl. etwas abbinden. Braten aufschneiden und in der Soße nochmals erwärmen.

TIPP: Gerne kann man den Braten auch mit Gemüse oder Hackfleisch füllen. Dazu das Fleisch aufschneiden, Füllung hineingeben und mit Küchengarn fest zubinden.

Roastbeef mit Kräutern

1,5 kg Roastbeef mit Fettschicht als Deckel 2 Bd. Petersilie 6 Blätter Selleriegrün 10 Blätter Basilikum 1 TL Majoran und Thymian 2 Knoblauchzehen, geschält, gehackt	→	Kräuter fein hacken und mischen, auf dem Roastbeef – auf der Fleischseite (nicht auf das Fett) verteilen, gut fest drücken
Salz, Pfeffer, 10 EL Sonnenblumenöl	→	das Roastbeef mit den Kräutern salzen, ofeffern, mit dem Öl begießen, auf einem Rost im Ofen (130°C Heißluft/Umluft) mit einem Backblech darunter ca. 1–1,5 Stunden garen, achten Sie dabei jedoch immer in erster Linie auf die Kerntemperatur von 56–58°C. Wenn gewünscht noch für 15 Minuten in Alufolie eingepackt ruhen lassen.

Gebratene Schweinshaxe

2 Vorderhaxen	→	frisch vom Metzger
2,5 L Wasser 2 TL Salz 2 Zwiebeln, halbiert 1 Bd. Suppengrün 2 Lorbeerblätter 2 Wacholder 2 Nelken 3 Piment 2 Knoblauchzehen, angedrückt 1/2 TL Kümmel	→	aufkochen lassen, die Haxen zugeben und für 90 Minuten (immer bedeckt) kurz unter dem Siedepunkt ziehen lassen
1 EL Salz 1 TL angestoßener Kümmel	→	Haxe aus dem Sud nehmen, kurz ausdampfen lassen, mit dem Salz und Kümmel einreiben, auf ein Gitter (darunter ein Backblech) stellen, bei 200°C 1–1,5 Stunden kross braten
Butter	→	leicht mit Butter bestreichen, nochmals 5–10 Minuten im Ofen fertig und knusprig garen

Roastbeef mit Kräutern

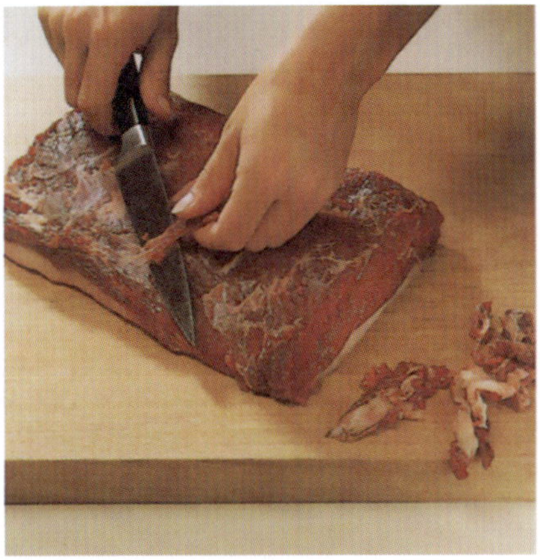

1. Fleisch parieren (herrichten)
Fett und Sehnen auf der fleischigen Seite mit spitzem Messer abschneiden und für Brühe oder Soße verwerten. Fettrand am Fleisch lassen.

2. Mit Kräutern bedecken
Die frischen Kräuter sehr fein hacken, mit Knoblauch und Pfeffer mischen, gleichmäßig auf dem Fleisch verteilen und mit dem Handballen fest andrücken.

3. Mit Öl begießen
Den Braten auf dem Rost über der Bratpfanne mit Öl begießen und so alle Kräuter gleichmäßig tränken.

4. Die Garprobe machen
Geht bei Daumendruck die entstandene Delle langsam zurück, ist das Fleisch innen etwa 45°C warm. Exakt kann man das mit einem Fleischthermometer messen.

5. In Alufolie ruhen lassen,
nachdem man das Fleisch gesalzen hat. Dick einwickeln. So kann sich die Wärme im Fleisch gleichmäßig verteilen und die Säfte sammeln sich.

6. Das Fleisch aufschneiden,
wenn es etwa 15 Min. geruht hat. Dann verliert es fast keinen Saft. Allerdings ist ein sehr scharfes Messer zum Aufschneiden nötig!

Gegrillter Braten

1 kg Braten, geeignet sind Schweine-, Puten-, Kalbsbraten, Rinderlende, Kasseler am Stück, Ente, Hähnchen, Lammkotelettstück	→	den Spieß möglichst in der Mitte durch den Braten stecken und mit Klammern feststecken oder festbinden, in die Halterung des vorgeheizten Grills hängen, die Fettpfanne nicht vergessen!
4 EL Öl 1 TL Salz 1/2 TL Pfeffer 1/2 TL Paprika 1 Zwiebel, gepresst 1 Knoblauchzehe, gepresst	→	alles verrühren, nach ca. 15 Minuten das erste Mal das Fleisch damit bestreichen, mehrmals wiederholen Grilldauer ca. 1 Stunde, Garprobe machen, Fleisch vom Spieß nehmen, aufschneiden, sofort servieren

Gegrillte Spieße

300 g Fleisch, geeignet sind: zartes Schweinefleisch Rinderfilet, Lammfleisch Puten- o. Hähnchenbrust Leber	→	in gleichgroße Würfel schneiden, etwa 2 cm x 2 cm x 2 cm,
300 g Gemüse, geeignet sind: Zwiebeln Tomaten, Paprika Gemüse aller Art	→	in gleichgroße Stücke passend zu den Fleischwürfeln schneiden Fleisch- und Gemüsewürfel abwechselnd auf die Spieße stecken
Pfeffer, Paprika	→	leicht würzen, in den Grill geben: a) Drehspießvorrichtung b) auf dem Rost wenden Grilldauer 8 Minuten
Öl zum Bestreichen	→	nach ca. 2 Minuten Spieße einmal bestreichen
Salz	→	nach dem Grillen salzen!

Hinweis: Speck- und Kochschinkenscheiben können als weitere Geschmackszutat zugegeben werden.

Fleischgerichte – frittiert

Siehe dazu das Kapitel „Gartechnik Frittieren“ auf Seite 224.
Fritieren erhöht erheblich den Energiegehalt der Gerichte, deshalb immer in Maßen und nicht so oft zu sich nehmen.

Paniertes Schnitzel oder Kotelett

4 Schnitzel oder Koteletts	→	Schnitzel von der Oberschale oder aus dem Rücken dünn und vorsichtig zwischen 2 Folien klopfen
Salz, Pfeffer 4 EL doppelgriffiges Mehl	→	Fleisch salzen und pfeffern, im doppelgriffigem Mehl wenden und wieder gut abklopfen
2 Eier Abrieb von 1/4 Zitronenschale	→	leicht mit einer Gabel anquirlen, Fleisch darin wenden
6 EL Paniermehl oder Panko-Mehl	→	darin wenden und nur ganz leicht andrücken
0,2 L Sonnenblumenöl 0,2 kg Butterschmalz	→	auf max. 160–170°C erhitzen, paniertes Fleisch unter ständigem, leichten Schwenken ausbacken / frittieren

Frittiertes Cordon bleu

4 dickere Scheiben Kalbfleisch (Rücken oder Oberschale)	→	fertig vom Metzger mit einer Tasche versehen, oder selber einschneiden
4 Scheiben Greyerzer Käse 4 Scheiben Kochschinken Salz, Pfeffer	→	die Taschen leicht würzen und sauber mit den Käse- und Schinkenscheiben füllen. Die offene Tasche evtl. mit einem kleinen Holzspieß verschließen.
3 EL doppelgriffiges Mehl	→	Fleisch darin sauber wenden, überflüssiges Mehl abklopfen
3 Eier Salz, Pfeffer, Abrieb von 1/4 Zitrone	→	verquirlen, Fleisch darin vorsichtig wenden
6 EL Paniermehl (vom Bäcker gerieben) Salz, Pfeffer	→	Fleisch darin wenden, die Panade leicht andrücken
0,2 L Sonnenblumenöl 0,2 kg Butterschmalz	→	auf max. 160–170°C erhitzen, paniertes Fleisch unter ständigem, leichten Schwenken ausbacken / frittieren
Zitronenscheiben	→	evtl. mit dünnen Zitronenscheiben servieren

Kochschinken im Bierteig

4 Scheiben Kochschinken (je 1/2 cm dick)	→	Fett und Sehnen entfernen
125 g Mehl 1/8 L Wasser 1/8 L Bier 1 EL Öl 1/2 TL Salz	→	glattrühren und an einem warmen Ort 20 Minuten stehen lassen
2 Eiweiß	→	zu festem Schnee schlagen, unterrühren, den Kochschinken sofort darin baden
0,25 L Frittierfett	→	auf max. 160–170°C erhitzen und ca. 2 bis 3 Minuten frittieren, gut abtropfen lassen, heiß servieren

Alle Kurzbratengerichte können auch frittiert werden, zum Beispiel:

* Filets
* Hähnchenbrust
* Hähnchenkeulen

Kochschinken im Bierteig

Innereien

Gebratene Kalbsleber

400–500 g Kalbsleber	→	küchenfertig vom Metzger, in 1 cm dicke Scheiben schneiden
1/8 L Milch, kalt	→	Scheiben 15 Minuten darin einlegen
4 EL Mehl (Typ 405)	→	Leberscheiben darin wenden, gut abklopfen
2 EL Butterschmalz	→	erhitzen und die Leberscheiben auf jeder Seite 30–60 Sekunden anbraten. Auf einem Küchenpapier abtropfen lassen. Im Backofen bei 60°C warmhalten.
20–30 g Mehl	→	in dem übrigen Fett in der Pfanne anbräunen
1/8 L Portwein 1/8 L Rotwein 1/8 L Brühe	→	unter Rühren zugießen, einmal aufkochen lassen
1/2–1 EL Stärke	→	mit 3 EL kaltem Wasser anrühren, Soße damit abbinden
Majoran, 1/2 TL Zitronenabrieb, Salz, Pfeffer	→	Soße damit fein abschmecken
Salz	→	erst jetzt salzen, wenn zu früh gesalzen wird, so wird die Leber hart
	→	Leberscheiben in der Soße nochmals erwärmen (nicht kochen lassen!)

TIPP: Gerne auch noch zuerst Zwiebelscheiben in 20 g Butter goldgelb anschwitzen, 1 Apfel ohne Kerngehäuse in 1/8 Schnitze schneiden und die letzten 2 Minuten bei mittlerer Hitze mit anschwitzen, anschließend salzen und pfeffern. Als Garnitur damit die Leber verfeinern.

Saure Leber

400–500 g Kalbsleber vom Metzger	→	küchenfertig, in 1 cm große Scheiben schneiden
1/8 L Milch, kalt	→	Scheiben für 30 Minuten darin einlegen
30 g Butterschmalz 2 Zwiebeln, groß, geschält in Scheiben geschnitten	→	Butterschmalz erhitzen, Zwiebelscheiben darin goldgelb anschwitzen, Leberscheiben darin auf jeder Seite 30–60 Sekunden anbraten
2 EL Mehl	→	darüber stäuben, verrühren und ebenfalls mit anbraten
1/8 L Rotwein 2/8 L Brühe	→	ablöschen und die Leber in dieser Soße max. 5 Minuten unter dem Siedepunkt vorsichtig garziehen lassen
Salz, Pfeffer	→	abschmecken
1/2 TL–1 EL Rotweinessig 1/8 L Saure Sahne	→	kurz vor dem Anrichten die Saure Sahne in die Soße einarbeiten

Saure Nieren

500 g Kalbsnieren vom Metzger	→	küchenfertig, gut waschen und wässern, in feine Scheiben schneiden
2 Zwiebeln, geschält, in Scheiben geschnitten 30 g Butterschmalz	→	Butterschmalz erhitzen, die Zwiebeln darin goldgelb anschwitzen
1 TL Puderzucker	→	final zum Anschwitzen zugeben. Nierchen zugeben, mit anbräunen.
Salz, Pfeffer, 1 EL Mehl	→	abschmecken, mit dem Mehl bestäuben
1–2 EL Rotweinessig	→	ablöschen
300 g Brühe	→	auffüllen, 2–3 Minuten sanft köchelnd garen
1 TL grober Senf 1/8 L Sahne	→	kurz vor dem Anrichten einrühren, final abschmecken

Gebackenes Bries

800 g Kalbsbries vom Metzger	→	küchenfertig, 2 Stunden in kaltem Wasser wässern
1 L Wasser Salz, 2 Lorbeer, 2 Nelken 10 Pfefferkörner 0,1 L Weißwein 1 Zwiebel (halbiert)	→	aufkochen und das Kalbsbries (bedeckt) 10 Minuten leicht köcheln lassen. Topf vom Herd nehmen und weitere 10 Minuten ziehen lassen. Kalbsbries abkühlen lassen, das feine Häutchen abziehen. In 1 cm dicke Scheiben schneiden.
4 EL Mehl (Typ 405) 3 Eier 80 g Paniermehl	→	die Bries-Scheiben zuerst im Mehl, dann im aufgeschlagenen Ei und im Paniermehl wenden – etwas andrücken
30 g Butterschmalz	→	erhitzen, die Schieiben goldgelb an- und ausbraten

Bries-Röschen in Buttersoße

600 g Kalbsbries, küchenfertig vom Metzger	→	wässern, säubern
1 L Salzwasser	→	15–20 Minuten in leicht siedendem Wasser garen, aus dem Wasser nehmen, etwas abkühlen lassen, häuten, in kleine Stücke (Röschen) zerteilen
30 g Butter	→	zerlassen
40 g Mehl	→	einrühren
700 ml Brühe 4 cl Madeira	→	ablöschen, einmal aufkochen
1 Lorbeer, 2 Nelken Salz, Pfeffer 1/2 TL Zitronenabrieb	→	zugeben, ca. 5 Minuten ziehen lassen, Lorbeer und Nelken entnehmen, Briesstücke in die Soße geben
50 ml Weißwein	→	zugeben, kurz aufkochen lassen
1 EL Saure Sahne 1 EL Kondensmilch 1 EL Buttermilch 2 Eigelbe	→	mischen, und die nicht mehr kochende Soße damit abbinden

Gekochte Zunge

1 Rinderzunge oder 2 Schweinezungen	→	waschen,
3 L Wasser 1 TL Salz	→	im kochenden Salzwasser 2 Stunden garen
2 Bd. Suppengrün, gewürfelt	→	zugeben, weitere 2 Stunden garen, bis sich die Oberhaut leicht abziehen lässt, gare Zunge in dicke Scheiben schneiden und mit heißer Brühe anrichten

Dänische Leberpastete

600 g Schweineleber
350 g frischer (grüner) Speck
1 Zwiebel, geschält, in Würfel geschnitten
2 Eier
2 Sardellenfilets
1 TL Salz
1/2 TL grüner Pfeffer, getrocknet, ganz
1/2 TL Piment, frisch gemahlen
1/4 TL Nelkenpulver
1/4 TL Ingwerpulver
2 EL Butter
2 EL Mehl (Typ 405)
200 ml frische Sahne
150 ml Fleischbrühe
400 g frischer Speck (grüner) in dünnen Scheiben (vom Metzger geschnitten), immer sehr kühl gelagert

1) Bechamelsoße herstellen
Aus der Butter und dem Mehl eine helle Mehlschwitze herstellen, mit der Sahne und der Fleischbrühe ablöschen, dicklich unter ständigem Rühren einköcheln lassen.
Sardellenfilets fein hacken und mit dem Salz, den grünen Pfefferkörnern, dem Piment, dem Nelken- und dem Ingwerpulver die Bechamel abschmecken. Kalt werden lassen.

2) Die Leber sehr sorgfältig parieren (säubern)
Sehnen und Häutchen mit einem scharfen, kleinen Messer entfernen. Die Leber im Anschluss gemeinsam mit dem grünen Speck in 1 cm große Würfel schneiden.

3) Leber und Speck zweimal durch den Fleischwolf geben. Beim zweiten Mal auch die Zwiebelwürfel mit durchwolfen. Masse gut vermengen und abgedeckt in den Kühlschrank stellen.

4) Die erkaltete Bechamel mit den Eiern gut verrühren und sorgfältig mit der Leber-Speck-Zwiebelmischung glatt verrühren. Die Masse sollte eine glatte und gleichmäßige Bindung erhalten.

5) Eine Kastenform von 1 1/2 Litern am Boden und an den Seiten mit den Speckscheiben auskleiden. Die Scheiben sollten auf allen Seiten ca. 5 cm überhängen. Die Masse gleichmäßig in die Form geben, die Form 2 - 3 Mal leicht auf der Arbeitsplatte aufschlagen (um Luftblasen zu vermeiden) und mit einem Teigschaber die Oberfläche glatt streichen.

6) Mit den überlappenden Speckscheiben die Masse an der Oberfläche sauber abdecken. Die Masse sollte von den Fettscheiben vollständig bedeckt sein.

7) Die Kastenform nun entweder mit einem Deckel oder mit Alufolie sauber abdecken (an den Rändern fest andrücken) und im vorgeheizten Backofen im Wasserbad bei 170°C Umluft auf der mittleren Schiene für 90 Minuten ausgaren. Die Form aus dem Ofen nehmen, auf dem Rost auskühlen lassen, die Alufolie abnehmen, mit Klarsichtfolie abdecken und im Kühlschrank herunterkühlen.

8) Vorsichtig aus der Form stürzen und ca. 1 cm dicke Scheiben schneiden.

Wildgerichte

Hasenbraten

1 Hasenrücken mit Hinterläufen	→	mit einem Küchenpapier abtupfen
1 TL Salz, Pfeffer	→	salzen und würzen
50 g Speck in Streifen	→	Rücken damit spicken, auf die Fettpfanne des Backofens legen
50 g Butter oder Margarine	→	schmelzen, über den Rücken gießen
1/8 L Brühe 1/4 L Sauerrahm 1/8 L Rotwein 1 Loorbeer, 1 Nelke, 2 Wacholder, 1 Knoblauchzehe (angedrückt)	→	mit auf das Blech geben, im vorgeheizten Backofen bei 180° C Heißluft / Umluft ca. 30–40 Minuten garen. In dieser Zeit mehrmals begießen.
1/2–1 TL Stärke	→	Rücken vom Blech nehmen, warm stellen, Flüssigkeit in kleinen Topf geben, aufkochen, Stärke in 1 EL Rotwein auflösen, damit die Soße binden, abschmecken. Hinterläufe vom Rücken trennen, die beiden Rückenstränge vom Rücken lösen, gemeinsam auf einer Platte anrichten, mit der Soße begießen.

Rehrücken

1 Rehrücken, ca 1,8–2 kg auf dem Knochen	→	entweder küchenfertig kaufen oder selbst von Sehnen und Fasern befreien, auf ein Backblech legen, Rücken nach oben, Knochen auf das Blech
4 Zweige Thymian 2 Zweige Rosmarin 1 Knoblauchzehe, angedrückt 4 EL Olivenöl	→	Olivenöl über dem Rücken verteilen, die Kräuter mit den Händen gleichmäßig auf dem Fleisch einreiben. Auf dem Blech bei 130° C ca. 20 Minuten garen – Heißluft / Umluft. Kerntemperatur: ca. 56–57 Grad!
4 cl Portwein 4 cl Madeira 4 cl Marsala 1 TL Honig 1 EL Kaffeebohnen	→	gemeinsam aufkochen Nach 10 Minuten Garzeit den Rücken mit der Glasur bestreichen. Wenn der Rücken seine Kerntemperatur erreicht hat – aus dem Ofen nehmen, nochmals mit der Glasur bestreichen. Die Rückenstränge vom Knochen lösen, nochmals alle Seiten mit der Glasur bestreichen, als Tranchen aufschneiden, mit etwas Soße und Beilagen servieren.

Rehschlegel (Keule)

Zutaten		Zubereitung
1 Schlegel (etwa 3 kg)	→	der Schlegel wird vom Knochen gelöst und gehäutet (evtl. vom Metzger oder Jäger schon vorbereitet)
100 g Speck in Streifen	→	spicken
Salz, Pfeffer	→	salzen und würzen
100 g Butter	→	erhitzen
3 Zwiebeln, geschält, in Würfel geschnitten 2 Karotten, in Würfel geschnitten	→	den Rehschlegel gemeinsam mit den Zwiebeln und den Karotten sauber in einem Bräter anbraten
1/4 L Brühe 1/4 L Sauerrahm 1/4 L Rotwein	→	ablöschen und angießen
3 Wacholderbeeren 3 Lorbeer 3 Nelken 2 Knoblauchzehen, angedrückt 3–4 EL Preiselbeeren Abrieb von 1/2 Zitrone 2 Zweige Thymian	→	zugeben und ca. 1,5–2 Stunden im Bräter schmoren lassen. In dieser Zeit den Schlegel immer wieder übergießen. Schlegel entnehmen, ebenso die Soße durch ein Sieb geben
1–2 TL Stärke 5 EL Rotwein	→	anrühren und die Soße damit binden. Abschmecken. Beim Zerlegen trennt man die einzelnen Teile vorsichtig ab, diese werden in Scheiben geschnitten, auf erwärmter Servierplatte angerichtet und mit der Soße leicht begossen.

Wildragout

Zutaten		Zubereitung
2 kg Ragoutfleisch 1–2 Liter Rotweinbeize	→	z. B. Hals, Lappen oder Bug vom Reh, Hase oder Kaninchen. Das Fleisch in 3 cm große Stücke schneiden, 2 Tage in Rotweinbeize einlegen. Vor dem Anbraten mit einem Küchenpapier gut trocken abtupfen.
40 g Butterschmalz	→	erhitzen und das Ragout auf 3–4 Mal von allen Seiten anbraten. Auf der Seite stehen lassen.
2 EL Tomatenmark	→	in der gleichen Pfanne mit anschwitzen
30 g Butter	→	dazugeben
40 g Mehl	→	darüber stäuben, kurz mitbraten lassen
1/2 L Brühe, 1/2 L Rotwein 1/4 L Beize 2 Lorbeerblätter 4 Wacholder 4 Nelken 1 Zweig Rosmarin Schale von 1/4 Zitrone 3–4 EL Preiselbeeren	→	ablöschen / zugeben und zwischen 50–60 Minuten, leicht simmernd, weich garen. Fleisch entnehmen, Soße durch ein Sieb geben, 10 Minuten reduzieren lassen. Fleisch wieder zugeben.
Salz, Pfeffer, 1/2 TL Zitronenabrieb, 4 cl Portwein, Salz, Pfeffer	→	final abschmecken

Kaninchenbraten

Zutaten		Zubereitung
1 Kaninchen, küchenfertig 1–1,5 L Buttermilch	→	24 Stunden in Buttermilch kühl, einlegen, vor dem Anbraten gut mit einem Küchenpapier abtupfen
Salz, Pfeffer	→	salzen und würzen
60 g Butterschmalz	→	in einem Bräter erhitzen, Kaninchen darin anbraten
1 Bd. Suppengemüse, in Würfel geschnitten 3 Zwiebeln, geschält, in Würfel geschnitten	→	zugeben, kurz mitbraten
1 EL Tomatenmark	→	zugeben, mit anschwitzen
30–40 g Mehl	→	darüber stäuben und kurz mitbräunen
1/2 L Brühe, 1/8 L Rotwein 1/2 TL Majoran, getrocknet 1/2 TL Oregano, getrocknet 1 Zweig Thymian, 2 Wacholder 2 Lorbeerblätter	→	ablöschen und zugeben, zugedeckt 50–60 Minuten schmoren. Kaninchen herausnehmen, Soße durch ein Sieb geben.
1–2 EL Sauerrahm 1/2 TL Zitronenabrieb Salz, Pfeffer	→	Soße damit abschmecken

Beizen für Wildfleisch

1. Essigbeize

Zutaten		Zubereitung
1/4 L Tafelessig 3/4 L Wasser 1 Zwiebel, in Ringe geschnitten 1 Bd. Suppengrün, gewürfelt 1 Lorbeerblatt, 2 Nelken 2 Pfefferkörner 2 Wacholderbeeren	→	alles zusammen kurz aufkochen und heiß über das Fleisch gießen

2. Rotweinbeize

Zutaten		Zubereitung
1/4 L Rotwein 3/4 L Wasser 1/8 L Tafelessig 1 Zwiebel in Ringen 1 Bd. Suppengrün, gewürfelt je 2 Nelken, Pfefferkörner, Wacholderbeeren 1 Lorbeerblatt	→	alles zusammen kurz aufkochen und heiß über das Fleisch gießen.

Lammragout

Zutaten		Zubereitung
700 Lammfleisch (Schulter), küchenfertig vom Metzger	→	in ca. 3 cm große Würfel schneiden
20 g Butterschmalz 70 g Speckwürfel	→	im Bräter, Schmalz erhitzen, Speckwürfel darin anschwitzen, Lammwürfel auf 4 Mal hintereinander scharf anbraten – auf die Seite stellen
1 EL Tomatenmark	→	ebenfalls im Bräter mit anschwitzen
1/2 L Rotwein 1/4 L Brühe 1 saurer Apfel, ohne Kerngehäuse, in Würfel geschnitten 100 g Champignons, 1/4 geschnitten 30 g Rosinen 2 Knoblauchzehen, angedrückt 1 Zweig Rosmarin, 3 Wacholder 2 Lorbeerblätter, Salz, Pfeffer	→	ablöschen und zugeben, abschmecken, ca. 2 Stunden weich schmoren, Lammwürfel entnehmen, Soße durch ein Sieb geben. Fleischwürfel wieder zugeben und nochmals für ca. 20 Minuten ziehen lassen.
1 TL Curry, Salz, Pfeffer	→	abschmecken
1–2 TL Stärke 4 EL Rotwein	→	anrühren und Soße damit abbinden

TIPP: Mit frisch gehackter Petersilie und etwas frisch geriebener Zitronenschale servieren.

Geflügel

Hähnchen / Poularde

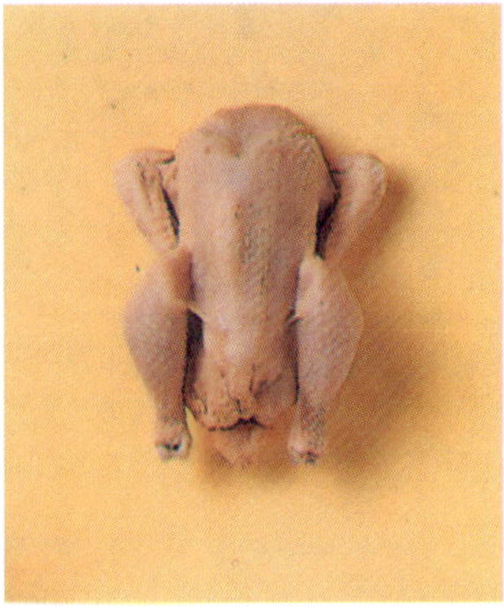

Ente

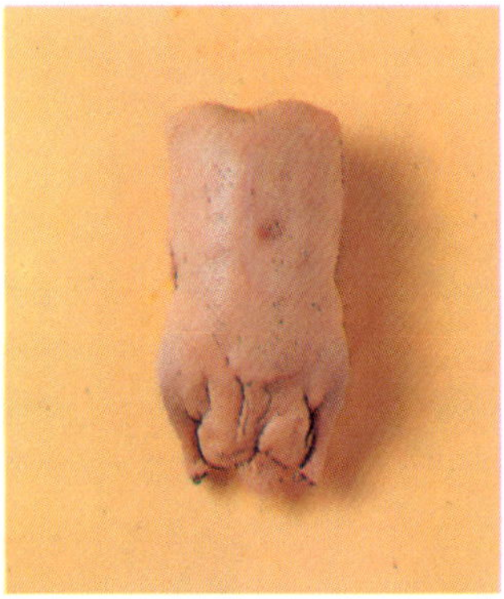

Truthahn

In der Ernährung hat und bekommt Geflügel eine immer größere Bedeutung. In der Regel handelt es sich hierbei um ein zartes Fleisch, welches sich gut und individuell zubereiten lässt. Auch hier empfiehlt sich der Kauf direkt „ab Hof“ beim Züchter.

Ein Hähnchen oder eine Poularde hat etwas weniger Fett – Suppenhühner etwas mehr und daher eben perfekt für eine Geflügelbrühe – Gänse / Enten / Truthähne sind fettreicher und daher ideal zum Garen am Stück im Ofen geeignet.

Herrichtungsformen von Geflügel

- entdärmt : ab Geflügelhof, gerupft, ohne Innereien
- brat-, kochfertig : fertig ausgenommen, gerupft, extra verpackte Innereien
- grillfertig : fertig ausgenommen, gerupft, ohne Innereien
- spießfertig : fertig ausgenommen, gerupft, ohne Innereien, mit Kopf, Hals, Paddeln

Angebotszustände von Geflügel

- frisches Geflügel : nach dem Schlachten bei -2 – +2°C gelagert
- gefrorenes Geflügel : eingefroren und gelagert bei -12°C
- tiefgefrorenes Geflügel : tiefgefroren und gelagert bei mind. -18°C

Tipps zum Einkauf von Geflügel

Auf folgende Punkte sollte man beim Einkauf achten:

* Handelsklasse * Biozertifikate * Aufzuchtszertifikate * Geburts- / Aufzuchtsland * Schlachttag * Sorten wie Brathähnchen / Poularde / Suppenhuhn / etc. * Gewicht * Haltbarkeit

Vor- und Zubereitung von Geflügel

Da heute meistens brat- oder kochfertiges Geflügel gekauft wird, wird auf das Rupfen und Ausnehmen hier nicht eingegangen.

1. Säubern und Waschen
   Es wird kontrolliert, ob richtig gerupft und ausgenommen wurde. Dann das Geflügel gründlich mit einem Küchenpapier sauber und trocken tupfen / abreiben. Geflügel bitte nicht unter fließendem Wasser abbrausen. Dadurch entsteht ein sehr feiner Sprühnebel, der dazu führt, dass sich mögliche Salmonellen auf der Haut und dann im Spülbereich und in der Küche ausbreiten können.
2. Würzen und Füllen
   Von innen wird das Geflügel gewürzt und gesalzen, von außen nur würzen, sonst wird die Haut ledern. Erst 15 Minuten vor Ende der Garzeit wird die Haut mit Salzwasser bestrichen.
   Beim Füllen das Geflügel nicht zu stark stopfen, sonst platzt es beim Garen. Die Füllung dehnt sich in der Hitze etwas aus.
3. Dressieren
   Darunter versteht man das Anlegen und eventuelle Anbinden von Schenkeln und Flügeln an den Körper, damit sie beim Braten oder Grillen nicht vorzeitig gar sind und verbrennen.

Verwendet man tiefgefrorenes Geflügel, so sollte man es rechtzeitig auftauen. Diesen Vorgang bitte nur im Kühlschrank über mindestens 12 Stunden vollziehen.
Suppenhühner können noch gefroren in kochendes Wasser gegeben werden.
Tiefgefrorenes Geflügel ist besonders sorgfältig zu verarbeiten, da die Gefahr einer Salmonellenvergiftung besteht. Deshalb darf auch der Auftausaft nicht weiter verwendet werden. Die Arbeitsgeräte sind gründlich zu reinigen. Das Wichtigste ist, dass das Geflügel immer gut durchgegart ist. Dies ist der Fall, wenn sich die Schenkel leicht vom Körper lösen lassen.

Garmethoden für Geflügel

1. Kochen
2. Schmoren im Topf
3. Braten im Ofen
4. Braten in Bratschlauch
5. Grillen
6. Frittieren

Tranchieranleitung

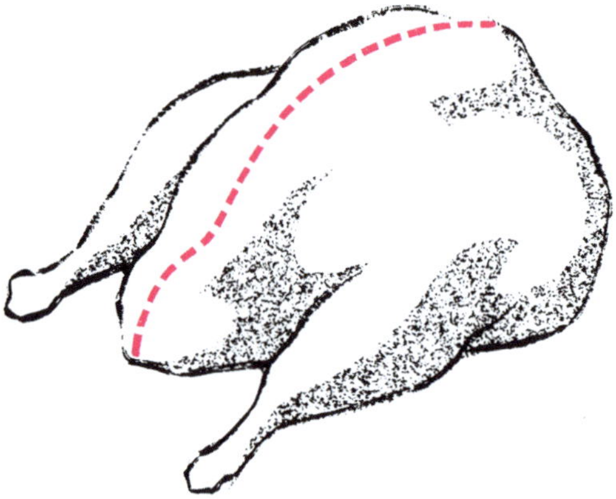

Brathähnchen

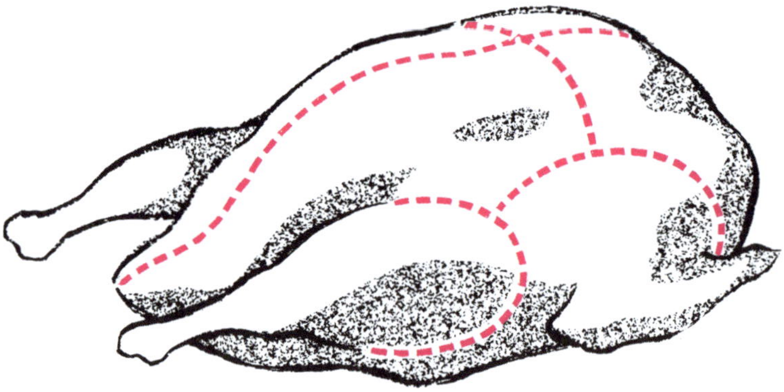

Ente

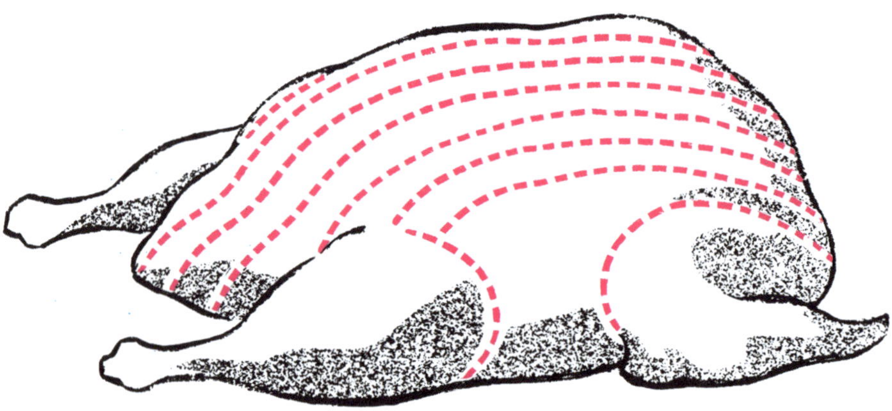

Gans oder Puter

Geflügelgerichte

Zur richtigen Verarbeitung siehe auch Kapitel "Lebensmittel Geflügel" auf den Seiten 94 ff.

Hühnerfrikassee

Zutaten		Zubereitung
1 Suppenhuhn, küchenfertig 1–2 L Wasser 1 TL Salz 1 Bd. Suppengrün 2 Zwiebeln ungeschält, halbiert 1 Lorbeerblatt 2 Wacholder 2 Nelken	→	Das Huhn ins kochende Wasser mit allen Zutaten geben und 1 1/2 Stunden garen. Aus dem Sud nehmen, kurz ankühlen lassen, das Fleisch vom Knochen lösen und in Würfel schneiden oder „zerpflücken“. Beiseite stellen.
1/2 – 3/4 L Hühnerbrühe Salz, Pfeffer 1/2 TL Zitronenabrieb Worcestershiresauce 1/4 L Sahne	→	abschmecken
2–3 TL Stärke 3 EL Weißwein	→	anrühren und die Soße damit binden
150 g Champignons in 1/4 geschnitten 180 g frischer, weißer Spargel, gegart, in 2 cm Stücke geschnitten 100 g Erbsen (TK)	→	in der Soße erhitzen, abschmecken, Fleischstücke zugeben und nochmals 15 Minuten darin warmziehen lassen. Mit frisch gehackter Petersilie garnieren.

Brathähnchen (ca 1,2 kg)		
Poularde (ca. 1,5 kg)		
Tauben (4 Stück ca. 1,2 kg)		
Pute (Truthahn) (3–4 kg = 8 Portionen)		
Geflügel nach Wahl	→	küchenfertig, mit einem Küchenpapier trockentupfen
1 TL Salz, Pfeffer Paprikapulver (edelsüß) mildes Currypulver	→	von außen und innen gut damit einreiben
100 g Speck in dünnen Scheiben	→	das Geflügel mit der Brust nach oben auf einen Ofenrost legen, Brust, Keulen und Flügel mit den Speckscheiben belegen, in den vorgeheizten Backofen schieben, bei 180°C Heißluft/Umluft – unter den Rost ein tiefes Backblech schieben.
1/2 L Brühe	→	in das tiefe Backblech unter dem Rost gießen 30 Minuten braten, dann das Geflügel wenden und nochmals 30 Minuten braten Garzeit für Poularde – 70 bis 80 Minuten Garzeit für Tauben – 35 bis 40 Minuten Garzeit für Pute – 3 Stunden

TIPP: Aus dem heruntergetropften Saft in der Brühe des Backblechs kann eine leckere Soße zubereitet werden.

Gefüllte Gans / Ente

1 Ente (ca. 1,5 bis 2 kg) 1 Gans (ca. 4 bis 5 kg)	→	gründlich säubern und mit einem Küchenpapier abtupfen
Salz, Pfeffer	→	von außen und innen damit einreiben,
500 g Äpfel, grob gewürfelt 100 g Rosinen	→	das Geflügel füllen, zunähen, in einen ovalen Bräter legen oder in die Fettpfanne vom Ofen
1/2 L heißes Wasser 1 Stange Beifuß oder Majoran	→	in Topf oder Fettpfanne geben, 2,5 bis 3 Stunden garen, 180°C Heißluft/Umluft im Ofen
4 EL Wasser 2 TL Salz	→	verrühren, in der letzten Viertelstunde der Garzeit das Geflügel damit einpinseln, damit es schön braun wird
3/8 L Bratensatz 1/8 L Milch	→	aufkochen
30 g Mehl	→	kalt anrühren, Soße damit binden
Tomaten, Petersilie	→	zum Garnieren

Putenschnitzel süß-sauer

4 x 125 g Putenschnitzel		
Hähnchengewürz	→	damit von beiden Seiten einreiben
30 g Fett	→	erhitzen, Schnitzel von beiden Seiten braun braten
1/4 L heiße Brühe	→	zugießen
1 kl Dose Fruchtcocktail	→	Früchte mit Saft zugeben, 5 Minuten garen lassen
20 g Mehl	→	kalt anrühren, Soße damit binden
Salz, Curry, Zucker Tafelessig	→	damit abschmecken

Chinesische Geflügelpfanne

400 g Puten- oder Hähnchenbrust	→	in Würfel schneiden
30 g Fett	→	erhitzen, Fleisch braun anbraten
1/2 TL Salz, Pfeffer, Curry	→	salzen und würzen
1 Dose Bambussprossen 1 Dose Champignons 1 Dose Mais 1 Dose Ananasstücke	→	abtropfen lassen, zugeben
1/4 L Brühe	→	zugießen, 5 Minuten garen
Zucker, Tafelessig	→	abschmecken

Fisch

Fisch ist in seiner Bedeutung für die Ernährung dem Fleisch vergleichbar. Er ist reich an hochwertigem Eiweiß, kohlenhydratarm und unterschiedlich im Fettgehalt. Sein Bindegewebe ist aber leicht verdaulich, deshalb ist Fisch nicht sehr sättigend. Er wird deshalb häufig in der Krankenverpflegung und als Schonkost eingesetzt. Das Fett der Fische ist reich an essentiellen Fettsäuren. Dies ist wichtig für eine gesunde Ernährung. Zu beachten ist, dass Hering und Aal reich an Cholesterin sind. Sehr häufiger Genuss dieser Fischarten ist deshalb nicht zu empfehlen. Fisch enthält an Vitaminen hauptsächlich A und D.

Man unterscheidet die Fische

1. nach dem Lebensraum
   - Seewasser / Salzwasserfisch: Kabeljau, Rotbarsch, Schellfisch, alle Butt-Arten, Hering, Scholle, Seezunge, Rotzunge, Dorade, Aal, Krabben, Hummer, Thunfisch, Seeteufel
   - Süßwasserfisch: Forelle, Karpfen, Hecht, Zander, Lachs, Schleie, Flussbarsch, Fellchen

2. nach der Verarbeitung
   - lebend: Krabben, Garnelen, Hummer, Forellen
   - eisgekühlt: alle Sorten
   - tiefgefroren: alle Sorten
   - geräuchert: Aal, Schillerlocken

   Vorteil: Tiefkühlfisch hält sich je nach Fettgehalt 2–3 Monate.

3. nach dem Fettgehalt
   - fettreiche Fische: 15–20% Fettgehalt – Aal, Hering, Lachs, schwarzer Heilbutt
   - fettarmer Fisch: 1–3% Fettgehalt – Kabeljau, Dorsch, Schellfisch, Seelachs (Köhler)

   Vorteil: Fettarmer Fisch ist leicht verdaulich

Fisch eignet sich für verschiedene Zubereitungsarten. Je nach dem Fettgehalt der gewählten Fischart und dem gewünschten Energiegehalt kann man Fisch

* kochen, dünsten, pochieren, dämpfen
* in Backpapier, in Bratfolie oder im Römertopf
* braten, frittieren (auch im Backteig)
* grillen

Allgemeine Regeln für die Verarbeitung von Fisch

1. Fisch verdirbt sehr schnell. Deshalb ist Fisch immer frisch zu kaufen und die Kühlkette bis zur Zubereitung einzuhalten. Merkmale für frischen Fisch sind:
   - angenehmer, kaum wahrnehmender Geruch
   - fest verschlossene, innen rote Kiemen
   - klare, flachliegende Augen
   - festes Fleisch
2. Tiefgekühlten Fisch (wenn es nichts anderes gibt) – nach dem Auftauen (mind. 12 Stunden im Kühlschrank) sofort verarbeiten.
3. Räucherfisch kühl lagern, ca. 1 Stunde vor Verzehr außerhalb der Kühlung auf Zimmertemperatur bringen, dann entfaltet er das ganze Aroma.
4. Frischen Fisch am Tag des Einkaufs zubereiten oder sofort einfrieren.
5. Fisch und Fischreste stets im Kühlschrank kühl lagern oder fachgerecht einfrieren.
6. Der Fischgeruch wird leicht übertragen, deshalb den Fisch nicht offen mit anderen Lebensmitteln lagern. Immer gut abdecken!
7. Fische nicht auf Holzbretter legen. Der Fischgeruch und der Saft ziehen in die Poren.
8. Beim Putzen und Schuppen ein Stück Pergamentpapier unterlegen.
9. Den Fischgeruch an den Händen kann man durch Waschen mit Zitrone oder Essig entfernen.

Die Vorbereitung von Fisch – von der 3-S-Regel zur 2-S-Regel

Bis vor einigen Jahren galt noch die 3-S-Regel: Säubern, Säuern, Salzen. Hier wurde der Fisch als zweites gesäuert. Dieser Vorgang war wichtig, da bis dahin eine durchgehende und dokumentierte Kühl- & Hygienekette von den Fangstellen bis hin zur Verkaufsstelle nicht sicher und gewährleistet war. Dabei hat die Säure das Gerinnen des Fischeiweißes hervorgerufen - dies noch vor dem eigentlichen Garen. Dies möchte und benötigt man bei der heutigen frischen Qualität im Einkauf nicht mehr - das Augenmerk liegt heute in der eben frischen und perfekten Zubereitung.

1 S – Säubern
In der Regel kaufen Sie den Fisch frisch und küchenfertig im Fachgeschäft Ihres Vertrauens. Hier ist der Fisch in der Regel dann schon gesäubert. Evtl. kann der Fisch oder die Filets unter leicht laufendem kaltem Wasser nochmals etwas abgespült werden, um anschließend mit einem Küchenpapier trocken getupft zu werden. Wichtig ist bei der Zubereitung „Blau“ – dass die Schleimschicht an der Haut des Fisches beim Einkühlen und Auspacken zu Hause bis hin zur Zubereitung nicht zerstört wird. Denn beim Garen in Essigwasser bewirkt diese Schicht das Blauwerden des Fisches.

2 S – Salzen
Fisch darf erst kurz vor der Zubereitung gesalzen werden, denn Salz entzieht dem Fischfleisch den Eigensaft. Wird zu früh gesalzen, wird das Fischfleisch trocken. Außerdem würde die Feuchtigkeit beim Einlegen in heißes Fett Spritzer verursachen und das Bräunen verzögern.

Fischgerichte

Fisch ist ein sehr empfindliches Nahrungsmittel und muss sehr sorgfältig und achtsam zubereitet werden. Siehe dazu das Kapitel „Lebensmittel Fisch“ auf Seite 100.

Kochfisch – Grundrezept

1 kg Kochfisch (z. B. Kabeljau, Schellfisch oder Rotbarbe)	→	küchenfertig vom Fischhändler, säubern, mit einem Küchenpapier trocken tupfen
2 L Wasser 2 TL Salz 1 Bd. Suppengrün, gewürfelt 1 Bd. Liebstöckel 2 Lorbeerblätter 2 Wacholder 1 Nelke 2 Gemüsezwiebel, halbiert 6 Pfefferkörner 2 EL Tafelessig 1 Schale einer Zitrone 1/4 L Weißwein	→	alles zusammen einmal zum Aufkochen bringen, dann bis kurz unter den Siedepunkt zurückschalten. Den Fisch in einem Stück vorsichtig einlegen und langsam garziehen lassen. Je nach Größe braucht dies ca. 15–20 Minuten. Der Fisch ist dann gar, wenn sich die Rückenflossen leicht aus dem Fleisch ziehen lassen. Im Anschluss den Fisch vorsichtig aus dem Sud heben und auf eine vorgewärmte Platte legen.
1/2 L Fischsud, passiert	→	aufkochen lassen
30 g Mehl 1/8 L Weißwein	→	anrühren und die Soße damit abbinden
Salz, Pfeffer, 1 EL gehackter Dill 1 EL gehackte Petersilie Abrieb von 1/4 Zitrone	→	abschmecken

TIPP: Das Fischfleisch kann auch in Würfel geschnitten ca. 5–8 Minuten im Sud gargezogen werden.

Forelle blau

4 Forellen	→	lediglich von innen vorsichtig auswaschen – die Haut so belassen, nicht schuppen oder die äußere Schleimhaut entfernen, denn diese bewirkt das anschließende, blaue Aussehen
1 TL Salz	→	innen vorsichtig salzen
1 L Wasser, 1/4 L Tafelessig 0,1 L Weißwein, Saft von 1 Zitrone 1 EL Petersilie, gehackt 1 EL Salbeiblätter, gehackt 1 EL Dill, gehackt	→	einmal aufkochen lassen, unter den Siedepunkt zurückschalten, Forellen am Stück vorsichtig einlegen und ca. 10 Minuten garziehen lassen. Auf eine vorgewärmte Platte legen und mit frischer Petersilie und Zitronenscheiben garnieren.

Hinweis: Weitere Fische zum Blaukochen sind Felchen, Schleie, Karpfen, Aal und Lachs. Es können verschiedene Soßen dazu gereicht werden, z. B. Kräutersoße, holländische Soße, Champignonsoße oder Butter und geriebener Meerrettich.

Fisch im Gemüsebett **Grundrezept – Gedünsteter Fisch**		
1 kg Fisch nach Wahl	→	küchenfertig vom Fischhändler
2 Bd. Suppengrün, in feine Streifen geschnitten 1 EL Petersilie, gehackt 1/2 L Wasser	→	das geschnittene Gemüse in einen Topf geben, den Fisch darauf legen und alles Weitere zugeben und angießen
1/4 L Weißwein 1 EL Butter Saft von 1/2 Zitrone 1 TL Salz 5 Pfefferkörner 2 Lorbeerblätter 2 Wacholder	→	einmal aufkochen lassen, kurz unter den Siedepunkt zurückschalten und den Fisch für ca. 15 Minuten darin garziehen lassen. Gemeinsam mit dem Gemüse auf einer Platte anrichten, mit frisch gehackter Petersilie und frischen Zitronenscheiben garnieren.

Gebratenes Fischfilet **Grundrezept – gebratener, panierter Fisch**		
500 g Fischfilet, z. B. Rotbarsch, Seelachs, Kabeljau	→	küchenfertig vom Fischhändler (keine 3 S Regel!)
5 EL Mehl (405), doppelgriffig	→	Filets darin wenden und leicht abklopfen
2 Eier 1/2 TL Salz, Pfeffer Abrieb von 1/4 Zitrone	→	verquirlen, Filets darin wenden
100 g Paniermehl 1/2 TL Salz	→	darin wenden und die Panade leicht andrücken
1/8 L Öl	→	in einer Pfanne erhitzen und die panierten Fischfilets darin von beiden Seiten goldbraun braten. Dieser Garvorgang dauert ca. 6–10 Minuten. Auf einer vorgewärmten Platte anrichten und ausgarnieren.

Fischfilet nach ungarischer Art **Grundrezept – geschmorter Fisch**		
600 g Fischfilet	→	küchenfertig vom Fischhändler, in ca. 3–4 cm große Würfel geschnitten
30 g Butterschmalz	→	erhitzen, Fischwürfel darin leicht anbräunen
1 Zwiebel, geschält in Würfel geschnitten	→	leicht mitbräunen
1 grüne Paprika 2 Tomaten	→	in feine Würfel geschnitten, zugedeckt in der Pfanne für ca. 7–10 Minuten bei schwacher Hitze garziehen lassen
Salz, Pfeffer 1 EL Petersilie, gehackt	→	abschmecken
TIPP: Gerne noch mit frisch angeschwitzten Champignons verfeinern.		

Bratheringe

1 kg frische Heringe, küchenfertig als Filets (mit Haut)	→	gründlich waschen, mit einem Küchenpapier trocken tupfen
2 Zitronen, gepresst	→	die Innenseiten der Filets mit dem Saft beträufeln
1 TL Salz 1 Bd. Petersilie, fein gehackt	→	mischen und die Filets damit einreiben
100 g Mehl (405) – doppelgriffig	→	Filets darin wenden
$^1/_8$ L Öl	→	in einer Pfanne erhitzen und die Filets von beiden Seiten je ca. 4 Minuten knusprig braun anbraten

Fischmasse / Fischfarce

500 g Fischfleisch (ohne Gräten) z. B. Zander oder Hecht		
2 Brötchen in Wasser etwas eingeweicht	→	Brötchen gut ausdrücken und zusammen mit dem Fischfleisch zweimal durch den Fleischwolf geben
1 TL Salz, Pfeffer	→	abschmecken
100 g milder Speck 2 Zwiebeln, geschält, in Würfel geschnitten 20 g Butter	→	in einer Pfanne anschwitzen, abkühlen lassen, unter die Fischmasse geben
2 EL Petersilie, gehackt 1 EL Dill, fein geschnitten Muskat (frisch gerieben) 1–2 TL Senf (mittelscharf) 1/2 TL Paprikapulver	→	Teig damit abschmecken und nochmals durch den Fleischwolf geben
1 Ei 1 Eigelb 1/8 L Sahne	→	sauber und gleichmäßig unterarbeiten, bis eine glatte und homogene Masse entsteht

TIPP:

Als Fischfrikadellen – in Fett ausbraten

Als Fischklöschen – in Salzwasser garziehen

Als Fischhackbraten – in einer ausgebutterten Form im Backofen braten

Sahne-Heringstopf

600 g Bismarckheringe	→	in ca. 3 cm große Stücke schneiden
4 Zwiebeln, geschält in feine Ringe geschnitten	→	in kochendem Wasser 2 Minuten blanchieren, abgießen
2 säuerl. Äpfel (ohne Kerngehäuse) in feine Scheiben geschnitten	→	alles gemeinsam glattrühren und fein abschmecken
4 Gewürzgurken in Scheiben geschnitten 1 Bd. Dill, fein geschnitten 100 g Mayonnaise, fettarm 150 g Joghurt, fettarm 1/4 L Sahne 4–5 EL Gurkenwasser Salz, Pfeffer, Zucker Abrieb von 1/4 Zitrone Worchestershiresauce	→	diese Soße gemeinsam mit den Zwiebelringen über die Heringsstücke gießen, vorsichtig vermengen, mind. 10 Stunden im Kühlschrank durchziehen lassen

Fischfilet mit Haube

4 x 150 g Fischfilet z. B. Kabeljau oder Rotbarsch	→	küchenfertig vom Fischhändler
30 g Butter	→	mit der Butter eine Auflaufform ausfetten, die Fischfilets darin nebeneinander einsetzen
Salz, Pfeffer	→	würzen
100 g Champignons in Scheiben geschnitten 1 rote Paprika in feine Streifen geschnitten 1 Zwiebel, geschält in feine Ringe geschnitten 30 g Butter	→	Fett erhitzen und den Rest darin andünsten, auf die Filets geben
70 g Camembert, gewürfelt	→	darüber geben
4 Scheiben Käse	→	auf jedes Filet eine Scheibe legen
1/4 L Brühe 0,1 L Sahne Salz, Pfeffer 1 EL Dill fein geschnitten	→	in die Auflaufform gießen – im vorgeheizten Backofen ca. 15–20 Minuten backen lassen, evtl. zum Schluss zugedeckt

Fischauflauf

500 g Fischfilet z. B. Kabeljau oder Rotbarsch	→	küchenfertig vom Fischhändler
1/2 L Salzwasser	→	den Fisch für ca. 3–4 Minuten unter dem Siedepunkt garziehen lassen
800 g Pellkartoffeln in Scheiben geschnitten	→	im Wechsel mit dem Fisch in eine ausgebutterte Auflaufform schichten
1/4 L Brühe 1/4 L Sahne Salz, Pfeffer, Currypulver (mild) Worcestershiresauce	→	aufkochen und abschmecken
30 g Mehl	→	kalt anrühren, Soße damit binden
6 EL Weißwein	→	Soße abschmecken und über den Auflauf gießen
100 g geriebener Käse	→	darüber streuen, 25–30 Minuten bei 220°C im Ofen backen

Das Ei

Der Aufbau der Hühnereies

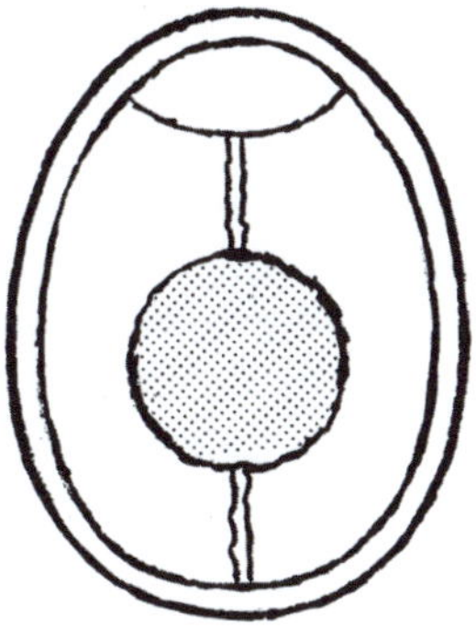

Luftblase		
Eihaut		
Kalkschale		
Eidotter, Eigelb:	32%	Fettgehalt
	16%	Eiweißgehalt
	50%	Wassergehalt
Eiklar:	0%	Fettgehalt
	10%	Eiweißgehalt
	88%	Wassergehalt
Vollei:	14%	Fettgehalt
	11%	Eiweißgehalt
	73%	Wassergehalt
	2%	Vitamine und Mineralien
1 Ei, ca. 60 g:	300 mg	Cholesterin

Die Frischeprobe:

1. Schüttelprobe:
   – frische Eier schwappen nicht
   – alte Eier schwappen hörbar
2. Schwimmprobe:
   – frische Eier liegen am Boden
   – alte Eier stehen auf der Spitze
   – verdorbene Eier schwimmen oben
3. Sichtprobe:
   – frische Eier haben einen kugeligen Dotter
   – alte Eier haben einen flachen Dotter

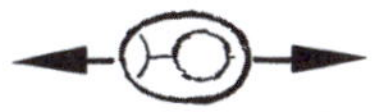

Angaben auf der Packung:

* Gewichtsklassen:
  S – sehr klein: < 53 Gramm
  M – mittel: 53–63 Gramm
  L – groß: 63–73 Gramm
  XL – sehr groß: über 73 Gramm
* Güteklasse:
  Klasse A – im Handel ausschließlich zu erwerben (frisch)
* Zahl der Eier
* Mindesthaltbarkeitsdatum
* Packstellennummer

Angaben auf dem Ei – Code:

1. Code steht für das Haltungssystem
   0 – Ökologische Erzeugung
   1 – Freilandhaltung
   2 – Bodenhaltung
   3 – Käfighaltung
2. Code steht für das Herkunftsland in der EU
   DE – Deutschland (z. B.)
3. Betriebsnummer des Erzeugerbetriebs – aufgeteilt in:
   2-stellige Nummer
   08 – Baden-Württemberg (z. B.)
   4-stellige Nummer im Anschluss
   1245 – Betrieb
   Letzte Zahl
   Stall im Betrieb

Küchentechnische Eigenschaften des Hühnereies

	Eigenschaften	Begründung	Verwendung	Arbeitsregeln
Vollei	Bindemittel	– Eiweißstoffe gerinnen durch die Hitze ab 70°C und binden dabei die Flüssigkeit	Rührei Eierstich Teige Hackfleisch	– zur Herstellung von Rührei oder Eierstich nimmt man pro Ei einen EL Flüssigkeit – Teige werden durch Eier gebunden und geschmeidig, sie erhalten eine kräftige, gelbe Farbe
Eigelb	Legieren	– bindet Flüssigkeiten und verfeinert Aussehen und Geschmack	Suppen Soßen	– Eigelb mit etwas heißer Flüssigkeit verrühren und dann in die heiße Suppe oder Soße rühren, nicht mehr kochen lassen, sonst flockt das Eiweiß aus
	Emulgieren	– enthaltenes Lezithin (Eiöl) umhüllt die Teilchen des zugesetzten Öles und verteilt die Fettteilchen im Wasser	Mayonnaise	– tröpfchenweise das Öl in das Eigelb geben und kräftig schlagen
	Färbemittel	– gibt dem Gebäck eine braune Farbe	Teige	– das Ei im Teig gibt der Krume eine kräftig gelbe Farbe – das Ei, vor dem Backen auf das Gebäck gestrichen, gibt eine braune Kruste
Eiklar	Lockerungsmittel	– es schließt beim Schlagen Luft ein und bildet den Eischnee	Biskuit Baiser Cremes	– Eigelb sauber abtrennen, fettfreie Geräte verwenden, Eischnee sofort verwenden, er fällt wieder zusammen – vorsichtig unter die Speise ziehen
	Klärmittel	– es hat die Fähigkeit, feste Teilchen einzuschließen, während es gerinnt	Klären von trüben Suppen	– Eiklar etwas aufschlagen und in die Brühe geben, unter Rühren aufkochen, 15 Min. binden lassen und durchsieben

Tipps zum Umgang mit Eiern

1. Beim Kauf sollte man auf Güteklasse und Gewicht achten.
2. Vor dem Kochen wird das Ei an der runden Seite eingestochen, damit es nicht platzt.
3. Eier dürfen nie mit Silber zusammengebracht werden, denn Silber wird schwarz und gibt einen Metallgeschmack an die Eierspeise ab.
4. Eier werden nach dem Kochen mit kaltem Wasser abgeschreckt, damit sie sich besser abpellen lassen.
5. Eiklar kann eingefrorern werden, Eigelb nicht.
6. Nie rohe Enteneier verwenden – Salmonellenvergiftungsgefahr.
7. Zum Schlagen von Eiklar stets fettfreie Geräte verwenden, da sonst der Schnee misslingt.
8. Beim Teilen darauf achten, dass kein Eigelb zum Eiklar kommt, es lässt sich nicht schlagen.
9. Eischnee erst kurz vor dem Gebrauch schlagen. Bei längerem Stehen fällt er wieder zusammen.

Eierspeisen

Eier sind beim Kochen und Backen vielseitig einsetzbar. Damit die Gerichte auch immer gut gelingen, siehe dazu das Kapitel „Lebensmittelkunde Ei“ auf der Seite 107.

Gekochte Eier

Zutaten		Zubereitung
4 Hühnereier (in der Regel Größe M)	→	mit einem Eierstecher am stumpfen Ende (in die Luftkammer) einstechen
Wasser	→	mit einem Schaumlöffel die Eier vorsichtig in das kochende Wasser gleiten lassen. Die Eier müssen mit Wasser bedeckt sein. Die gegarten Eier werden kurz unter kaltem Wasser abgeschreckt.

Garzeit:
- für weiche Eier: 4–5 Minuten (Eigelb ist noch flüssig)
- für harte Eier: 8–10 Minuten (Eigelb und Eiklar sind hart)

Hinweis: Das Abschrecken dient dazu, dass sich die Eier leichter schälen lassen. Sehr frische Eier (1–2 Tage) lassen sich nur sehr schlecht schälen.

Um das Auslaufen geplatzter Eier einzudämmen, wird etwas Essig in das Kochwasser gegeben. Es lässt das austretende Eiklar gerinnen – dadurch tritt weniger Ei aus.

Russische Eier

Zutaten		Zubereitung
4 Eier (M) hart kochen, abkühlen lassen, schälen, der Länge nach halbieren	→	das hartgekochte Eigelb entnehmen
4 Blatt Kopfsalat	→	je 2 Eierhälften auf ein geputztes Salatblatt setzen
Eigelbe 80 g Mayonnaise (fettarm)	→	alles zu einer gleichmäßigen Masse verrühren, abschmecken
4 Essiggurken, in feine Scheiben geschnitten 4 Sardellen, in feine Streifen geschnitten Salz, Pfeffer einige Tropfen Worcestershiresause	→	damit die ausgehöhlten Eierhälften füllen und den Rest dekorativ daneben geben
Petersilie	→	mit frisch gehackter Petersilie garnieren

Gefüllte Eier

4 Eier hart kochen, abkühlen lassen, schälen, der Länge nach halbieren	→	das hartgekochte Eigelb entnehmen
20 g Butter, zimmerwarm	→	gemeinsam mit dem hart gekochten Eigelb cremig rühren
2 TL Tafelessig 2 EL Sahne 2 EL Schnittlauch, fein geschnitten 1 TL Senf (mittelscharf) Salz, Pfeffer, Zucker, einige Tropfen Worcestershiresauce	→	mit der Eigelbcreme glatt rühren, abschmecken und mit einem Spritzbeutel wieder in die ausgehöhlten Eierhälften füllen
gekochter Schinken	→	in feine Streifen schneiden
Sardellen, Salatgurke, Radieschen, Kopfsalatblätter	→	bis auf die Salatblätter alles fein schneiden, damit die gefüllten Eier garnieren und in die Salatblätter eingesetzt servieren.

Verlorene Eier / Pochierte Eier

1 L Wasser 1 TL Salz 3 EL Essig	→	aufkochen
4 Eier (M)	→	jedes Ei in einem Schöpflöffel aufschlagen, darauf achten, dass das Eigelb ganz bleibt. Mit Hilfe eines Schneebesens einen ganz vorsichtigen Strudel im Wassertopf herstellen und in die Mitte des kleinen Strudels das Ei aus der Schöpfkelle ins Wasser geben. Dabei mit einem Löffel versuchen, die geronnenen Eiklarfäden weiter um das Eigelb zu legen. 4–5 Minuten im nicht kochenden Wasser garziehen lassen. Mit Hilfe eines Schaumlöffels herausnehmen. Das Eigelb muss noch weich sein!

Verlorene Eier werden gerne auf warmem Blattspinat mit einer Hollandaise serviert oder mit einer kräftigen Tomatensoße.

Beim Garen der pochierten Eier wird in das Wasser etwas Essig gegeben, damit das Eiklar schneller gerinnt und dadurch seine Form behält. Daher im nicht mehr kochenden Wasser fertig garen.

Spiegeleier

30 g Butterschmalz	→	in einer Pfanne erhitzen
4 Eier (M)	→	aufschlagen, bei leichter Hitze in der Pfanne garen bis das Eiklar fest, das Eigelb jedoch noch weich ist
Salz, Pfeffer	→	würzen

TIPP: Salz nicht auf den Dotter streuen, dies gibt sonst helle Flecken. Spiegeleier sollten schnell und heiß genossen werden, dann ist der Geschmack am besten.

Rührei

4–6 Eier (M) 6 EL Sahne	→	mit Hilfe einer Gabel verquirlen
Salz, Pfeffer 2 EL Schnittlauch, fein geschnitten	→	unter die Eimasse geben
30 g Butter	→	in einer Pfanne erhitzen (ohne Farbe) und die Masse in die Pfanne gießen. Mit einem Silikonbratenwender bei mäßiger Hitze die leicht stockende Masse vom Pfannenboden immer in die Pfannenmitte schieben. Die Masse darf nicht ganz fest werden! Auf einem warmen Teller anrichten.

Veränderung:

3 EL geriebener Emmentaler Käse 3 EL Schinkenwürfel (gekochter)	→	vor dem Garen den Käse und/oder den Schinken unter die Eimasse geben

TIPP:

Da Käse und Schinken bereits Salz enthalten, sollte man die Eimasse nur mäßig salzen.

Omelett (Eierkuchen)

8 Eier (M)	→	verquirlen
1/2 TL Salz, Pfeffer, frisch geriebener Muskat	→	würzen
30 g Butter	→	in einer beschichteten Pfanne ohne Farbe erhitzen, die Eiermasse hineingießen und stocken lassen. Wenn die Masse an der Unterseite eine leichte Farbe bekommt, mit Hilfe eines Pfannenwenders die eine Hälfte auf die andere klappen. Pfanne ausschalten und noch max. 2 Minuten in der Pfanne ruhen lassen. Auf einem warmen Teller servieren.

Veränderungen:

60 g Champignons in Scheiben Streifen von gekochtem Schinken gegarte Spargelspitzen	→	Vor dem Zusammenklappen können Schinkenwürfel, angeschwitzte Pilze oder Spargelstücke verteilt werden.
1 TL Zucker 1/2 TL Zimt frische Beeren eingemachtes Obst	→	Für ein süßes Omelett wird Salz, Pfeffer und der Muskat durch Zimt und Zucker ersetzt. Und dann alternativ mit frischen Beeren oder eingemachtem Obst gefüllt.

Schaumomelett

2 Eiklar 1 Pr. Salz, Pfeffer	→	zu einem festen Schnee aufschlagen
2 Eigelbe	→	vorsichtig unter den Eischnee heben
30 g Butter	→	leicht in einer beschichteten Pfanne erhitzen, Schaummasse vorsichtig einfüllen, Deckel auflegen und in der ausgeschalteten Pfanne ca. 10 Minuten stocken lassen. Das Omelett muss unten goldgelb und oben noch hell und trocken sein. Mit Hilfe eines Pfannenwenders zusammenklappen und auf einem warmen Teller servieren.

Pfannkuchen

180 g Mehl (405) 3 Eier (M) 1 EL Zucker 1 TL Zitronenabrieb 370 ml Milch 1 Prise Salz	→	alle Zutaten zu einem glatten und gleichmäßigen Teig verrühren und ca. 30 Minuten ruhen lassen
Butterschmalz	→	immer ca. 1/2 TL in einer beschichteten Pfanne erhitzen und eine Schöpfkelle mit Teig eingießen, dass immer der Pfannenboden bedeckt ist. Wenn die Unterseite goldgelb gebraten ist, mit Hilfe eines Pfannenwenders den Pfannkuchen wenden und diese Seite ebenso goldgelb braten. Mit etwas Zucker bestreuen und mit warmem Kompott oder Früchten servieren.

Eier-Käse-Souflee

30 g Fett, 30 g Mehl	→	Erstellen einer Mehlschwitze
375 ml Milch	→	ablöschen und einmal aufkochen
Salz, Pfeffer, Prise geräuchertes Paprikapulver	→	abschmecken
50 g Paniermehl 50 g geriebener Käse	→	in die Masse einrühren und 2 Minuten köcheln lassen (ständig rühren!)
4 Eier (M)	→	verquirlen, 4 EL der heißen Masse zum Temperaturausgleich in die Eier rühren, alles zusammenrühren, in 4 ausgefettete Soufleeförmchen füllen, in einen Topf mit 1,5–2 cm kochendem Wasser stellen und in diesem Wasserbad für 12–15 Minuten garen lassen. Den Rand des Souflees mit einem Messer lösen, stürzen und heiß servieren.

Kartoffeln

Trotz des abnehmenden Pro-Kopf-Verbrauchs zählen Kartoffeln zu den Grundnahrungsmitteln. Gegenüber Nudeln und Reis als Beilage haben Kartoffeln den Vorteil, reicher an Ballaststoffen, Vitamin C und Mineralstoffen (Eisen) zu sein. Im Winter stellen Kartoffeln eine wichtige Vitamin C-Quelle dar. Kartoffeln sind für eine Diabetes-Diät gut geeignet.

Der Energiegehalt ist aufgrund der Fettarmut und des hohen Wassergehaltes niedrig. Kartoffeln sind somit keine „Dickmacher", sie werden es erst durch die Zubereitung.

Energiegehalt der Kartoffelspeisen:

200 g Salzkartoffeln	– 170 kcal	= 700 kJ
200 g Pommes frites	– 440 kcal	= 1842 kJ
50 g Reis	– 184 kcal	= 770 kJ
60 g Nudeln	– 234 kcal	= 978 kJ

Nährstoffe in rohen Kartoffeln je 100 g verzehrbarer Anteil

Wasser 78 g

Kohlenhydrate (Stärke) 16 g

Ballaststoffe 2.5 g

Eiweiß 2 g

Mineralstoffe

Kalium 500 mg
Phosphor 50 mg
Calcium 15 mg
Natrium 3,2 mg
Eisen 1,0 mg

Vitamine

Riboflavin 0,05 mg B_2
Thiamin 0,10 mg B_1
Niacin 1,22 mg
Ascorbinsäure 1722 mg C

Beim Kauf von Kartoffeln darauf achten, dass nach Möglichkeit auf Märkten oder Höfen regional gekauft wird. Am besten in einer Papiertüte kaufen und lagern - kühl und trocken lagern – vor Licht schützen – vor Frost schützen, sonst bekommen Kartoffeln einen süßlichen Geschmack.

Kartoffeltypen und mögliche Sorten:

– festkochende Kartoffeln, z. B. Annabelle / Belana / Venezia / Goldmarie / Nicola / Allians / Linda
– vorwiegend festkochende Kartoffeln, z. B. Solist / Marabel / Madeira / Granola / La Bonnotte
– mehlig kochende Kartoffeln, z. B. Augusta / Adretta / Ackersegen / Arran Victory / Bintje

➪ festkochende Kartoffeln sind wie folgt geeignet: Kartoffelsalat, Bratkartoffeln, Gratin, Pellkartoffeln, Salzkartoffeln

➪ vorwiegend festkochende Kartoffeln sind wie folgt geeignet: Salzkartoffeln, Rösti, Reibekuchen, Pommes

➪ mehlig kochende Kartoffeln sind wie folgt geeignet: Kartoffelteige für Gnocchi oder Schupfnudeln, Klöße, Kroketten, als Einlage für Eintöpfe und Suppen

Kocheigenschaften:

Kartoffeln unterschiedlicher Kochtypen

Regeln zum Umgang mit Kartoffeln:

Damit die Kartoffel bei der Zubereitung möglichst wenig an wertvollen Nährstoffen verliert, sind einige Grundregeln zu beachten.

1. Bei Pellkartoffeln bleiben die meisten Nährstoffe erhalten, da die Schale einen Schutz bietet.
2. Kartoffeln kurz und gründlich waschen.
3. Erst kurz vor dem Verbrauch schälen.
4. Dünn schälen, da direkt unter der Schale viele Nährstoffe sind.
5. Geschälte Kartoffeln werden an der Luft braun, deshalb werden die Kartoffeln erst kurz vor dem Garen geschält und nicht, wie früher empfohlen, in Wasser gelegt.
6. Nicht im Wasser liegen lassen, auch kaltes Wasser laugt aus.
7. Möglichst unzerkleinert waschen, damit die Oberfläche nicht zu groß wird.
8. Kartoffeln in gleichgroße Stücke schneiden, damit alle zur gleichen Zeit gar sind.
9. Stets in geschlossenem Topf garen.
10. Langes Warmhalten vermeiden, es zerstört Vitamine.

Geeignete Garverfahren für Kartoffeln:

Kochen – alte Kartoffeln
Dünsten – frische Kartoffeln
Dämpfen – frische Kartoffeln
Garziehen – Kartoffelklöße
Braten – Bratkartoffeln, Kartoffelpuffer
Frittieren – Pommes frites, Chips, Kroketten
Grillen – Kartoffeln mit Schale
Backen – Kartoffelkuchen, Kartoffelgratin

Kartoffelgerichte

Die Kartoffel ist eines der wichtigsten Grundnahrungsmittel die wir haben. Sie ist reich an Ballaststoffen, Träger von Vitaminen und besonders reich an Mineralstoffen. Im Winter ist die Kartoffel ein wichtiger Vitamin C-Lieferant. Ebenso ist die Kartoffel kein Dickmacher, im Gegenteil, durch die Mineralstoffe wirkt sie sogar entschlackend.
Weitere Informationen im Kapitel „Lebensmittelkunde Kartoffel“ auf den Seiten 114 ff.

Salzkartoffeln

750 g Kartoffeln Salz	→	waschen, dünn schälen und garen
Wasser 1 TL Salz	→	frische Kartoffeln in wenig Wasser (gesalzen) dünsten oder im Siebeinsatz dämpfen. Alte Kartoffeln in viel Wasser kochen.
	→	Je nach Größe und Alter zwischen 15 und 30 Minuten garen. Garprobe mit einem spitzen Messer machen. Sie muss innen weich sein und vom Messer gleiten.

Pellkartoffeln (Schalkartoffeln)

750 g Kartoffeln	→	gleichgroße Kartoffeln gründlich mit einer Bürste reinigen
wenig Wasser 1 TL Salz	→	je nach Größe 15–30 Minuten garen, kurz unter kaltem Wasser abschrecken und warm abpellen
30 g Butter 1 EL Petersilie, gehackt Salz	→	Butter mit der Petersilie und etwas Salz unter die Kartoffeln geben, vorsichtig untermischen

Hinweis: Pellkartoffeln sind die nährstoffreichsten Kartoffeln, da sie beim Garen durch ihre Schale geschützt werden. Pellkartoffeln werden als Beilage oder für Salate und Aufläufe verwendet. Sie werden auch weiterverarbeitet zu **Röstkartoffeln** (Schwenkkartoffeln). Dazu werden sie in heißem Fett geschwenkt und leicht geröstet. Es kann eine Zwiebel oder Schinkenspeck mitgeröstet werden.

Bratkartoffeln

750 g Kartoffeln	→	waschen, kochen, kurz abkühlen lassen, schälen und über Nacht im Kühlschrank lagern. In Scheiben schneiden
40–50 g Butterschmalz	→	in einer Pfanne erhitzen und die Kartoffelscheiben von beiden Seiten darin gold-gelb anbraten. Dabei immer nur so viele Kartoffeln in die Pfanne geben, dass der Boden bedeckt ist. Daher den Vorgang auf mehrere Schritte aufteilen. Rest warm stellen.
1 Zwiebel, geschält, in Würfel geschnitten	→	beim letzten Bratvorgang noch die Zwiebelwürfel mit zugeben
Salz, Pfeffer frisch geriebener Muskat 1 EL Petersilie – gehackt	→	final alle Bratkartoffeln abschmecken und frisch die Petersilie unterheben

TIPP: Es können auch 60–80 g Speckwürfel zugegeben werden.

Bircher Kartoffeln

750 g Kartoffeln Fett	→	gleich große Kartoffeln mit einer Bürste gründlich reinigen und halbieren, mit der Schnittfläche auf ein gefettetes Backblech legen
Kümmel, Salz	→	damit bestreuen und 40–45 Minuten bei 200°C backen

Kartoffelpuffer

750 g Kartoffeln	→	putzen, die rohen Kartoffeln werden auf einer Reibe (Raffel) zu einem feinen Mus verarbeitet
2 Eier Salz, Muskat 1 geriebene Zwiebel	→	unterrühren
1/8 L Öl	→	erhitzen, mit einem Esslöffel etwas Teig als Puffer in die Pfanne geben, wenn der Rand zu bräunen beginnt, die Puffer wenden, Garzeit etwa 6–8 Minuten

Hinweis: Es eignen sich besonders neue Kartoffeln, denn sie sind noch fest und wasserhaltig. Die Zerkleinerung muss mit einer Raffel erfolgen. Ihre aufgerauhte Fläche lässt das Mus entstehen. Eine Raspel würde die Kartoffel in kleine Teilchen zerschneiden. Damit erhielte die Masse eine andere Struktur und andere Eigenschaften.

Kartoffelbrei (Püree)

750 g Kartoffeln (mehlig kochend)	→	putzen, als Salzkartoffeln garen, abschütten, nochmals in den Topf und unter ständigem Rühren "ausdampfen" lassen (restliches Wasser verdunstet), heiß mit einer Kartoffelpresse pürieren oder mit einem Stampfer bearbeiten
250 ml Sahne Salz, Pfeffer frisch geriebener Muskat	→	aufkochen und gut würzen
2–3 EL Butter	→	gemeinsam mit der Sahne unter die Kartoffelmasse arbeiten (entweder mit einem Küchenhelfer oder in einer Küchenmaschine)
2–3 EL gebräunte Butter 2 EL Petersilie, gehackt	→	als Garnitur über den Kartoffelbrei geben

Pommes frites

750 g Kartoffeln, festkochend (Annabelle oder Belana)	→	waschen, schälen, in Stifte schneiden, gut abtrocknen – damit es nicht spritzt
1–2 L Sonnenblumenöl	→	erhitzen auf max. 170°C. Erstes Frittieren für ca. 4–5 Minuten, herausnehmen, kurz auf einem Küchenpapier abtropfen lassen, nochmals für 4–5 Minuten frittieren, abtropfen lassen.
Salz oder Pommes frites Gewürz	→	würzen und heiß servieren

Niedernauer Kartoffeln (Bauernfrühstück)

750 g Kartoffeln	→	als Pellkartoffeln garen, schälen und würfeln
30 g Fett	→	erhitzen
100 g Schinkenspeck, gewürfelt	→	glasig dünsten
1 Zwiebel, gewürfelt	→	andünsten, Kartoffeln zugeben und leicht rösten
2 EL Petersilie, gehackt	→	darüberstreuen
$^{1}/_{8}$ L Rahm 1 Ei Salz, Muskat	→	verquirlen, über die Kartoffeln gießen, 5 Minuten bei schwacher Hitze stocken lassen, Deckel auflegen
Petersilie, Schnittlauch	→	zum Anrichten

Zubereitung von Pommes frites (vgl. Rezept S. 119)

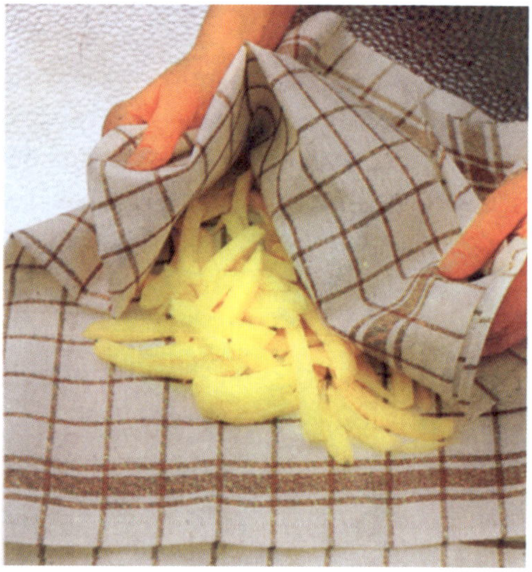

Buntes Kartoffelgemüse

750 g Kartoffeln 500 g Möhren	→	putzen und in Würfel schneiden
30 g Fett	→	erhitzen
1 Zwiebel, gewürfelt	→	leicht anrösten, Möhren zugeben
2 EL Petersilie, gehackt	→	darüberstreuen
1 kl. Stange Lauch, in Ringen 1/4 Knolle Sellerie, gewürfelt	→	zugeben
1/4 L Brühe	→	ablöschen, Deckel auflegen 10 Minuten garen, jetzt die Kartoffelwürfel zugeben und nochmals etwa 10–15 Minuten garen, bis die Kartoffeln weich sind

Hinweis: Nach Belieben kann das Gericht durch ein grobes Sieb geschlagen werden, nochmals erhitzen.

Kartoffelteig – Grundrezept

750 g Kartoffeln, mehligkochend	→	putzen, als Salzkartoffel garen, noch heiß durchpressen, auskühlen lassen
100 g Mehl (405) 80 g Grieß 1 TL Salz, Muskat, Pfeffer 2 EL Petersilie, gehackt	→	zugeben und sauber unterarbeiten
1 Zwiebel, geschält in Würfel geschnitten 20 g Butterschmalz	→	Fett erhitzen, Zwiebel andünsten, auskühlen lassen, in die Masse geben
2–3 Eier	→	zugeben, einen glatten Teig herstellen
Paniermehl	→	bei Bedarf noch etwas zugeben, damit der Teig noch etwas fester wird

Kartoffelklöße

1 Rezept Kartoffelteig	→	mit feuchten Händen gleichgroße Klöße formen
2 L Salzwasser	→	bis kurz unter den Siedepunkt erhitzen (darf nicht kochen!), die Klöße vorsichtig einlegen und ohne Deckel garziehen lassen – ca. 10 Minuten

TIPP: Beim Anrichten gibt man zuerst eine umgedrehte Untertasse in die warme Schüssel. Dann liegen die untersten Klöße nicht in der Feuchtigkeit.

Kartoffelklöße halb und halb

500 g Kartoffeln, mehligkochend	→	putzen, garen, durchpressen
500 g Kartoffeln, mehligkochend	→	putzen, reiben, in einem Küchentuch gründlich ausdrücken
2 TL Salz Pfeffer, Muskat	→	würzen
60 g Mehl (405) 60 g Grieß 2–3 Eier	→	zugeben, alles zu einem glatten Teig verkneten
Paniermehl	→	je nach Beschaffenheit noch etwas hinzufügen, mit feuchten Händen Klöße formen
2 L Salzwasser	→	schwach wallen lassen, Klöße vorsichtig einlegen, ohne Deckel garen

Schupfnudeln

1 Rezept Kartoffelteig	→	die Grundrezeptmasse soll einen festen Teig ergeben, dieser wird zu etwa fingerdicken und fingerlangen Nudeln geformt
1–2 L Salzwasser	→	aufkochen lassen, Schupfnudeln vorsichtig einlegen, garziehen lassen, nicht kochen, ca. 10 Minuten
30 g Fett	→	erhitzen
1 Zwiebel, gewürfelt	→	anrösten und heiß über die Schupfnudeln geben

Hinweis: Die Schupfnudeln können auch in heißem Fett angeröstet werden.

Kartoffelküchlein (Plätzchen)

1 Rezept Kartoffelteig	→	die Grundrezeptmasse wird zu einer Rolle geformt, und in 1 cm dicke Scheiben geschnitten, daraus werden runde Taler geformt
60 g Fett	→	erhitzen, goldgelb backen, von jeder Seite etwa 5 Minuten

Kartoffelbällchen oder Kroketten

1 Rezept Kartoffelteig	→	die Grundrezeptmasse wird zu Kugeln in Nussgröße oder etwas länglichen Rollen geformt
1–2 Eier	→	verquirlen, Bällchen oder Rollen darin wälzen
60 g Paniermehl	→	darin wenden, gut festdrücken
1–2 L Öl (Fettbad)	→	erhitzen auf 170°C, die Bällchen oder Kroketten goldbraun ausfrittieren

Kartoffelquarkklöße oder Plätzchen

1 Rezept Kartoffelteig 200 g trockener Quark	→	unter den fertigen Kartoffelteig kneten, mit nassen Händen Klöße oder Plätzchen formen
50 g Paniermehl	→	darin wenden, gut festdrücken
1–2 L Salzwasser oder	→	die Klöße darin garziehen, etwa 10–15 Minuten
50 g Fett	→	erhitzen, Plätzchen darin von beiden Seiten braun braten

Nudelgerichte

Nudelteig ist ein fettfreier Knetteig. Der Teig wird durch den Druck und die Wärme des Knetens sowie durch die Ruhephase elastisch. Außerdem schlägt man ihn auf die Arbeitsfläche, damit er plastisch wird. Es gibt Nudelteige mit und ohne Eier. Der Teig wird frisch oder getrocknet verarbeitet. Getrockneter Nudelteig lässt sich lediglich schon „in Form“ gebracht verarbeiten, also als fertige Nudeln in diversen Formen und Farben. Einfache Stücke oder Platten von Nudelteigen, welche getrocknet sind, können nicht mehr zum Füllen oder Ähnlichem verarbeitet werden.

Eier-Nudelteig – Grundrezept

250 g Mehl (405)	→	in eine Schüssel sieben und eine Mulde eindrücken
60 g Wasser 2 Eier 1/2 TL Salz	→	verquirlen, in die Mulde geben und von innen nach außen zu einem gleichmäßigen Teig kneten und schlagen, bis ein glatter zarter Teig entstanden ist. Gerne auch mit einer Küchenmaschine. Zu einem ca. 3 cm hohen Ziegel formen, in Klarsichtfolie einpacken und für mind. 30 Minuten im Kühlschrank ruhen lassen.
	→	in kleineren Portionen mit einem Wellholz oder mit einer Nudelmaschine dünn ausrollen, gewünschte Nudelform ausschneiden oder füllen / formen, trocknen lassen. In Salzwasser garen.

TIPP: Beim Trocknen der Nudelwaren diese mit einem doppelgriffigem Mehl leicht einmehlen, dann kleben diese nicht zusammen.

Nudelteig – Grundrezept ohne Ei

100 g Mehl oder Vollkornmehl z. B. Weizen, Roggen, Hafer 60 ml Wasser 10 g Weizenkleber (Naturkostladen) 1/2 TL Salz	→	alles zu einem glatten festen Teig kneten. Der Teig kann frisch gekocht werden oder zum Lagern getrocknet werden.

Hinweis: Den Teig entweder mit dem Nudelholz ausrollen und Nudeln ausschneiden oder mit einer Nudelmaschine formen. In kochendem Wasser (wenn nötig mit Salz oder Brühe) ca. 4– 8 Minuten je nach Form und möglicher Fülle garkochen.

Maultaschen – KEINE Ravioli

Eier-Nudelteig – Grundrezept

Hackfleischfüllung

300 g Hackfleisch 1/2 / 1/2 200 g Brät, 2 Eier 1 kl. Bd. Petersilie, gehackt 1 EL Paniermehl 1 große Zwiebel, geschält, in Würfel geschnitten Salz, Pfeffer, Muskat	→ alle Zutaten zu einer gleichmäßigen Masse verarbeiten
2 Brötchen	→ in Würfel geschnitten, in wenig Wasser etwas einweichen, locker unter die Masse arbeiten
	→ den Nudelteig zu ca. 15 cm breite Bahnen ausrollen, die Masse der Länge nach mit Hilfe eines Spritzbeutels auf das untere 1/3 des Nudelteiges aufspritzen
1 Ei, verquirlt	→ mit einem Küchenpinsel auf das obere 1/3 des Nudelteiges etwas Ei auftragen, das untere /1/3 mit der Masse einmal umschlagen, dass die Masse nun mit Nudelteig bedeckt ist. Jetzt den oberen Teil (mit dem Ei) nach unten auf das untere 1/3 umschlagen, etwas festdrücken. Mit dem Griff eines Holzlöffels die Maultaschen abdrücken, mit einem Messer abschneiden und in Salzwasser (knapp unter dem Siedepunkt) ca. 8–10 Minuten garziehen lassen.

Grüne Nudeln

130 g Blattspinat	→ waschen und Stiele abschneiden
Salzwasser	→ aufkochen, salzen, 1 Minute darin blanchieren, abschrecken, gut und trocken ausdrücken, sehr fein mixen
250 g Mehl (405)	→ in eine Rührschüssel geben, eine Mulde eindrücken
1 Ei (M) 1/2 TL Salz 2 EL Öl	→ in die Mulde geben, pürierten Spinat zugeben, mit dem Handrührgerät oder in der Küchenmaschine gut durchkneten, bis der Teig elastisch ist. In Klarsichtfolie eingewickelt für 30 Minuten kühl stellen, die Nudeln nach Wunsch ausrollen und formen, in Salzwasser ca. 5–10 Minuten (je nach Größe und Stärke) garen.

TIPP: Zum Verarbeiten des fertigen Nudelteiges doppelgriffiges Mehl verwenden. Dann kleben die Nudeln nicht so zusammen.

TIPP: Gerne können die Grünen Nudeln auch mit einem Pesto im tiefen Teller verfeinert oder mit einer feinen vegetarischen Soße serviert werden – ein Genuss!

Rote Nudeln

250 g Mehl/Vollkornmehl ohne Kleie	→	in eine Rührschüssel geben, eine Mulde eindrücken
2 EL Tomatenmark 1 EL Wasser 2 Eier 1/2 TL Salz	→	gut verquirlen, in die Mulde geben mit den Knethaken des Rührgerätes von außen nach innen verkneten, gut schlagen, bis der Teig elastisch ist 30 Minuten, mit einer Klarsichtfolie abgedeckt, im Kühlschrank stehen lassen. Dann die Nudeln nach Wunsch ausrollen oder formen und ca. 5–8 Minuten im Salzwasser garen.

TIPP: Zum Verarbeiten des fertigen Nudelteiges doppelgriffiges Mehl verwenden. Dann kleben die Nudeln nicht so zusammen.

Spaghetti in Tomatensoße

250 g Spaghetti	→	in Salzwasser, leicht auf Biss garen
20 g Olivenöl	→	erhitzen
1 Zwiebel, geschält, in Würfel geschnitten 3 große Tomaten, Strunk entfernt, in Würfel geschnitten 1 Knoblauchzehe, geschält, in feine Würfel geschnitten 5 Basilikumblätter, in feine Streifen geschnitten	→	glasig mit andünsten
30 g Tomatenmark 1/4 L Brühe	→	zugeben, aufkochen lassen und 5 Minuten leicht köcheln lassen
20–30 g Mehl	→	mit kaltem Wasser anrühren, Soße damit abbinden
Salz, Pfeffer, Zucker, etwas geräuchertes Paprikapulver 1 TL Oregano 1 kleiner Zweig Rosmarin	→	abschmecken, Kräuter mit in die Soße geben, 5 Minuten ziehen lassen, Rosmarinzweig entfernen
100 g geriebener Parmesan oder Grana Padano	→	die heißen Spaghetti in eine Pfanne geben, Soße nach Geschmack zugeben, gut vermengen, in warmen Tellern anrichten und mit dem Käse leicht bestreuen

TIPP: Gerne auch mit 250 g Hackfleisch anbraten, die restliche Zubereitung bleibt gleich. Die Nudelart ist austauschbar.

Strudelteig

Strudelteig ist ein Knetteig mit einem Ölanteil. Er ähnelt in der Art einem Nudelteig und durch die Zugabe von Öl ist ein hauchdünnes Auseinanderziehen des Teiges möglich.
Man verwendet Strudelteig in der Regel für:
- salzige und süße Strudel als Hauptgericht oder Dessert
- Umhüllen von süßen und salzigen Füllungen (z. B. Hörnchen oder Taschen)
- Pasteten als Vor-, Haupt- oder Nachspeise

Strudelteig – Grundrezept

250 g Mehl (405) 2 EL Sonnenblumenöl 1 TL Essigessenz (5%) 130 ml Wasser, warm	→	alles gemeinsam in eine Rührschüssel geben und in einer Küchenmaschine zu einem gleichmäßigen Teig verarbeiten. Direkt den Teig mir einer Klarsichtfolie abdecken und mind. 60 Minuten bei Raumtemperatur ruhen lassen.
doppelgriffiges Mehl	→	auf einer Arbeitsplatte mit doppelgriffigem Mehl den Teig zuerst mit einem Wellholz gleichmäßig und so dünn wie möglich ausrollen (immer mit etwas doppelgriffigem Mehl). Dann auf ein ebenfalls mit doppelgriffigem Mehl bestäubtes Tuch legen und nun mit den Händen und über den Handrücken abwechselnd nach außen ziehen, bis er zum „Durchscheinen“ dünn ist.

TIPP: Dieser Teig kann verschieden gefüllt werden. Über die Füllung schlägt man die Teigränder ein. Dann hebt man das Tuch so, dass sich der Teig von selbst aufrollt. Blech oder Fettpfanne werden nur in der Mitte gefettet. Der Strudel wird mit Butter bestrichen und sogleich gebacken. Strudel werden meist warm gegessen. Süße Strudel schmecken auch ausgekühlt. Man kann sie z. B. mit Vanillesoße oder Schlagsahne kombinieren.

1. Öl und Essigessenz in die Vertiefung geben

2. Lauwarmes Wasser angießen und alles von außen nach innen zu einem glatten Teig verkneten

3. Teig dünn ausziehen

4. Mit Füllung belegen und aufrollen

Wiener Apfelstrudel

Zutaten		Zubereitung
1,5 kg mürbe Äpfel	→	waschen, nicht schälen, Kerngehäuse entfernen, in 1 cm große Stücke schneiden
60 g Zucker 80 g Mandelgrieß 2 Msp. Vanillemark 1/2 TL Zimt Abrieb von 1/4 Zitronenschale	→	gründlich unter die Apfelstücke arbeiten
100 g Sultaninen	→	wenn gewünscht – dann lauwarm waschen, trocken tupfen – unterarbeiten
100 g Mandelstifte 1 EL Rum (wenn gewünscht)	→	weiter zugeben und 30 Minuten ziehen lassen
1 Rezept Strudelteig 50 g Butter, flüssig 50 g Mandelgrieß 40 g Zucker	→	zubereiten und vorbereiten wie beschrieben, den Teig mit der Hälfte der Butter bestreichen, Mandelgrieß und Zucker darüber streuen. Mit der Apfelfüllung die untere Seite des Strudelteiges befüllen, mit Hilfe des Tuches gleichmäßig und stramm aufrollen.
	→	auf ein gebuttertes Backblech geben, mit der restlichen Butter bestreichen und wenn gewünscht noch etwas mit Zucker bestreuen. Im vorgeheizten Backofen bei 220°C Ober-/Unterhitze ca. 20–30 Minuten ausbacken, mit Puderzucker bestäubt servieren.

Quarkstrudel

Zutaten		Zubereitung
500 g Quark 2 Eier 150 g saure Sahne 60 g Zucker 2 Msp. Vanillemark 1/4 Zitronenabrieb 50 g Sultaninen 100 g Nüsse oder Mandeln, gehackt	→	alle Zutaten zu einer glatten Masse verrühren
1 Rezept Strudelteig	→	mit der Quarkfüllung füllen, 35–40 Minuten bei 220°C backen, 10 Minuten in der Nachwärme garen

Oststrudel

1 Rezept Strudelteig		
50 g geriebene Mandeln	→	die vorbereitete Strudelplatte wird mit geriebenen Mandeln oder Paniermehl bestreut
500 g zerkl. Obst nach Wahl 1 EL Zucker 2 Msp. Vanillemark 1/4 Zitronenabrieb	→	die Früchte mit dem Zucker und den Gewürzen gut vermengen. auf dem Strudelteig verteilen, den Strudel zusammenrollen, 35–40 Minuten bei 220°C backen und 10 Minuten in der Nachwärme garen

Hinweis: Es eignen sich alle nicht stark saftziehenden Früchte, z. B. Kirschen, Zwetschgen, Aprikosen.

Krautstrudel

50 g Fett	→	erhitzen
1 Zwiebel, gewürfelt	→	glasig dünsten
1 kg Weißkraut, gehobelt	→	dünsten bis es zusammenfällt
1/4 TL Salz, Pfeffer Kümmel nach Geschmack	→	abschmecken
250 g Rauchfleisch, gewürfelt	→	untermischen, auskühlen lassen
1 Rezept Strudelteig	→	mit der Krautfüllung füllen, 35–40 Minuten bei 220°C backen und 10 Minuten in der Nachwärme garen

Hackfleischstrudel

250 g Hackfleisch 50 g Paniermehl 50 g Haferflocken 2 Eier 2 Zwiebeln, gewürfelt 1 TL Salz, Pfeffer, Paprika 1/2 TL frischen Thymian	→	alle Zutaten zu einem Teig verarbeiten und gut abschmecken
1 Rezept Strudelteig	→	mit der Hackfleischfüllung füllen, 40 Minuten bei 220°C backen und 10 Minuten in der Nachwärme garen

Körnerstrudel

200 g Körner, z. B. Weizen, Roggen, Gerste, Grünkern, Dinkel	→	über Nacht einweichen, 15 Minuten in Salzwasser bissfest garen, abtropfen lassen
100 g Möhren, gerieben 1 Zwiebel, gewürfelt 50 g Paniermehl 2 Eier 1 TL Salz, Pfeffer, Paprika	→	alle Zutaten gut vermischen und kräftig abschmecken
1 Rezept Strudelteig	→	mit der Körnerfüllung füllen, 40 Minuten bei 220°C backen und 10 Minuten in der Nachwärme garen

Spätzle

Spätzle – Grundrezept

250 g Mehl (405) 3 Eier 1 Pr Salz 0,1 L Mineralwasser (mit Kohlensäure)	→	alle Zutaten mit einer Küchenmaschine so lange kneten, bis der Teig geschmeidig ist und kleine Blasen wirft
5 L Salzwasser 1 TL Öl	→	aufkochen, einen Teil des Teiges auf das nasse Spatzenbrett geben. Mit einem Spatzenschaber oder einem langen, breiten Messer schabt man dünne Spätzle in das kochende Salzwasser. Sie gehen unter und sind gar, sobald sie wieder an die Oberfläche steigen. Mit dem Schaumlöffel herausnehmen und auf eine vorgewärmte Platte geben, warmstellen, nach und nach den ganzen Teig so verarbeiten.
30 g Fett 50 g Paniermehl	→	Die fertigen Spätzle mit geröstetem Paniermehl schmälzen, in eine Schüssel mit einer umgedrehten Untertasse geben, darunter kann sich das Tropfwasser sammeln.

Hinweis: Die Spätzle können mit geriebenem Käse zu **Käsespätzle** gemacht werden.

Geröstete Spätzle

1 Rezept Spätzle	→	die gegarten Spätzle werden ohne Abspülen zum Abtrocknen auf ein Brett gelegt
50 g Butter	→	erhitzen, mit der abgetrockneten Oberseite nach unten die Spätzle hineingeben, goldgelb backen
2 Eier 1 Pr Salz	→	verquirlen, stocken lassen

Zubereitung von Spätzle

1. Alle Zutaten in die Rührschüssel geben: Mehl, dann Eier, Salz und Wasser. Mit dem Knethaken langsam rühren, bis das Mehl gebunden ist und nicht mehr staubt.

2. Den Teig rühren, bis er schön geschmeidig ist und Blasen wirft. Die Knethaken bei Stufe 2 rotieren lassen oder den Teig von Hand mit einem Holzlöffel schlagen.

3. Spätzle vom Brett schaben. Etwas Teig auf ein nasses Brett streichen und mit einem Messer Teigstreifen in siedendes, nicht sprudelndes Salzwasser schaben.

4. Spätzle sind gar, wenn sie aufsteigen und an der Oberfläche schwimmen. Mit Sieblöffel herausheben. In mehreren Portionen garen, im Sieb sammeln.

Gaisburger Marsch

500 g Kartoffeln	→	schälen, in 1 cm große Stücke geschnitten
1 Bd. Suppengrün	→	putzen, in feine Würfel geschnitten
1 L kräftige Brühe	→	Kartoffeln und Suppengrün darin für 15–20 Minuten kochen, Garprobe machen, nicht abschütten
1 Rezept Spätzleteig	→	vorsichtig ebenso in die Brühe geben, knapp unter dem Siedepunkt für 5 Minuten ziehen lassen
250 g Suppenfleisch, gegart, in 1–2 cm große Stücke geschnitten	→	ebenso mit zugeben und nochmals 5 Minuten ziehen lassen

TIPP: Mit gold-gelb angeschwitzten Zwiebelwürfeln und frisch geschnittenem Schnittlauch servieren.

Leberspätzle

250 g Mehl 2–3 Eier 250 g Rinder- oder Kalbsleber (sehr, sehr fein gehackt) 1 Zwiebel, gewürfelt, gedünstet 1 Bd. Petersilie, gehackt 1 TL Salz, Pfeffer, Muskat 2x2 L Salzwasser	→	alle Zutaten zu einem glatten, festen Teig verarbeiten, vom nassen Spatzenbrett mit einem Kaffeelöffel kleine Klümpchen in das siedende Wasser geben, garen bis sie an die Oberfläche kommen, herausnehmen, in frischem heißen Salzwasser schwenken, herausnehmen und gut abtropfen lassen
30 g Fett	→	im heißen Fett kurz schwenken

Vollkornspätzle

250 g Weizenvollkornmehl 2 Eier 1 Pr Salz 1/8 L Mineralwasser	→	zu einem glatten Teig verarbeiten und wie beim Grundrezept weiterverarbeiten

Pfannkuchen

Pfannkuchen – Grundrezept		
250 g Mehl 2 Eier 1 Pr Salz 3/8 L Milch	→	mit der Hälfte der Milch einen dicken, glatten Teig herstellen, 10 Minuten stehen lassen und die restliche Milch nach und nach unterrühren
Butterschmalz zum Braten	→	für jeden Pfannkuchen nur etwas Fett erhitzen. Es eignen sich besonders gut beschichtete Pfannen. Mit einem Schöpflöffel verteilt man den Teig gleichmäßig in der Pfanne. Der Pfannkuchen wird zuerst auf der einen Seite goldbraun gebacken. Bevor man den Kuchen wendet, gibt man nochmals etwas Fett zu. Wenn die zweite Seite hellbraun geworden ist, auf eine vorgewärmte Platte legen, warmstellen, bis der ganze Teig verbacken ist.
Hinweis: Man darf nicht zu sehr mit Fett sparen, sonst hängt der Teig an. Die Temperatur sinkt durch den wasserhaltigen Teig immer wieder. Man muss deshalb auf heißer Stufe backen. Anderenfalls werden die Kuchen nicht kross und saugen sich zu sehr mit Fett voll.		
Veränderungen: Die Eier können getrennt werden. Eiklar zu Eischnee schlagen, der den Teig lockert. Statt Milch kann man Wasser verwenden. Die Pfannkuchen werden dadurch besser kross. Setzt man Mineralwasser ein, so bewirkt die entweichende Kohlensäure eine zusätzliche Teiglockerung. Man kann auch einen Teelöffel Backpulver zusetzen.		

Salzige Pfannkuchen (auch gefüllt)

1 Rezept Pfannkuchenteig 1 Bd. Schnittlauch geschnitten oder Petersilie, gehackt 1 Zwiebel, gewürfelt	→	unter den Teig geben und abbacken
Füllungen: 500 g gegartes Gemüse z. B. Spinat fein gewürfelte Möhren **oder**: 400 g frische Champignons, gebraten **oder**: 400 g fertiges Ragout mit geriebenem Käse bestreuen **oder**: 250 g gebratene Hackfleischmasse 100 g geriebener Käse	→	auf eine Seite des Pfannkuchens geben und die andere Hälfte darüberklappen

Süße Pfannkuchen (auch gefüllt)

1 Rezept Pfannkuchenteig 1 EL Zucker 1 Msp. Vanillemark	→	unterrühren und abbacken
Füllungen: 120 g Marmelade oder 250 g Obstkompott, Mus oder 250 g rohe Beeren, z. B. Erdbeeren **oder** 250 g angerührter Quark	→	auf eine Seite des Pfannkuchens geben und die andere Hälfte darüberklappen
30 g Puderzucker	→	damit bestreuen

Apfelpfannkuchen

1 Rezept Pfannkuchenteig		
500 g Äpfel, ungeschält, ohne Kerngehäuse, in 5 mm dicke Scheiben geschnitten 30 g Butterschmalz	→	die Apfelscheiben in den Teig geben, Fett in Pfanne erhitzen, Teig mit einer Schöpfkelle bodendeckend einfließen lassen, nebeneinander die Apfelscheiben aus dem Teig darauf legen – von beiden Seiten ausbacken
50 g Zucker 1 TL Zimt 1/2 TL Abrieb einer Zitrone	→	mischen und gleich über die fertigen Apfelpfannkuchen geben

TIPP: Die Äpfel können auch in Schnitze geschnitten werden.

Kirschpfannkuchen

1 Rezept Pfannkuchenteig		
250 g Kirschen, entsteint	→	in das heiße Fett kleine Küchlein geben, auf diese gibt man einige entsteinte Kirschen. Die Küchlein werden langsam von beiden Seiten gebacken.
30 g Zucker 2 TL Zimt	→	mischen, sogleich darüber streuen. Man kann auch eine Mischung davon auf den Tisch stellen.

Kaiserschmarrn (Eierhaber)

1 Rezept Pfannkuchenteig

1 EL Zucker, 1 Vanillezucker, 2 Eier → zum Teig geben. Wenn der Pfannkuchen gewendet ist, zersticht man ihn mit der Bratschaufel in kleine Stücke. Diese werden gelb geröstet, auf einer warmen Platte anrichten.

Oder

→ Man gibt den ganzen Teig auf einmal in eine weite, tiefe Pfanne. Sie wird sofort zugedeckt. Man lässt den Teig langsam anbacken, bis er unten goldbraun ist. Oben soll er nicht mehr flüssig sein. Nun wird er mit der Bratschaufel zerstochen. Man gibt noch etwas Fett hinzu und backt ihn fertig.

Gebackene Schnitten – Armer Ritter

1 Rezept Pfannkuchenteig

4 Scheiben Hefezopf → ca. 1,5 cm dick geschnitten

1/2 L Milch → vermengen
2 Eier
1 EL Zucker
1 Msp. Vanillemark

30 g Butterschmalz → die Hefezopfscheiben zuerst in die Milch-Ei-Mischung eintauchen, dann im Pfannkuchenteig wenden und im heißen Butterschmalz von beiden Seiten gold-gelb ausbacken

TIPP: Mit Puderzucker bestäuben und mit Pflaumenmus servieren.

Süße Waffeln

250 g Mehl → einen glatten Teig rühren, zuletzt den Eischnee unterheben
1/2 L Milch
2 Eigelb
1 Msp. Vanillemark
1 EL Zucker
50 g Fett, zerlassen
2 TL Backpulver
2 Eiklar, geschlagen zu Schnee

Öl → das heiße Waffeleisen reibt man mit Öl ein. Der Waffelteig wird mit einem Schöpflöffel in die Mitte gegeben, durch das Zuklappen verteilt sich der Teig, das Waffeleisen backt die Waffeln von beiden Seiten. Wenn sie gold-braun sind, legt man sie auf ein Kuchengitter.

Puderzucker → über die fertigen Waffeln stäuben

Hinweis: Die Waffeln müssen einzeln auf einem Rost erkalten. Sie werden sonst nicht kross. Je nach Größe des Waffeleisens reicht der Teig für 6–8 Ringe. Zum Backen von Waffelteig eignet sich z. B. Hefeteig, einfacher Rührteig, Sandkuchenteig. Waffeln können eingefroren werden. Man kann sie im Waffeleisen oder im Backofen auftauen.

Käsewaffeln

Zutaten		Zubereitung
250 g Mehl 1/2 L Milch 2 Eigelb 1 Pr Salz, Pfeffer 50 g Fett, zerlassen 2 TL Backpulver 50 g gerieb. Schweizerkäse 2 Eiklar, geschlagen zu Schnee	→	einen glatten Teig rühren, zuletzt den Eischnee unterheben, Käsewaffeln nur vorsichtig bräunen. Käse schmeckt rasch bitter.

Flädle

Zutaten		Zubereitung
250 g Mehl 1/2 L Milch 2 Eier 1/2 TL Salz, Muskat	→	einen glatten, flüssigen Teig rühren
30 g Fett	→	erhitzen, 12–14 dünne Flädle backen, zu Röllchen aufrollen und zu Gemüse servieren

Hinweis: Als Suppeneinlage wird 1/2 Rezept zubereitet. Die Flädle schneidet man in feine Streifen.

Pfitzauf (Kuchenmichel)

Zutaten		Zubereitung
250 g Mehl 1/2 L Milch oder Wasser 4 Eier 1 Pr Salz 1 EL Zucker	→	zu einem glatten, flüssigen Teig rühren
2 EL Butter, zerlassen	→	zuletzt unterrühren, 12 gut gefettete Pfitzaufförmchen zur Hälfte füllen, der Teig geht beim Backen über das Doppelte auf, 40–50 Minuten bei 200°C backen, 10 Minuten in der Nachwärme garen
Puderzucker, Obstkompott	→	damit bestreuen und verzieren

Hinweis: Pfitzauf kann auch mit salzig pikanten Beigaben, z. B. gerösteten Zwiebeln und Champignons, gereicht werden.

Klöße – Semmelknödel

Klöße – Grundrezept (Semmelknödel)		
4 altbackene Brötchen (ohne Fettzusatz hergest.)	→	die Kruste abreiben und das Innere in Brocken schneiden, in kaltem Wasser einweichen, gut ausdrücken und zerzupfen, das Abgeriebene wieder zugeben
1–2 Eier 1/2 TL Salz, Pfeffer 1/2 TL Thymian, frisch gehackt 1 Zwiebel, gewürfelt und gedünstet 2 EL Schmelzflocken 2 EL Petersilie, gehackt	→	zu einem glatten Teig kneten und mit bemehlten Händen Klöße formen
1–2 L Salzwasser	→	leicht sieden lassen, Klöße einlegen und garziehen

Zubereitungsregeln für Klöße

1. Klöße werden mit bemehlten Händen geformt. Im kochenden Wasser verkleistert die Stärke sofort und das gerinnende Klebereiweiß unterstützt die Formbeständigkeit.
2. In einen breiten Topf nur so viel Klöße legen, dass sie lose nebeneinander Platz haben.
3. Erst einen Probekloß garen. Hält der Teig nicht zusammen, mischt man noch etwas Grieß oder Schmelzflocken unter.
4. Die Klöße in siedendes Wasser einlegen, dann darf das Wasser nur noch leicht wallen. Kocht das Wasser sprudelnd, so zerfallen die Klöße.
5. Klöße sind etwa nach 12–15 Minuten gar und schwimmen dann an der Wasseroberfläche.

Ulmer Klöße – Speckklöße/Wurstklöße

1 Rezept Klöße

80 g Speckwürfel	→	mit den Zwiebeln des Grundrezeptes mit anschwitzen und laut Rezept weiterverarbeiten
100 g Schinkenwurst am Stück	→	in kleine Würfel schneiden
100 g Grieß	→	mit den Wurstwürfelchen unter den Teig kneten und wie gewohnt weiterverarbeiten

Serviettenkloß

4 altbackene Brötchen	→	in Würfel schneiden
30 g Fett	→	erhitzen und Würfel darin goldbraun rösten
125 g Mehl 1/4 L Milch 1–2 Eier	→	zu einem glatten Teig rühren und über die gerösteten Brötchenwürfel gießen, 30 Minuten ziehen lassen
1/2 TL Salz, Pfeffer 1 Zwiebel, gewürfelt, gedünstet 2 EL Petersilie, gehackt	→	unterkneten
Paniermehl oder Grieß	→	sollte der Teig kleben, etwas zugeben. Die Masse in eine gefettete Stoffserviette oder ein Leinentuch binden und 1 Stunde im Salzwasser garziehen lassen, herausnehmen und in Scheiben aufschneiden.

Quarkklöße

4 altbackene Brötchen	→	in Würfel schneiden
30 g Fett	→	erhitzen und Würfel darin goldbraun rösten, auskühlen lassen
250 g Quark 2–3 EL Mehl 2–3 EL Grieß 1–2 Eier 1/2 TL Salz, Pfeffer 1 Zwiebel, gewürfelt, gedünstet	→	alle Zutaten zu einem glatten Teig kneten, wie gewohnt weiterverarbeiten
1–2 L Salzwasser	→	Klöße 10–12 Minuten garziehen lassen

Leberklöße

1 Rezept Klöße		
50 g Spinat	→	die vorbereiteten, gut ausgedrückten Brötchen und der roh gewürfelte Spinat werden mit der Zwiebel kurz gedünstet
250 g Leber 2–4 EL Paniermehl 1/2 TL Thymian	→	sehr fein hacken, die restlichen Zutaten werden dazu gemischt, der Kloßteig soll gut zusammenhalten
1–2 L Salzwasser	→	mit zwei Esslöffeln legt man die Klöße ein, 8 Minuten garziehen lassen

Hinweis: Mit 150 g Spinat, 100 g Grieß und ohne Leber werden **Spinatklöße** hergestellt.

Süße Klöße

Karthäuser Klöße

8 Milchbrötchen	→	die Kruste abreiben und längs halbieren
3 Eier 3/8 L Milch 2–3 EL Zucker 1/4 Zitronenabrieb 2 Msp. Vanillemark	→	in die gewürzte Eiermilch tauchen und bewegen, bis sie weich sind, auf einem Sieb abtropfen lassen, im abgeriebenen Semmelmehl wenden
30 g Butterschmalz	→	erhitzen, Klöße darin goldbraun braten, abtropfen lassen
2 EL Zucker 2 TL Zimt	→	mischen, Klöße darin wenden

Hinweis: Gut schmeckt auch gekochtes Obst oder Weinschaum dazu.

Ofenschlupfer (Obstmichel)

4 altbackene Milchbrötchen	→	in feine Scheibchen schneiden
500 g Äpfel 100 g Rosinen	→	abwechselnd mit den fein geschnitzten Äpfeln und Rosinen in eine gefettete Auflaufform schichten, obenauf sollen Brötchen sein
1/2 L Milch 1/2 L Sahne 2 Eier 2 EL Zucker 1/2 TL Zimt 1/4 Zitronenabrieb 2 Msp. Vanillemark	→	gut verquirlen, über die Brötchenschichten gießen
30 g Paniermehl 10 g Butter	→	damit bestreuen und Fett in Flöckchen daraufsetzen. Es entsteht dadurch eine schöne Kruste, 1 Stunde bei 180°C backen, Nachwärme nutzen.

Veränderungen: 100 g Aprikosen über Nacht einweichen und anstelle der Apfel-Rosinen-Füllung einfüllen.
Je nach Vorrat und Jahreszeit können auch andere Obstarten verwendet werden. Das Obst kann auch unter den Teig gemischt werden.

Quarkofenschlupfer

4 altbackene Milchbrötchen	→	in feine Scheibchen schneiden
250 g Quark 50 g Sultaninen	→	abwechselnd mit dem gerührten Quark und den Rosinen in eine gefettete Auflaufform schichten, obenauf sollen Brötchen sein
3/8 L Milch oder Buttermilch 2 Eier 2 EL Zucker 1 EL Rum	→	gut verquirlen, über die Brötchenschichten gießen
30 g Paniermehl 10 g Butter	→	damit bestreuen und Fett in Flöckchen daraufsetzen, es entsteht dadurch eine schöne Kruste. 1 Stunde bei 180°C backen, Nachwärme nutzen.

Bunter Schlupfer

6 altbackene Milchbrötchen	→	würfeln
je 25 g Zitronat und Orangeat 50 g geriebene Nüsse je 50 g Rosinen und Korinthen	→	mischen und in eine gefettete Auflaufform füllen
1/2 L Milch 2 Eier 50 g Zucker 2 Msp. Vanillemark 1/2 TL Zimt	→	verquirlen und über den Auflauf gießen. 1 Stunde bei 180° C backen, heiß servieren.

Getreidegerichte (auch mit Tofu)

Tofu – was ist das?

Tofu wird aus hellen Sojabohnen gewonnen. Es wird auch als Sojaquark bezeichnet. Tofu enthält auf 100 g etwa 16 % Eiweiß, 5 % Pflanzenfett, 2 % Kohlenhydrate, den Rest Wasser und 90 kcal/380 kJ. Die Inhaltsstoffe sind hochwertig, das heißt, das Eiweiß enthält alle 8 essentiellen Aminosäuren und das Fett die ungesättigten Fettsäuren. Tofu enthält Kalium, Calcium, Phosphor und Vitamin E in hohen Mengen. Tofu ist leicht verdaulich und in allen Ernährungsbereichen gut einsetzbar. Tofu enthält kein Milcheiweiß und ist deshalb gut für den Speiseplan von Allergikern geeignet. Tofu hat keinen ausgeprägten Eigengeschmack und kann deshalb pikant oder süß zubereitet werden.

Getreidearten

50 g Körner pro Person für eine Mahlzeit:

Weizen Roggen Gerste Grünkern Dinkel Nackthafer	→	die Einweichzeit sollte mindestens 3–4 Stunden, besser aber 12 Stunden (über Nacht) betragen. Die Garzeit beträgt etwa 1 Stunde.
Hirse	→	keine Einweichzeit, 20 Minuten Garzeit
Buchweizen	→	2 Stunden Einweichzeit, 40 Minuten Garzeit

Buntes Getreide Curry mit Tofu

200 g Körner: Weizen, Roggen, Gerste oder Grünkern 3/4 L Gemüsebrühe	→	12 Stunden einweichen, 1 Stunde garkochen
250 g Tofu, in Würfeln 2 EL Sojasoße 1/8 L Gemüsebrühe	→	12 Stunden ziehen lassen
1 Zwiebel, gewürfelt 30 g Fett	→	erhitzen, Zwiebel glasig dünsten
1 TL Curry 1 Stange Porree (Lauch), in Ringen 250 g Möhren, gewürfelt 1/2 Knolle Sellerie, gewürfelt	→	zugeben, mitdünsten
1/2 Blumenkohl, in Röschen	→	zugeben, kurz mitdünsten
250 ml Sahne	→	zugießen
2 EL Schnittlauch, gehackt 2 EL Petersilie, gehackt 1 TL Salz, Pfeffer, geräucherter Paprika	→	würzen und salzen, 20 Minuten köcheln lassen. Die garen, heißen Körner und die Tofuwürfel zugeben, kurz erhitzen und heiß servieren.

Körnerfrikadellen (Bratlinge / Röstlinge)

200 g Körner: Grünkern, Roggen, Dinkel oder andere **oder**: 200 g Buchweizen	→	12 Std. einweichen, gut abtropfen, grob quetschen oder grob schroten, mit 1/2 L Wasser 10 Min. quellen
3 Tassen Wasser	→	mindestens 2 Stunden quellen lassen
1 Zwiebel, sehr fein gewürfelt 2 große Möhren, geraspelt 2 TL Gemüsebrühepulver 1 TL Kräutersalz, Pfeffer, Curry 3 Eier 3 EL Paniermehl und Haferflocken 3 EL Hefeflocken	→	alle Zutaten gut verkneten und die Masse kräftig abschmecken, mit nassen Händen Frikadellen formen
50 g Fett	→	erhitzen, 5 Minuten von jeder Seite braten

Veränderung: 65 g fettarmer Camembert und 100 g Champignons, fein gewürfelt, unterarbeiten.

Tofu-Bratwurst

4 Vollkornbrötchen	→	in heißem Wasser einweichen, dann gut ausdrücken
300 g Tofu	→	fein zerbröckeln
1 Zwiebel, fein gewürfelt 2 Eier 4 EL Haferflocken 3 EL Paniermehl und Hefeflocken 3 TL Gemüsebrühe 2 TL Kräutersalz Pfeffer, 1 Msp. gemahlener Fenchel	→	alle Zutaten zu einem glatten Teig verarbeiten und kräftig abschmecken, den Teig in einen Spritzbeutel ohne Vorsatz füllen
50 g Fett	→	leicht erhitzen, etwa 8 cm lange Würstchen direkt in das heiße Fett spritzen und von allen Seiten braun braten

Ungarischer Körnerauflauf mit Tofu

Zutaten		Zubereitung
200 g Körner: Grünkern, Roggen, Dinkel oder andere	→	12 Stunden einweichen
3/4 L Gemüsebrühe	→	bissfest garen, abtropfen lassen
250 g Tofu, in Würfeln 1/4 L Gemüsebrühe	→	12 Stunden einziehen lassen
je 1 rote und grüne Paprika 2 Tomaten je 1 Zucchini und Zwiebel 1 Dose Mais	→	Gemüse würfeln und mit den Körnern und dem Tofu im Wechsel in eine gefettete Auflaufform schichten
je 1/4 L Gemüsebrühe, Milch	→	aufkochen
30 g Mehl	→	kalt anrühren, Soße damit binden
100 g Schmelzkäse	→	unterrühren
Salz, Curry, geräucherter Paprika, 1/4 Zitronenabrieb	→	abschmecken, über den Auflauf gießen, 20 Minuten im vorgeheizten Ofen bei 200° C backen

Tofu-Gulasch

Zutaten		Zubereitung
400 g Tofu	→	würfeln
2 EL Mehl	→	darin wenden
1 Zwiebel, gewürfelt 30 g Fett	→	Zwiebel goldbraun braten, Tofuwürfel zugeben und ebenfalls braun braten
250 g frische Champignons	→	putzen, in Scheiben schneiden, kurz mitdünsten
2 EL Petersilie, gehackt 1 TL Salz, Pfeffer, Thymian Majoran 1/4 L Apfelsaft	→	zugeben, 15 Minuten durchziehen lassen
150 ml saure Sahne	→	einrühren, nochmals kräftig abschmecken

Dinkel-Zwiebel-Auflauf

Zutaten		Zubereitung
200 g Dinkelkörner 1/2 L Gemüsebrühe	→	2 Stunden einweichen, 50 Minuten bei schwacher Hitze ausquellen lassen
30 g Fett	→	erhitzen
6 Gemüsezwiebeln	→	in Scheiben schneiden, glasig dünsten
100 g frische Champignons	→	putzen, in Scheiben schneiden, zugeben, mitdünsten
je 1 gelbe Paprika und Möhre	→	würfeln, zugeben, kurz mit erhitzen
1 EL Curry	→	würzen, Gemüse und Körner im Wechsel in eine gefettete Auflaufform geben
150 g saure Sahne 2 Eier, 1 Bd. Schnittlauch 1/4 TL Salz, Pfeffer	→	alle Zutaten gut verquirlen, über den Auflauf gießen
100 g geriebener Käse	→	darüberstreuen, 35–40 Minuten bei 180° C backen

Grünkernpudding

200 g Grünkernschrot 400 ml Gemüsebrühe	→	15 Minuten bei schwacher Hitze quellen lassen, auskühlen lassen
20 g geriebener Käse 2 Zwiebeln, gewürfelt 1 Stange Porree, in Ringen 1 Knoblauchzehe, fein gehackt 2 Eigelb 2 EL Petersilie, gehackt 1/8 L Milch Salz, Pfeffer	→	alle Zutaten zu einer Masse verrühren
2 Eiklar, zu Schnee geschlagen	→	zuletzt vorsichtig unterheben
Fett Paniermehl	→	die Puddingform einfetten und mit Paniermehl ausstreuen, die Puddingmasse einfüllen, die Form sachgerecht verschließen und 45–50 Minuten garziehen lassen. Auf eine warme Platte stürzen und mit einer Soße nach Wahl servieren.

Hirsepfanne „Hawaii“

100 g Hirsekörner 1/2 L Salzwasser	→	20 Min. quellen lassen, wie Reis, auf einem Sieb abtropfen lassen
20 g Butterschmalz	→	erhitzen
2 TL mildes Currypulver	→	einstreuen
je 1 Zwiebel, rote Paprika	→	würfeln, goldbraun anrösten
250 g Tofu	→	würfeln, goldbraun mit anbraten
gegarte Hirse	→	zugeben, mitbraten
je 1 kl. Dose Mais und Ananasraspel	→	zugeben, alles erhitzen
Gemüsebrühe, Kräutersalz, Pfeffer	→	abschmecken

Buchweizenpfannkuchen

150 g Mehl Typ 1050 (o. Schrot) 250 g Buchweizenmehl	→	in eine Rührschüssel geben, eine Mulde eindrücken
1/8 L Wasser, lauwarm 20 g Hefe, zerbröckeln 1 EL Zucker oder Honig 4 Eigelb	→	in die Mulde geben, leicht verrühren, 30 Minuten aufgehen lassen, dann verrühren
1 Pr Salz, Pfeffer 4 Eiklar zu Schnee geschlagen 250 g Sahne, geschlagen	→	zugeben und vorsichtig zu einem glatten Teig rühren
1/4 L Öl	→	für jeden Pfannkuchen nur etwas Öl erhitzen, von beiden Seiten goldbraun braten. Es eignet sich gut eine antihaftbeschichtete Pfanne zum Braten ohne Fett.

Hirtenspieße

60 g Vollkornreis 1 L Salzwasser	→	20 Minuten garen, gut abtropfen lassen
250 g Tofu, zerpflückt 1 Zwiebel, fein gewürfelt 80 g Schmelzflocken 50 g Paniermehl 50 g Kartoffelpüreepulver 2 EL Hefeflocken (Naturkost) 4 Eier 1 TL Kräutersalz, Curry, Paprika, Pfeffer	→	alle Zutaten zu einem glatten, festen Teig verkneten und kräftig abschmecken, zu runden Bällchen formen
1 Zwiebel, geviertelt	→	Spalten abteilen
1 Zucchini, in Scheiben 1 rote Paprika, in gr. Würfel 50 g Butterschmalz	→	abwechselnd die Bällchen mit dem Gemüse auf Holzspieße geben, und in einer großen Pfanne die Spieße von allen Seiten goldbraun braten
je 1/4 L Apfelsaft und Kefir	→	in den Bratensatz gießen und aufkochen
30 g Mehl	→	anrühren, Soße damit binden und kräftig abschmecken

Reis

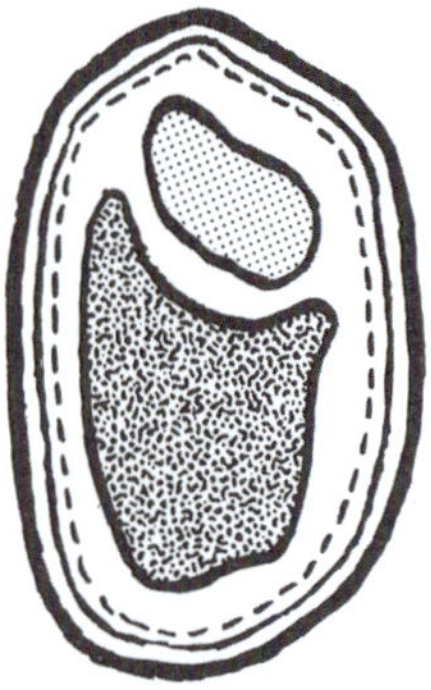

Fruchtschale Silberhäutchen	→	reich an Ballaststoffen
Aleuronschicht Keimling	→	reich an Eiweiß, Keimöl, Vitaminen (B) Mineralstoffen, Ballaststoffen
Mehlkörper	→	reich an Stärke und Eiweiß

Bei der industriellen Verarbeitung des Reiskornes wird das Korn enthülst, geschält, geschliffen und poliert. Dabei werden Fruchtschale, Silberhäutchen, Aleuronschicht und Keimling entfernt. Da der fetthaltige Keimling entfernt worden ist, ist dieser Reis für lange Zeit lagerfähig, aber nicht mehr sehr vitamin- und mineralstoffreich.

Verschiedene Reissorten

Naturreis

Rundkorn- oder Milchreis

Langkornreis

Reisflocken

Wildreis

Handelsformen vom Reis

1. **Weißreis** → enthülst, geschliffen und poliert, hat eine weiße Farbe, kann Lang- oder Rundkornreis sein

   Langkornreis → eiweißreich, nimmt viel Flüssigkeit beim Garen auf, hat eine längere Garzeit und kocht körnig, wird für salzige Speisen verwendet

   Rundkornreis → stärkereich, nimmt wenig Flüssigkeit beim Garen auf, hat eine kurze Garzeit und kocht breiig, wird für süße Speisen verwendet

   Schnellkochreis → vorgegarter Reis mit verkürzter Garzeit, auch Minutenreis genannt

   Kochbeutelreis → Garen im Kunststoffbeutel verhindert das Ansetzen bei der Zubereitung

   Parboiled-Reis → unter Hochdruck und Dampf behandelter Reis, durch diese Spezialbehandlung dringen Vitamine und Mineralstoffe in den Mehlkörper und bleiben beim Schleifen und Polieren erhalten, nach dem Garen körnig und bissfest

2. **Naturreis** → auch Braunreis oder Vollreis genannt, ist nur enthülst und nicht geschliffen und poliert, reich an Vitaminen und Mineralstoffen, durch den hohen Fettgehalt nur begrenzt haltbar

3. **Wildreis** → ist kein klassischer Reis, sondern ein Wildgetreide! Wird auch Indianerreis genannt – er ist fettarm, im Geschmack dem Reis sehr ähnlich, wird mit den Händen geerntet und ist deshalb etwas teurer.

Garmethoden für Reis

I. Garen durch Kochen
Reis in reichlich siedendem Wasser garen, je nach Sorte 15 bis 20 Minuten. Den gegarten Reis in ein Küchensieb geben und mit heißem Wasser abspülen, damit er nicht nachgart und klebrig wird. Den abgespülten Reis im Topf auf kleiner Stufe kurz trocknen lassen.

II. Garen durch Quellen
Nur soviel Flüssigkeit verwenden, wie der Reis zum Ausquellen benötigt. Dieses Garverfahren bedarf etwas Erfahrung, damit der Reis nicht anbrennt.
Regel: 1 Teil Reis – 2 1/2 Teile Flüssigkeit, z. B. 1 Tasse Reis – 2 1/2 Tassen Wasser
Die Garzeit beträgt wie beim Kochen 15 bis 20 Minuten.

III. Garen durch Anrösten und Weitergaren durch Quellen
Der Reis wird in heißem Fett angeröstet, bis er eine hellbraune Farbe hat, dann gibt man die nötige Menge heiße Flüssigkeit zu. Die Garzeiten sind wie beim Kochen.

Reisgerichte

Kochreis – Grundrezept (Brühreis)		
250 g Langkorn- oder Vollkornreis 2–3 L Flüssigkeit 1 TL Salz	→	in einem Sieb abspülen, in die kochende und gewürzte Flüssigkeit geben, 20 Minuten kochen, den garen Reis in ein Sieb abschütten und warm abbrausen, dann im Topf auf dem Herd oder im vorgewärmten Backofen einige Minuten abdampfen. Durch Abbrausen und Abdampfen wird der Reis lockerer.
1 Bd. Petersilie	→	fein hacken und damit garnieren
Veränderung: Vor dem Anrichten kann man den Reis mit zerlassener Butter übergießen und schwenken, nicht umrühren, damit der Reis körnig bleibt!		

Quellreis – Grundrezept		
250 g Langkorn- oder Vollkornreis 1/2 L Flüssigkeit 1 TL Salz	→	in einem Sieb abspülen, den Reis bei schwacher Hitze in abgemessener Flüssigkeitsmenge ausquellen lassen, bis die Flüssigkeit aufgenommen ist, die Quellzeit beträgt ca. 20–25 Minuten
1 Bd. Petersilie	→	damit anrichten

Risotto – Grundrezept		
250 g Risottoreis	→	nicht waschen!
1 Zwiebel, geschält, in feine Würfel geschnitten 3 EL Olivenöl	→	erhitzen, die Zwiebelwürfel darin glasig anschwitzen, anschließend den Reis kurz mitdünsten
1/2 Knoblauchzehe, geschält, angedrückt	→	kurz mit anschwitzen
0,1 L Weißwein	→	ablöschen und etwas einkochen lassen
1 L Brühe (Geflügel / Rinder / Gemüse)	→	immer wieder nach und nach unter stetigem Rühren zugeben. Dauer ca. 20–25 Minuten
30–40 g Butter	→	langsam einrühren
3–4 EL Parmesan, frisch gerieben	→	kurz unterrühren
Salz, Pfeffer, 1 Msp. Zitronenabrieb	→	abschmecken, in warmen Tellern anrichten, mit noch etwas frisch geriebenen Parmesan garnieren

Bunter Reisring (Reisrand)

250 g Langkorn- oder Vollkornreis	→	in einem Tuch abreiben, nicht waschen!
1 Zwiebel, fein gewürfelt 20 g Butterschmalz	→	erhitzen, Zwiebel glasig dünsten, dann den Reis kurz mitdünsten
1/2 L Brühe, kochend	→	mit gewürzter Brühe ablöschen, 20–25 Minuten ausquellen lassen
100 g feine Erbsen 100 g gegarte Möhrenwürfel	→	unter den Reis mischen, in eine sehr gut gefettete Ringform drücken, im Wasserbad 15 Minuten erhitzen und stürzen

Hinweis: Der Reisrand kann mit Geflügel in heller Soße, Gulasch, Gemüsegulasch und vielem Anderen gefüllt werden.

Rezeptübersicht – salzige Reisspeisen

Gericht	weitere Zutaten	Zubereitung
Chinesischer Reis (Kochreis)	15 g Fett 1/2 Zwiebel mit 1 Nelke gespickt	Den gegarten Reis in einer Schüssel mit Fett und der gespickten Zwiebel im Wasserbad 15 Min. nachquellen lassen.
Curryreis (Quellreis/Risotto)	1 EL Curry	Curry in die Garflüssigkeit geben.
Tomatenreis (Risotto)	1 Knoblauchzehe 1 kl. Ds Tomatenmark 50 g geriebener Käse	Den zerquetschten Knoblauch und das Tomatenmark mitdünsten. Nach dem Garen den Käse darübergeben.
Spanischer Reis (Risotto)	30 g Olivenöl statt Fett 2 Knoblauchzehen 2 EL Tomatenmark 100 g Fleischwürfel 25 g Salami, gewürfelt Salz, Pfeffer	Alle Zutaten mit Ausnahme des Reises in heißem Öl andünsten. Ablöschen, den Reis in die kochende Flüssigkeit geben und 30 Minuten quellen lassen.
Reiseintopf (Risotto)	250 g Fleischwurst 500 g Suppengemüse	Erst den Reis und dann Fleischwurst und Gemüse andünsten, garquellen lassen.

Exoten-Reistopf

Zutaten		Zubereitung
400 g Hähnchenbrustfilet	→	würfeln
30 g Butterschmalz	→	erhitzen, goldbraun anbraten
2 TL mildes Currypulver	→	zugeben, gut durchrühren
3 Zwiebeln, gewürfelt 2 saure Äpfel, gewürfelt	→	kurz mitbraten
1/2 L Brühe 1/2 TL Salz	→	zugeben, 30 Minuten garen lassen
Pfeffer, Paprika 1/4 L Wasser 200 g Reis	→	einrühren, 20 Minuten quellen lassen
1/2 Ds Mandarinen 2 Scheiben Ananas, gewürfelt	→	alles gut abtropfen lassen, unterheben und vorsichtig erhitzen, nochmals abschmecken

Serbisches Reisfleisch

Zutaten		Zubereitung
200 g Reis (Vollkornreis)	→	in einem Tuch abreiben, nicht waschen
2 Zwiebeln, gewürfelt 30 g Butterschmalz	→	erhitzen, Zwiebel glasig dünsten, Reis zugeben
200 g Tomaten, abgezogen	→	würfeln, zugeben
1 gelbe und grüne Paprika 400 g Kasselerfleisch, gewürfelt 2 EL Tomatenmark Salz, Pfeffer, Paprika	→	in feine Streifen schneiden
3/4 L Brühe	→	zugießen, 30 Minuten quellen lassen, nochmals abschmecken, heiß servieren

Eintöpfe, Aufläufe, Puddings

Erbsen-, Linsen-, Bohnensuppe

500 g Hülsenfrüchte wie Erbsen, Linsen, Bohnen 2 L Wasser	→	12 Stunden einweichen (über Nacht)
1 Bd. Suppengrün, gewürfelt 500 g Kartoffeln, gewürfelt 2 Zwiebeln, gewürfelt 150 g geräucherter, durchwachsener Speck, gewürfelt (kann auch weggelassen werden)	→	alle Zutaten mit dem Einweichwasser zum Kochen bringen, herunterschalten und 1 Stunde köcheln lassen
1 TL Salz 1,5 L Brühe	→	würzen und nochmals 40–60 Minuten köcheln lassen
2 EL Schnittlauch, fein geschnitten 2 EL Petersilie, gehackt Essig, Pfeffer, Zucker	→	zugeben und abschmecken

Hinweis: Als Einlage können Mettwürstchen, Suppenfleisch, sowie Fleisch- und Wurstreste verwendet werden. Schälerbsen brauchen nicht eingeweicht zu werden.

Kartoffelsuppe

2 Zwiebeln 2 Möhren 1 Stg Porree (Lauch) 1/2 Knolle Sellerie 1 kg Kartoffeln	→	das Gemüse putzen und in Würfel schneiden
30 g Butterschmalz	→	erhitzen
100 g durchwachsenen Speck	→	würfeln, glasig dünsten und das Gemüse mitdünsten
1,5 L kräftige Brühe 1 TL Salz	→	zugeben, 25–30 Minuten kochen lassen
2 EL Schnittlauch, fein geschnitten 2 EL Petersilie, gehackt Essig, Pfeffer, Zucker	→	zugeben und abschmecken, heiß servieren

Hinweis: Als Einlage eignen sich Fleischklößchen, Brüh- oder Kochwurst, Fleisch- und Wurstreste.

Pichelsteiner Eintopf

1 Zwiebel, gewürfelt 1 kl. Sellerieknolle, gewürfelt 1 Stg Porree (Lauch) 400 g Rindfleischwürfel 250 g Möhren, in Scheiben 250 g Wirsing oder Weißkohl, fein geschnitten 500 g Kartoffeln, geschält, in Würfel geschnitten Muskat frisch gerieben 1–2 TL Salz Suppengewürz, Pfeffer	→	in einen gut schließenden Topf zuerst die Zwiebeln, dann Sellerie, Lauch und Fleischwürfel schichten, darauf dann Möhren, Wirsing und obenauf die Kartoffeln
1/2 L Brühe	→	zugeben, Topf schließen und 1,5–2 Stunden garen
2 EL frisch gehackte Petersilie Salz nach Geschmack		

Irish Stew (Irisches Hammelgericht)

2 Zwiebeln, gewürfelt 1 kl. Sellerieknolle, gewürfelt 500 g Hammel- oder Lammfleisch, gewürfelt 500 g Wirsing oder Weißkohl, fein geschnitten 750 g Kartoffeln geschält, in Würfel geschnitten Muskat, frisch gerieben 1–2 TL Salz Suppengewürz, Pfeffer	→	in einen gut schließenden Topf zuerst die Zwiebeln, dann Sellerie- und Fleischwürfel schichten, darauf dann Möhren, Wirsing und obenauf die Kartoffeln
1/2 L Brühe	→	zugeben, Topf schließen und 1,5–2 Stunden garen
2 EL fein geschnittener Schnittlauch Salz nach Geschmack Zitronenabrieb		

Möhreneintopf

400 g Schweine- oder Rindfleisch	→ in Würfel schneiden
30 g Butterschmalz	→ erhitzen, Fleischwürfel stark anbraten
2 Zwiebeln, in Ringen	→ gut mitbräunen
750 g Möhren, gewürfelt 750 g Kartoffeln, gewürfelt 1 L Brühe 1/2–1 TL Salz, Pfeffer, Suppenwürze	→ alle Zutaten zugeben und 40 Minuten garen, kräftig abschmecken.
Salz nach Geschmack Muskat, frisch gerieben 2 EL frisch gehackte Petersilie	

Labskaus

1 Zwiebel, gewürfelt 30 g Fett	→ erhitzen, Zwiebel glasig dünsten
300 g Corned beef	→ zugeben, gut rühren
1/4 L Brühe	→ ablöschen
1 Lorbeerblatt 3 Pfefferkörner und Wacholderbeeren	→ im kleinen Kräutersäckchen beilegen, vor dem Zerstampfen wieder entnehmen
750 g Kartoffeln, gewürfelt	→ zugeben, 30 Minuten garen lassen, dann grob zerstampfen
3 Gewürzgurken, gewürfelt 2 EL Rote Beete, fein gewürfelt 1 EL Tafelessig 1/2 TL Salz, Pfeffer 1 TL Zucker, Senf	→ alle Zutaten zugeben, kräftig abschmecken, nochmals erhitzen, mit Spiegeleiern oder Matjesfilets servieren
Spiegeleier o. Matjesfilets	

Kartoffelauflauf (Bechamelauflauf)

750 g Kartoffeln, geschält	→ knapp garkochen, sie müssen noch etwas fest sein, in Scheiben schneiden
200 g Fleischwurst, gewürfelt 30 g Butterschmalz	→ erhitzen
1/2 Zwiebel, gewürfelt	→ glasig dünsten
35 g Mehl	→ darüberstäuben, gut verrühren
je 1/4 L Brühe und Milch	→ ablöschen, unter Rühren aufkochen lassen
50 g geriebener Käse	→ unterrühren, abschmecken, die Kartoffelscheiben und Wurstwürfel einlegen und 15 Minuten ziehen lassen, dann in eine gefettete Auflaufform geben
je 2 EL Paniermehl, gerieb. Käse	→ miteinander vermengen, darübergeben, 20 Minuten bei 220°C überbacken

Moussaka (Kartoffelauflauf)

750 g Pellkartoffeln	→	in Scheiben schneiden
2 EL Butterschmalz	→	erhitzen
250 g Zwiebeln, geschält, in Würfel gschnitten	→	anbraten
250 g Rinderhackfleisch	→	braun anbraten
Salz, Pfeffer, Paprikapulver	→	würzen
1 EL Petersilie, gehackt 4 gehäutete Tomaten	→	zugeben, leicht andünsten
4 Eier 0,1 L Sahne oder Milch 2 EL Speisestärke Muskat, Salz	→	verquirlen, eine Auflaufform gut einfetten, im Wechsel Kartoffeln mit der Fleischfüllung einschichten, obenauf Kartoffeln, die Eiermilch darübergießen
2 EL geriebener Käse	→	darüberstreuen, 40–50 Minuten bei 200°C backen

Nudelauflauf

250 g Nudeln / Vollkornnudeln 150 g geriebener Käse 400 g Erbsen und Möhren (Dose) (150 g Fleischwurst)	→	knapp weich kochen, abwechselnd mit dem geriebenen Käse und den Erbsen und Möhren in eine gefettete Auflaufform schichten, die oberste Schicht soll aus Nudeln bestehen
200 g saure Sahne 2 Eier 1/4 TL Salz, Pfeffer	→	verquirlen, über den Auflauf gießen
50 g geriebener Käse	→	daraufstreuen, 45–60 Minuten bei 200°C backen

Hinweis: Die gekochten Nudeln, Käse und Gemüse enthalten bereits Salz. Deshalb darf nur sehr wenig zusätzlich gesalzen werden. Der Auflauf bleibt saftiger, wenn man nach der halben Garzeit einen Deckel über die Auflaufform deckt. Die Kruste wird dann auch nicht so hart.

Reisauflauf

250 g Reis / Vollkornreis	→	knapp garkochen, abkühlen lassen
1 Zwiebel, geschält, in Würfel geschnitten 10 g Butterschmalz	→	erhitzen, Zwiebel glasig dünsten
50 g Butter 3 Eigelb	→	schaumig schlagen
1 Pr Salz, Muskat, Pfeffer 2 EL Petersilie, gehackt 250 g gegartes Gemüse n. Wahl und/oder 200 g Wurst oder Bratenreste	→	würzen, die gedünstete Zwiebel, den garen Reis, die Petersilie, das Gemüse und eventuell das Fleisch zugeben, gut verrühren
3 Eiklar zu Schnee schlagen	→	zuletzt vorsichtig unterheben, die Masse in eine gefettete Auflaufform geben
50 g geriebener Käse 2 EL saure Sahne 10 g Butterflöckchen	→	obenauf setzen und 45–60 Minuten bei 200°C backen (Nachwärme nutzen!)

Schinkenreisauflauf

250 g Reis / Vollkornreis	→	körnig kochen
1 Zwiebel, geschält, in Würfel geschnitten 20 g Butterschmalz	→	erhitzen, Zwiebel glasig dünsten
250 g Kochschinken, gewürfelt 2 EL Petersilie, gehackt	→	Reis, Zwiebeln, Schinken, Petersilie gut mischen und in eine gefettete Auflaufform geben
1/4 L Milch 3 Eier 1 Pr Salz, Muskat, Pfeffer	→	verquirlen, über den Auflauf gießen
80 g geriebener Käse	→	daraufstreuen, 40–50 Minuten bei 200°C backen (Nachwärme nutzen!)

Hackfleischpudding

Grundrezept Hackfleischteig

2 altbackene Brötchen oder 5 EL Paniermehl oder 5 EL Haferflocken	→	aufbrechen, in kaltem Wasser einweichen, gut ausdrücken und zerzupfen
1 Zwiebel gewürfelt 2 Eier, Salz, Pfeffer 1/2 TL Thymian 1/2 TL Majoran 400 g Hackfleisch Fett, Paniermehl	→	alle Zutaten zu einem glatten Teig verkneten und kräftig abschmecken, die Hackfleischmasse in eine gut gefettete, mit Paniermehl ausgestreute Puddingform füllen, fest verschließen. Im Wasserbad 1 Stunde garen lassen, stürzen und mit einer Soße nach Wahl servieren.

Hinweis: Es kann auch 500 g Gemüse, z. B. gewiegter Spinat, Erbsen oder gewürfelte Möhren unter den Teig gearbeitet werden.

Kartoffel-Gemüse-Pudding

500 g Kartoffeln, geschält	→	garkochen, heiß mit einer Gabel zerquetschen
1 Zwiebel, geschält in feine Würfel geschnitten 30 g Butterschmalz	→	erhitzen, Zwiebel glasig dünsten
1 kl. Porreestange, in Ringen 2 Möhren, gewürfelt 2 EL Petersilie, gehackt	→	zugeben, kurz mitdünsten
4 Eigelb	→	schaumig rühren
1/8 L Milch 100 g Grieß	→	langsam einrühren, alle Zutaten zusammengeben und glattrühren
1 TL Salz, Pfeffer, Paprika frisch geriebener Muskat	→	die Masse kräftig würzen
4 Eiklar zu Schnee geschlagen Fett, Paniermehl	→	zuletzt unterheben, sofort in die gefettete, mit Paniermehl ausgestreute Puddingform füllen, fest verschließen, 1 Stunde im Wasserbad garen lassen, stürzen. Mit einer Soße nach Wahl servieren.

Nachspeisen

Siehe dazu das Kapitel „Lebensmittel – Zucker in der Küche“ auf der Seite 209.

Flammerie ohne Ei – Grundrezept		
1/2 L Milch (5 EL Milch davon abnehmen)	→	aufkochen, von der Kochstelle nehmen
45 g Speisestärke 40 g Zucker Geschmackszutaten wie Mark einer halben Vanilleschote Abrieb von 1/2 Zitrone 40 g Kakaopulver	→	mit den 5 EL kalter Milch anrühren, unter ständigem Rühren in die heiße Milch geben, wieder auf die Herdplatte stellen und unter Rühren einmal aufkochen lassen. In mit kaltem Wasser ausgespülte Sturzförmchen füllen, erkalten lassen, nach 1–2 Stunden stürzen, mit einer Soße nach Wahl servieren.

Flammerie mit Ei – Grundrezept		
1/2 L Milch 5 EL davon abnehmen	→	aufkochen, von der Kochstelle nehmen
2 Eigelb 35 g Speisestärke 40 g Zucker Geschmackszutaten wie Mark einer halben Vanilleschote Abrieb von 1/2 Zitrone 40 g Kakaopulver	→	mit den 5 EL kalter Milch anrühren, unter ständigem Rühren in die heiße Milch geben, wieder auf die Herdplatte stellen und unter Rühren einmal aufkochen lassen
2 Eiklar zu Schnee schlagen	→	unter den heißen Flammerie heben, in mit kaltem Wasser ausgespülte Sturzförmchen füllen, erkalten lassen, nach 1–2 Stunden stürzen, mit einer Soße nach Wahl servieren

Mark aus einer echten Vanilleschote

Milch mit dem echten Vanillemark als Geschmacksträger

mit Milch angerührte Stärke dazugeben

geschlagener Eischnee unter die Masse heben

fein garniert servieren

Grießflammerie

$^1/_2$ L Milch 40 g Zucker 1 TL Zitronenschale 1 EL gemahlene Mandeln	→	zusammen aufkochen
60 g grober Grieß	→	einstreuen und unter Rühren aufkochen, ausschalten und 10 weitere Minuten auf der noch heißen Herdplatte unter gelegentlichem Rühren ausquellen lassen
2 Eigelb	→	glattrühren, 2–3 EL der heißen Grießmasse einrühren, jetzt erst zur ganzen Flammeriemasse geben
2 Eiklar zu Schnee geschlagen	→	unter die noch heiße Flammeriemasse heben, in eine mit kaltem Wasser ausgespülte Schüssel oder Förmchen füllen, nach 1–2 Stunden stürzen, mit einer Soße nach Wahl servieren

Hinweis: Statt Zitronenschale kann $^1/_2$ TL Zimt genommen werden.

Süße gebratene Grießschnitten

1 L Milch 40 g Zucker 1 TL Zitronenschale	→	zusammen aufkochen
300 g grober Grieß	→	einstreuen und unter Rühren aufkochen, ausschalten und 10 Minuten unter gelegentlichen Rühren auf der heißen Kochstelle ausquellen lassen
2 Eier	→	unterrühren, die Masse auf ein nasses Backblech schütten, mit einer feuchten Palette oder einem feuchten Messer fingerdick ausstreichen, erkalten lassen. Die erkaltete Masse in beliebig große, viereckige Stücke schneiden, von beiden
60 g Fett, erhitzen	→	Seiten goldbraun braten.

Hinweis: Nach Wunsch können die Schnitten vor dem Backen in zerquirltem Ei und Weckmehl gewendet werden.

Gekochte Creme – Grundrezept		
1/2 L Milch	→	aufkochen, von der Kochstelle nehmen
5 EL davon abnehmen 1 Eigelb 40 g Zucker 1 Vanillezucker 30 g Speisestärke	→	anrühren, unter Rühren in die heiße Flüssigkeit gießen, einmal aufkochen lassen, dabei ständig rühren, sonst setzt die Creme an
1 Eiklar zu Schnee schlagen	→	unter die heiße Creme heben, in eine Schüssel füllen und erkalten lassen

Veränderungen:

Vanillecreme Vanilleschote aufschneiden und mit dem ausgekratzten Mark in die Flüssigkeit geben, mit aufkochen, Schote entfernen.

Erdbeercreme 1/2 kg gezuckerte Erdbeeren unter die erkaltete Vanillecreme geben, kühl gestellt ziehen lassen.

Haselnusscreme 50 g Haselnüsse im Backofen trocken rösten, bis sich die Haut leicht abreiben lässt, zerkleinern, in die kalte Milch geben und mitkochen.

Mandelcreme 50 g abgezogene, geriebene Mandeln in die kalte Milch geben und mitkochen.

Moccacreme 1 EL Kaffeepulver und 1 EL Zucker zusätzlich in die kalte Milch geben.

Schokoladencreme 100 g geriebene Schokolade oder 100 g geriebene Blockschokolade oder 50 g Kakao in die kalte Milch geben.

Karamellcreme 2–3 EL Zucker für Karamell trocken erhitzen, mit 4 EL kochendem Wasser ablöschen, dann die Milch zugießen und wie gewohnt weiterarbeiten.

Abgeschlagene Creme – Grundrezept		
1/2 L Milch 2 Eigelb 40 g Zucker 1 Vanillezucker 30 g Speisestärke	→	alle Zutaten in einen hohen Kochtopf geben, kalt anrühren und mit dem Schneebesen oder dem Handrührgerät auf niedrigster Stufe bis zum Kochen schlagen
2 Eiklar zu Schnee geschlagen	→	unter die heiße Creme heben, in eine Schüssel füllen und erkalten lassen

Abgeschlagene Creme mit Gelatine

2 Eigelb 2 EL Zucker 1 Vanillezucker	→	zusammen schaumig schlagen, bis eine hellgelbe Masse entstanden ist
1/4 L Milch	→	zugießen, die Schüssel ins heiße Wasserbad geben, die Masse aufschlagen bis sie fast kocht, sofort aus dem Wasserbad nehmen, sonst fällt der Schaum zusammen
4 Bl Gelatine, eingeweicht gut ausgedrückt	→	in die heiße Masse geben und vorsichtig rühren, bis sich die Gelatine vollständig aufgelöst hat, die Masse kaltstellen
1/8 L Schlagsahne, geschlagen 2 Eiklar zu Schnee schlagen	→	unter die Masse heben. Wenn sie am Rand zu gelieren beginnt und beim Durchrühren „Straßen“ zieht, in Schälchen füllen
Makronen, Früchte u. ä.	→	zum Verzieren

Hinweis: Veränderungen können wie bei der gekochten Creme auf Seite 162 vorgenommen werden.

Kaltgerührte Creme – Grundrezept		
4 Eigelb 100 g Zucker 1 Vanillezucker	→	schaumig schlagen, bis eine hellgelbe Masse entsteht
1/2 L Flüssigkeit (Milch / Saft / Wein) oder:	→	langsam in die Schaummasse rühren
1/4 L Flüssigkeit	→	langsam in die Schaummasse rühren
1/4 L Sahne geschlagen	→	erst nach dem Gelieren unterheben!
6 Blatt Gelatine oder: 1 Tüte gemahlene Gelatine	→	nach Anweisung vorbereiten, siehe dazu das Kapitel „Lebensmittel Gelatine“, also kalt einweichen, auflösen, Temperatur angleichen, sonst gibt es Klümpchen, einrühren, die Masse kaltstellen
4 Eiklar zu Schnee geschlagen	→	mit der geschlagenen Sahne unterheben. Wenn die Masse anfängt zu gelieren, in Gläser oder Schälchen füllen.

Verschiedene abgeschlagene Cremes

1 Rezept „Abgeschlagene Creme mit oder ohne Gelatine“

Sauermilchspeise	→	1/2 L Sauermilch oder Kefir
Buttermilchspeise	→	1/2 L Buttermilch
Ambrosiacreme	→	1/2 L saure Sahne, 1 Blatt rote Gelatine
Fruchtsaftcreme	→	1/2 L Fruchtsaft, z. B. Kirsch, Apfel, Orange (bei rotem Saft rote Gelatine verwenden)
Weincreme	→	1/2 L Weiß- oder Rotwein (es kann rote Gelatine verwendet werden)

Russische Creme

2 Eigelb 125 g Zucker 1 Vanillezucker	→	schaumig rühren
3 EL Rum	→	unterrühren
1/2 L Sahne, geschlagen	→	unterheben, in Weingläser füllen
Makronen	→	damit verzieren, nicht zu lange stehen lassen, die Creme wird dann wieder flüssig

Gefüllte Orange

4 Orangen	→	halbieren, das Fruchtfleisch vorsichtig entfernen und auspressen
1 Zitrone, gepresst 80 g Zucker	→	im Saft auflösen
4 Bl weiße Gelatine	→	kalt einweichen, in dem leicht erwärmten Zitronensaft-Zucker-Gemisch auflösen, zugeben, kaltstellen
3/8 L Sahne, geschlagen	→	wenn die Masse anfängt zu gelieren, 2/3 unterheben, in die leeren Orangenschalen oder Gläser füllen, mit dem Rest der Sahne verzieren, kaltstellen

Erdbeerspeise

500 g Erdbeeren	→	putzen, pürieren
150 g Zucker 1 Vanillezucker	→	unterrühren
2 EL Kirschlikör 1 EL Zitronensaft	→	extra nehmen, dann
3 Bl weiße Gelatine 1 Bl rote Gelatine	→	kalt einweichen, in leicht erwärmten Likör-Zitronensaft-Gemisch auflösen, einarbeiten, kaltstellen
½ L Sahne, geschlagen	→	wenn die Masse anfängt zu gelieren, unterheben, in Gläser oder Schälchen füllen, kaltstellen

Zitronenspeise

2 Eigelbe 100 g Zucker	→	schaumig schlagen, bis die Masse hellgelb ist
2 Eiklar zu Schnee geschlagen	→	vorsichtig unter die Eigelbmasse heben
2 Zitronen, Saft gepresst 2 Bl Gelatine	→	die kalt eingeweichte und gut ausgedrückte Gelatine in dem leicht erwärmten Zitronensaft auflösen, in die Schaummasse einrühren, kaltstellen
¼ L Sahne, geschlagen 1 Msp. Vanillemark	→	unter die gelierende Masse heben, portionieren und kaltstellen, evtl. mit Sahne und Schokostreuseln verzieren

Schokoladenspeise

125 g Schokolade ⅛ L Milch	→	in der Milch so lange kochen, bis die Masse dicklich wird, abkühlen lassen
100 g Butter 100 g Zucker 1 Vanillezucker	→	schaumig schlagen, die Schokoladenmasse hineinrühren
125 g Löffelbisquit, zerbröckeltn	→	die Creme wird abwechselnd mit Bisquitstücken in eine Glasschüssel geschichtet, oben und unten soll Creme sein
¼ L Sahne, geschlagen	→	mit einer dicken Schicht Sahne bedecken

Speiseeis

Fruchteis – Grundrezept		
500 g Früchte: Erdbeeren, Kirschen, Himbeeren, Pfirsiche, Bananen u. a.	→	sehr fein pürieren
1 Zitrone, gepresst	→	unterrühren
1/4 L Sahne, leicht angeschlagen 150 g Zucker 1 Vanillezucker	→	unterrühren und gefrieren

a) die Eismasse in eine Cromarganschüssel geben und in eine Kältemischung aus 1 Teil Eiswürfel, 3 Teilen Speisesalz, aufgefüllt mit etwas Wasser, stellen, unter Rühren bildet sich eine cremige Eismasse

b) in einer Eismaschine gefrieren

Eiscreme – Grundrezept		
1/4 L Milch 1/4 L Sahne 4 Eigelb 100 g Zucker 1 Vanillezucker 20 g Speisestärke	→	alle Zutaten in einen hohen Kochtopf geben, kalt anrühren und mit dem Schneebesen oder dem Handrührgerät auf niedrigster Stufe bis zum Kochen schlagen, die Creme unter Umrühren erkalten lassen
1/8 L Sahne, geschlagen	→	unter die kalte Creme heben und gefrieren

Geschmacksveränderung:

Vanilleeis	1 Vanilleschote aufschneiden und auskratzen.
Schokoladeneis	100 g fein geriebene Schokolade
Haselnusseis	50 g gemahlene Nüsse
Karamelleis	50 g Zucker karamellisieren.
Krokanteis	50 g gehackte Mandeln in 100 g Zucker hellbraun rösten, erkalten lassen und fein zerstoßen.
Mokkaeis	4 EL lösliches Mokkakaffeepulver

Quarkschnee mit Obst

Zutaten		Zubereitung
250 g Quark 1/8 L Milch 1 Vanillezucker 2 EL Zucker 1 TL Zitronenschale 1/4 L Sahne, geschlagen	→	alles zu einer glatten Masse rühren und kräftig abschmecken
500 g Obst nach Wahl	→	putzen und in Scheiben oder Würfel schneiden
1 Zitrone, gepresst	→	Obst damit beträufeln, damit es nicht braun wird. Quarkmasse und das Obst schichtweise in Gläser oder auf Tellerchen anrichten und mit Obst verzieren.

Rote Grütze

Zutaten		Zubereitung
1 kg Beerenobst gemischt 1 Zitrone, gepresst 1/4 L Obstsaft, z. B. Apfel-, Orangen-, Traubensaft 150 g Zucker nach Geschmack	→	z. B. Himbeeren, Erdbeeren, Stachelbeeren, Brombeeren, Johannisbeeren putzen, alle Zutaten zusammen aufkochen und 5 Minuten ziehen lassen, den Saft durch ein Sieb abgießen
80 g Sago oder 50 g Speisestärke	→	den Saft damit binden, Sago 15 Minuten quellen lassen, das Obst wieder zufügen, abkühlen lassen, dabei öfter umrühren, damit sich keine Haut bildet

Hinweis: Dazu halbflüssige Sahne oder Vanillesoße servieren.

Frucht- oder Weingelee – Grundrezept

Zutaten		Zubereitung
1/2 L Fruchtsaft oder Wein 1 Vanillezucker Zucker nach Geschmack 1 Zitrone, gepresst	→	in der Flüssigkeit auflösen, eventuell dazu etwas erwärmen, dann löst sich der Zucker besser, jedoch dauert das Gelieren länger
6 Bl Gelatine oder 1 Tüte gemahlene Gelatine	→	einweichen, auflösen, zugeben (Hinweise zur Gelatineverarbeitung stehen im Kapitel „Lebensmittel Gelatine“ auf den Seiten 211 und 212), Gelee in Gläser schütten und zum Festwerden in den Kühlschrank stellen, Gelierdauer etwa 2 Stunden

Hinweis: Gelees lassen sich gut am Vortag zubereiten.

Sherry-Mokka-Gelee

Zutaten		Zubereitung
1/4 L starker Kaffee 2 EL Instantkakaopulver 1/8 L Sherry 1 Vanillezucker 100 g Zucker nach Geschmack	→	einrühren, bis sich alles aufgelöst hat
6 Bl Gelatine oder 1 Tüte gemahlene Gelatine	→	einweichen, auflösen, zugeben (siehe dazu Kapitel „Lebensmittel Gelatine" Seite 211)
1/4 L Sahne, geschlagen	→	wenn die Masse anfängt zu gelieren, die Sahne unterheben, Gelee in Gläser schütten und zum Festwerden in den Kühlschrank stellen, Gelierdauer etwa 2 Stunden

Früchtemüsli

Menge für 4 Personen:

Zutaten		Zubereitung
6 EL Haferflocken 1/8 L Apfelsaft	→	15 Minuten aufquellen lassen
150 g Joghurt 1 EL Honig 40 g geriebene Nüsse 1 Apfel, gewürfelt 1 Birne, gewürfelt 1 Banane, gewürfelt 2 EL Zitronensaft 1 Msp. Vanillemark	→	alle Zutaten zusammenrühren, möglichst sofort verzehren

Kompott

Verschiedene Obstkompotte

Fruchtsorte	Menge	Flüssigkeit	Zucker	Geschmackszutaten	Garzeit
Apfelkompott	750 g	1/2 L	80–100 g	Stangenzimt /Zitrone	10–15 Min.
Birnenkompott	750 g	1/2 L	60 g	1 EL Zitronensaft	20–60 Min.
Kirschkompott	750 g	3/8 L	80 g	Stangenzimt	20 Min.
Rhabarberkompott	750 g	1/2 L	150 g	1 Msp. Natron Zimt / Zitrone	5–8 Min.
Erdbeerkompott	750 g	1/4 L	80 g	1 EL Zitronensaft	10 Min.
Brombeerkompott	750 g	1/4 L	100 g	1 EL Zitronensaft	20 Min.
Heidelbeerkompott	750 g	1/4 L	100 g	1 EL Zitronensaft	20 Min.
Johannisbeerkompott	750 g	1/4 L	150 g	1 EL Zitronensaft	20 Min.
Zwetschgenkompott	750 g	1/4 L	60 g	Stangenzimt	15–20 Min.
Aprikosenkompott	750 g	1/4 L	nach		15–20 Min.
Pfirsichkompott	750 g	1/4 L	Geschmack		15–20 Min.

Das Obst gründlich waschen, schälen, entkernen oder abziehen, wenn nötig (Rhabarber, Pfirsiche) in Stücke schneiden. Das Obst in das kochende Wasser geben und garen. Die Zuckermenge richtet sich etwas nach dem Reifegrad der Frucht und dem persönlichen Geschmack. Um Energie zu sparen, kann auch Süßstoff verwendet werden.
In das abgekühlte Kompott können Wein oder Rum gegeben werden. Das Kompott schmeckt gut zusammen mit Vanillesoße oder Sahne.

Obstschnee

300 g Erdbeeren oder Kirschen, Äpfel, Bananen, Birnen	→	säubern, zum Verzieren ein paar zurücklassen
1 EL Zitronensaft 2 EL Zucker 1 Vanillezucker 1/8 L Wasser 2 EL Rum	→	pürieren
6 Bl weiße oder rote Gelatine	→	einweichen, auflösen, zugeben
1/4 L Sahne, geschlagen	→	unter die dickliche Masse ziehen, in Schälchen füllen und verzieren

Das Mehl

Mehl bildet die Grundlage für jeden Teig. Dieses beruht auf seinen Kleber-Kleister-Eigenschaften. Diese Eigenschaften liegen in den Hauptbestandteilen des Mehls begründet, den Stärketeilchen (70–75%) und den Eiweißteilchen (10–15%). Die Eiweißteilchen heißen Gliadin und Glutelin. Die Bindefähigkeit des Mehls beruht auf dem Quellen, Verkleben und Verkleistern seiner Bestandteile. Dieses läuft in vier Schritten ab.

1. In warmem Wasser bis 60–70°C quellen die Eiweißteilchen. Sie nehmen ein Vielfaches ihres Eigengewichtes an Wasser auf.
2. Die Eiweißteilchen lagern sich in gequollenem Zustand zu Kleberfäden zusammen.
3. Bei Temperaturen über 70°C werden diese Eiweißteilchen fest, sie gerinnen und binden einen Teil der Flüssigkeit. Der Rest der Flüssigkeit wird wieder frei.
4. Die freiwerdende Flüssigkeit wird von den Stärketeilchen aufgenommen und die Stärketeilchen verkleistern.

Diese Kleber- und Kleisterbildung läuft nebeneinander ab. Während der Kleber die Flüssigkeit, die er nicht bindet, nach und nach abgibt, nimmt der Kleister die freiwerdende Flüssigkeit schon wieder auf. Beide Stoffe werden fest und bilden das Stärke-Kleber-Gerüst oder auch Krume genannt.

An der Oberfläche des Gebäcks wird ein Teil der Stärke zu Dextrin, ein Teil des Eiweißes in Röststoffe umgewandelt. Diese Schicht bildet dann die braune Kruste.

Der Zucker

Zucker ist erst einmal Geschmacksstoff. Er fördert außerdem das Bräunen und karamellisiert in der Hitze. Somit entstehen weitere Geruchs- und Geschmacksstoffe. Man verwendet möglichst feinkristallinen Zucker. Er ist leichter löslich. Nicht alle Teige können ohne Zucker hergestellt werden, da die Zuckerkristalle die Teigstruktur beeinflussen, z.B. Bisquitteig.

Honig trägt durch seinen Eigengeschmack zu einer besonderen Note des Gebäcks bei. Wird Gebäck mit Honig bestrichen, so bildet sich eine angenehme Kruste.

Süßstoff ist ein Geschmacksträger „ohne Körper". Bei seiner Verwendung müssen die anderen Zutaten angepasst werden.

Das Fett

Das Fett macht die Teige geschmeidig. Das Gebäck wird fein und elastisch. Man verwendet Butter oder Margarine. Sie sind Emulsionen, das bedeutet, dass sie sich besonders fein im Teig verteilen, und ihr Wassergehalt fördert außerdem die Teiglockerung. Zusätzlich kann Luft durch schaumig geschlagenes Fett in den Teig eingearbeitet werden. Luft wirkt beim Backvorgang lockernd. Bei der Herstellung von Mürbeteig schiebt sich das Fett zwischen die Eiweiß- und Stärketeilchen, so dass kein Kleber entstehen kann. Es entsteht ein krümeliges, mürbes Gebäck.

Ein Teil des Fettes kann durch fetthaltige Nüsse oder Mandeln ersetzt werden.

Die Eier

Die Eier sind aus mehreren Gründen bei der Teigbereitung wichtig:

- Das Ei bindet beim Erhitzen nicht nur seine Eigenflüssigkeit, sondern nochmal sein Gewicht an Fremdflüssigkeit, z. B. ein Ei von 50 g bindet 50 g = 3 EL Milch.
- Das Eiklar kann zu Schnee geschlagen werden. Die eingeschlagene Luft dehnt sich in der Backhitze aus und lockert so das Gebäck, z. B. besonders beim Bisquitteig.
- Durch Eier wird der Geschmack und das Aussehen verbessert. Durch das Bestreichen mit Eigelb bekommt das Gebäck ein besonders schönes Aussehen.
- Gibt man Eigelb in den Teig, so wird er saftig, aber auch fettreicher (Cholesterin). Gibt man dagegen Eiklar in den Teig, so wird er trocken.

Die Flüssigkeit

Ohne Flüssigkeit ist keine Teigbereitung möglich. Für die Kleber-Kleister-Bildung muss eine ausreichende Flüssigkeitsmenge vorhanden sein. Die Höhe dieser Menge richtet sich nach der Teigart.
Die Flüssigkeit dient außerdem als Lockerungsmittel. In der Backhitze verdampft die Flüssigkeit, will nach oben entweichen und nimmt dabei den Teig mit hoch.
Es werden hauptsächlich Wasser und Milch verwendet. Es kann aber auch Buttermilch oder Sauermilch genommen werden.

Lockerungsmittel

Backpulver, Natron, Pottasche und Hirschhornsalz

Bei Teigen mit wenig lockernden Zutaten wird ein Lockerungsmittel zugegeben. Das Lockerungsmittel bildet im feuchten Teig das Gas Kohlendioxid. Dieses Gas will nach oben entweichen, nimmt dabei das Teiggerüst mit hoch, das Kleber-Stärkegerüst wird in der Backhitze fest und es entsteht eine porige Krume.

Arbeitsregeln im Umgang mit Lockerungsmitteln

- Backpulver erst mit 2 Esslöffel Mehl mischen und zuletzt in den Teig geben. Sofort abbacken und langes Stehenlassen vermeiden.
- Natron eignet sich nur für fettarme Teige, da es mit Fett einen seifigen Geschmack entwickelt.
- Pottasche erst in Flüssigkeit lösen und dann in den Teig geben.
- Hirschhornsalz nur für flaches Gebäck verwenden, da sonst ein unangenehmer Geschmacksrückstand bleiben kann. Hirschhornsalz erst in kalter Flüssigkeit anrühren, eventuell durch ein Sieb in den Teig geben, damit keine Klümpchen zurückbleiben.

Die Hefe

Die Hefe besteht aus den Hefepilzen. Hefepilze sind kugelige, einzellige Lebewesen, die aus Zellwand, Zellkern und Zellflüssigkeit bestehen. Sie werden Sprosspilze genannt, da sie sich durch Sprossung vermehren. Dabei entstehen Sprossverbände. Die Tochterzellen bleiben eine Zeit lang mit der Mutterzelle verbunden und bilden so den Spross.

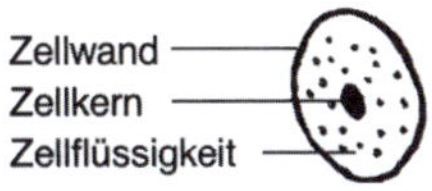

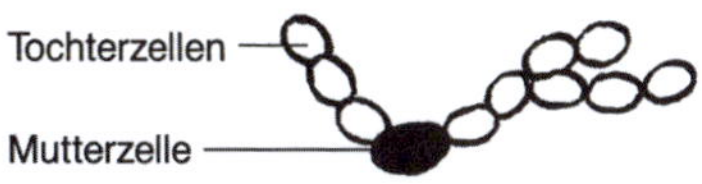

Hefe enthält Eiweiß, Mineralstoffe und viele Vitamine. Hefe wird im Haushalt hauptsächlich als Teiglockerungsmittel verwendet.

Die Lebensbedingungen der Hefe

I. Nahrung

1. Zucker und wenig Mehl

Das im Mehl enthaltene Ferment Diastase und die Amylase der Hefe bauen die Stärke des Mehls zu Malzzucker um. Die Maltase der Hefe spaltet Malzzucker in Traubenzucker. Die Zymase der Hefe spaltet den Traubenzucker in Alkohol und Kohlendioxid. Der Traubenzucker ist also die Nahrung für die Hefe. Das Kohlendioxid steigt in der Wärme nach oben und treibt den Teig in die Höhe. Der Alkohol verdunstet bei ca. 78°C und wirkt dadurch ebenfalls lockernd. Diesen Prozess der Gasbildung bezeichnet man als Gärung.

Schema der alkoholischen Gärung im Teig

Diastase des Mehls

Amylase der Hefe	→	Stärke zu Malzzucker
Maltase der Hefe	→	Malzzucker zu Traubenzucker
Zymase der Hefe	→	Traubenzucker zu Alkohol und Kohlendioxid

2. Fett

Umgeben Fetttröpfchen die einzelnen Hefezellen, so kann die Nahrung nicht eindringen und aufgenommen werden. Die Hefe kann nicht „aufgehen".

3. Salz und viel Zucker

Salz und viel Zucker wirken stark hygroskopisch (wasseranziehend) und entziehen der Hefe die notwendige Lebensflüssigkeit.

II. Flüssigkeit

Ohne Flüssigkeit können die Hefepilze nicht wirksam werden. Es werden lauwarme Milch oder lauwarmes Wasser verwendet.

III. Wärme

Hefe entwickelt sich am besten bei einer Temperatur von 30–37°C. Bei einer Temperatur ab 60°C wird die Hefe unwirksam. Alle Zutaten sollten darum warm sein, aber nicht zu heiß. Zum Aufgehen (Aufgären) wird der Teig an einen warmen Ort gestellt, jedoch darf es auch hier nicht zu warm sein. Gut eignet sich ein warmes Wasserbad oder im Sommer die Sonnenbestrahlung.

IV. Luft

Hefe braucht zur Vermehrung unbedingt Luft. Darum ist es zweckmäßig, das Mehl zu sieben und den Teig kräftig zu schlagen. Auch beim Aufgehen muss der Teig viel Luft bekommen. Da Zugluft schadet, wird der Teig mit einem Tuch abgedeckt.

Merksätze:

1. Hefe braucht zum Leben Nahrung, Flüssigkeit, Luft und Wärme.
2. Hefe spaltet Traubenzucker in Alkohol und Kohlendioxid.
3. Kohlendioxid dehnt sich in der Backofenwärme aus, steigt nach oben und hebt dabei den Teig.
4. Alkohol verdampft ab ca. 78°C.
5. Niemals zuviel Fett, Salz oder Zucker direkt zur Hefe geben.
6. Den Teig an einem warmen, zugluftfreien Ort bis zum Doppelten seines Volumens aufgehen lassen.

Der Mürbeteig

Zutaten Fett : Mehl	Rezept I 1 : 1	Rezept II 1 : 2	Rezept III 1 : 4
Fett	250 g	125 g	65 g
Mehl	250 g	250 g	250 g
Zucker	65 g	65 g	65 g
Ei	1 Eigelb	1 Stück	1 Stück
Wasser	—	—	2 EL
Backpulver	—	—	1 TL

Zubereitung mit der Hand

Mehl	→	auf ein Backbrett sieben, eine Vertiefung in die Mitte drücken
Fett	→	in Flöckchen auf den Mehlrand setzen
Zucker	→	in die Vertiefung streuen
Ei	→	auf den Zucker geben, mit einer Gabel zu einem Brei verrühren
Backpulver	→	auf den Mehlrand geben
Wasser	→	zum Ei-Zuckergemisch geben, mit Teigkarten oder Messern alle Zutaten gut durchhacken, mit den Händen schnell zu einem glatten Teig kneten

Zubereitung mit der Maschine:

Im Gegensatz zur Zubereitung mit der Hand werden die Zutaten nicht auf ein Brett, sondern in eine Schüssel geschichtet. Jetzt mit den Knethaken des Handrührgerätes arbeiten. Erst Ei und Zucker verrühren und dann nach außen hin weiterarbeiten. Nur solange kneten, bis ein glatter Teig entstanden ist. Es liegt etwas an der Rührtechnik mit dem Gerät, ob ein Kloß entsteht. Wer diese Technik nicht richtig beherrscht, knetet mit dem Handrührgerät vor und kurz mit der Hand nach, bis sich ein glatter Teig bildet.

Arbeitsregeln:

- Backform fetten, Ofen vorheizen, Geräte bereitstellen!
- Zutaten bereitstellen und den Teig kneten!
- Der Teig darf nicht kleben, Vorsicht – nicht zuviel Mehl unterkneten, sonst wird der Teig zu fest, lieber etwas kaltstellen!
- Den Teig nur auf kalte Backformen geben!
- Das Gebäck nur gut gekühlt abbacken, sonst zerläuft es!
- Am besten erst das Gebäck, z. B. Plätzchen, formen, dann kaltstellen, denn durch das Formen wird der Teig wieder warm!
- Gebäck goldbraun backen!
- Plätzchen sofort vom Blech nehmen, sonst backen sie an!
- Tortenböden erst etwas auskühlen lassen, dann vorsichtig stürzen!

Backtemperatur:	220° C , Gas Stufe 4
Backzeit:	ca. 10–15 Minuten je nach Gebäck
Backhöhe:	mittlere und obere Schiene

Vollwertkost – Mürbeteig

250 g feingemahlenes Weizenvollkornmehl	→	auf Backbrett sieben
1 Pr Salz 1/2 TL Zitronenschale oder Vanillemark oder 1 Pr Zimt	→	untermischen
125 g kalte Butter	→	in Scheiben schneiden, mit einem Messer unter das Mehl hacken, dabei von außen nach innen arbeiten, zusammenschieben
2 EL Ahornsirup, Dicksaft oder Honig 1 Ei	→	mit einer Gabel unterkneten
2 EL Rum oder Wein saure oder süße Sahne oder Milch, Wasser	→	den Teig gut durchkneten, dabei soviel Flüssigkeit zugeben, wie der Teig leicht aufnimmt

Arbeitsregeln: Die Arbeitsregeln sind die gleichen wie beim üblichen Mürbeteig!

Mürbeteig gleichmäßig ausrollen

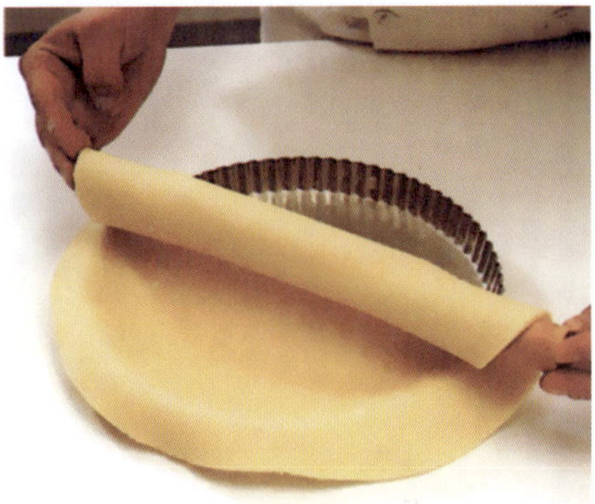

Teig vorsichtig in die Form einpassen

Mit einer Gabel einige Male einstechen

Backpapier für die Linsen oder Erbsen für das Blindbacken einpassen

Backpapier mit den Linsen oder Erbsen nach dem Blindbacken entfernen

Nach dem Blindbacken kann die Creme oder Füllung auf den Boden gegeben werden

Rezepte für Mürbeteiggebäck

Feiner Apfelkuchen

1 Rezept Mürbeteig oder Vollwertkost-Mürbeteig	→	etwa 1/2 cm dick viereckig ausrollen, auf ein gefettetes Backblech legen
1 kg Backäpfel	→	schälen, halbieren, entkernen, fächerartig einschneiden, auf den Mürbeteig legen
40 g Butter oder Margarine	→	zerlassen, Äpfel damit bestreichen
60 g Sultaninen 60 g Mandelstifte	→	waschen, darüberstreuen
50 g Zucker 1 TL Zimt 1 Msp. Vanillemark	→	vermischen, darüberstreuen, 40–45 Minuten bei 200°C backen, 10 Minuten Nachwärme, mittlere Schiene im konventionellen Backofen

Hinweis: Der Kuchen schmeckt am besten, wenn er gerade ausgekühlt ist.

Veränderung: Gedeckter Apfelkuchen

Zutaten wie oben angegeben.
Zubereitung:
- die Äpfel werden bissfest gegart.
- den Mürbeteig in 3/4 zu 1/4 teilen.
- 3/4 des Teiges für den Boden und Rand, 1/4 für die Decke verwenden. Die Decke mit Dosenmilch oder Eigelb bestreichen.

Es können auch andere Obstsorten für offene oder gedeckte Mürbeteigtorten verwendet werden:
- Rhabarber
- Johannisbeeren
- Kirschen
- Stachelbeeren
- Heidelbeeren

Linzer Torte

200 g Fett 200 g Zucker 1 Msp. Vanillemark 200 g geriebene Mandeln 200 g Mehl, 1 TL Zimt 1 Pr Nelken 2 Eigelb	→	einen gehackten Mürbeteig herstellen, 2/3 des Teiges etwa 1 cm dick ausrollen und in eine gefettete Springform geben, am Rand etwas hochdrücken
200 g rote Marmelade	→	glattrühren und den Boden damit bestreichen, aus 1/3 des Teiges dünne Teigstreifen schneiden oder rollen und als Gitter auf die Marmelade legen
50 g gehackte Mandeln	→	darüberstreuen, 45 Minuten bei 180°C backen, 10 Minuten in der Nachwärme stehenlassen

Der Rührteig

Grundrezept – Herkömmliche Zubereitung		
250 g weiche Margarine oder Butter 250 g Zucker 1 Pr Salz 1 Msp. Vanillemark	→	schaumig schlagen
4 Eier	→	nach und nach unterschlagen
500 g Mehl 1/8 L Milch	→	abwechselnd zugeben und durchrühren
1 Pck Backpulver 3 EL Mehl	→	mischen, schnell unterrühren

All-in-Methode:

Die Zutaten wie folgt in eine Schüssel schichten:

Mehl und Backpulver mischen

Zucker

Eier

Fett

Flüssigkeit

Alle Zutaten kräftig mit dem Handrührgerät oder der Küchenmaschine zu einem cremigen Teig rühren.

Arbeitsregeln:
- Backform fetten, Backofen vorheizen!
- Geräte alle bereitstellen!
- Die Zutaten sollten alle Zimmertemperatur haben, das Fett weich sein!
- Zutaten vorbereiten, z. B. Mehl sieben, Eier prüfen, Mehl und Backpulver mischen, Obst putzen!
- Den Teig rühren – Backpulver zum Schluss zugeben!
- Der Teig muss schwer reißend vom Löffel fallen!
- Den Teig sofort abbacken!
- Garprobe mit einem Holzstäbchen machen!
- Etwas auskühlen lassen, den Rand lösen und stürzen!
- Vor dem Verzehr gut auskühlen lassen!

Backtemperatur: 180–200°C , Gas Stufe 3–4

Backzeit und Backhöhe richten sich nach dem jeweiligen Gebäck.

Vollwertkost-Rührteig

Zubereitung:

200 g zimmerwarme Butter	→	cremig rühren
4 Eier 150 g Ahornsirup oder flüssiger Honig	→	verquirlen und löffelweise unter die Butter rühren
1 TL Zitronenschale oder Zimt 1 Msp. Vanillemark	→	würzen
500 g feingemahlenes Weizenvollkornmehl 1 Pck Backpulver	→	mischen, sieben
$^{1}/_{16}$ L kalte Milch	→	abwechselnd mit dem Mehl-Backpulvergemisch unterrühren

Arbeitsregeln:
- Vorbereitungsarbeiten wie beim üblichen Rührteig!
- Der Teig muss zähflüssig werden!
- Den Teig sofort abbacken!
- Garprobe mit einem Holzstäbchen machen!
- Den fertigen Kuchen erst 10–15 Minuten auskühlen lassen, dann den Rand lösen und stürzen!
- Den Kuchen vor dem Verzehr mindestens 6 Stunden ruhen lassen!

Backtemperatur: 180–200°C, Gas Stufe 3–4

Backzeit und Backhöhe richten sich nach dem jeweiligen Gebäck.

Kalorienreduzierter Rührteig

180 g Fett 150 g Zucker 1 Msp. Vanillemark 8 ml Süßstoff flüssig	→	schaumig rühren
4 Eier	→	nach und nach unterschlagen
500 g Mehl $^{1}/_{4}$ L Milch	→	abwechselnd zugeben und durchrühren
1 Pck Backpulver	→	mit etwas Mehl mischen, schnell unterrühren, Teig sofort abbacken

Die Arbeitsregeln sind wie beim normalen Rührteig!

Feiner Napfkuchen

250 g Fett 250 g Zucker 4 Eier 1 Vanillezucker Abrieb von 1/2 Zitrone	→	entweder nach herkömmlicher Art die Zutaten einzeln nacheinander schaumig rühren, oder nach der „All-in-Methode" mit dem Handrührgerät oder der Küchenmaschine alle Zutaten zusammen zu einem cremigen Teig aufschlagen
500 g Mehl 1 Pck Backpulver 1/4 L Milch (knapp)	→	den fertigen Teig in eine gut gefettete Napfkuchenform füllen und 50–60 Minuten bei 180°C backen, Garprobe machen, evtl. noch 5–10 Minuten in der Nachwärme stehen lassen

Veränderung:

Kuchen	Mehlmenge	Geschmackszutat
Nusskuchen:	375 g	125 g gemahlene Nüsse
Königskuchen:	375 g	50 g Rosinen + 50 g gehackte Mandeln
Marmorkuchen:		1/3 des Teiges + 2 EL Kakao + 1 EL Zucker + 2 EL Milch Zubereitung: 2/3 des hellen Teiges in die Form geben, darauf die dunkle Kakaomasse und mit einer Gabel leicht verquirlen.
Schokoladenkuchen:	400 g	2 Pck Schokoladenpuddingpulver + 100 g geriebene Schokolade
Zitronenkuchen:	300 g	100 g Stärkemehl + 2 EL Zitronenaroma Guss aus 3 Zitronen (gepresst) + 100 g Zucker Zubereitung: nach dem Backen den Kuchen mit einem Holzstäbchen gleichmäßig einstechen und den Zitronensaft darübergießen, 2 Stunden ziehen lassen, evtl. mit Puderzucker bestäuben.

Versunkener Obstkuchen

125 g Fett 125 g Zucker 2 Eier 250 g Mehl 2 EL Milch 1/2 Pck Backpulver 1 Msp. Vanillemark Abrieb von 1/4 Zitrone	→	einen Rührteig entweder nach herkömmlicher Art oder nach der „All-in-Methode" zubereiten, den Teig in eine gefettete mit Paniermehl ausgestreute Springform füllen
750 g Obst: Äpfel in Spalten, Kirschen, Pflaumen, Aprikosen, Pfirsiche u. a.	→	es kann frisches oder gegartes Obst verwendet werden, gegartes Obst gut abtropfen lassen, das Obst locker auf den Teig legen, beim Backen sinkt das Obst von selbst ein, 40 Minuten bei 180–200°C backen, 10 Minuten in der Nachwärme stehenlassen

Englischer Teekuchen

250 g Butter 250 g Zucker 6 Eier, 1 Pr Salz Abrieb von 1/4 Zitrone 1 Msp. Vanillemark 200 g Mehl, 50 g Speisestärke 1 TL Backpulver 100 g Sultaninen 100 g Mandelblätter 50 g Zitronat, 50 g Orangeat	→	einen Rührteig herstellen
50 g kandierte Kirschen	→	die Früchte unterrühren, 50–60 Minuten bei 180°C backen, 10 Minuten in der Nachwärme stehenlassen.

1. Umrisse der Form auf Papier zeichnen
Grundsätzlich kann man die Form für jeden gerührten Kuchen auch ausfetten und mit Bröseln ausstreuen. Pergament- oder Backtrennpapier aber bietet den Vorteil, dass jeder Kuchen problemlos aus der Form geht und dann auch nicht so schnell austrocknet.

2. Das gefaltete Papier in die Form setzen
Dabei die eingebogenen und beschnittenen Längsenden hinter den kurzen Seitenteilen zusammenfalten. Das Papier in die Form setzen. Sollte es Falten werfen, nochmals herausnehmen und die Seitenteile einige Millimeter kleiner schneiden.

3. Mehl unter die Masse heben
Im Fall dieser leichten, warm und kalt geschlagenen Masse das mit der Speisestärke zusammengesiebte Mehl mit dem Holzspatel unterheben. Das Mehl auf drei bis vier Portionen verteilen und die folgende Portion erst zugeben, wenn die erste vollständig untergemischt ist.

4. Die warme Butter unterziehen
Die Butter erhitzen und klären, d.h. den Schaum mit einem Löffel abnehmen. Die Temperatur sollte etwa 40–45°C betragen.

5. In die vorbereitete Form laufen lassen
Die Masse muss ohne jede Klümpchen sein, wenn sie eingefüllt wird, weil sich das sonst in ungleichmäßiger Porung bemerkbar macht.

6. Die Kuchenoberfläche einschneiden
Nach etwa 15–20 Min. den Kuchen aus dem Backofen ziehen und mit einem in Wasser getauchten Spitzmesser einen Längsschnitt in die hellbraune Oberfläche ziehen. Der Kuchen kann sich dadurch gleichmäßig ausdehnen.

Der Bisquitteig

Bisquitteig – Grundrezept			
Zutaten	Echte Bisquitmasse	Wasserbisquit	Wiener Masse
Eier	2 Stück	1 Stück	3 Stück
Wasser	--	1 EL	--
Zucker	50 g	30 g	100 g
Mehl	25 g	40 g	60 g
Speisestärke	25 g	10 g	60 g
Backpulver	--	1/4 TL	--
Fett	--	--	40 g

Zubereitung:

1. Methode – Eigelb und Eiweiß getrennt

Eiklar	→	aufschlagen
Hälfte des Zuckers	→	während des Rührens einrieseln lassen
Eigelb evtl. Wasser	→	zu einer cremigen Masse aufschlagen
Hälfte des Zuckers	→	nach und nach unterschlagen, die Eischnee-Masse auf die Eigelb-Masse geben
Mehl, Stärkemehl evtl. Backpulver	→	mischen, auf den Schnee sieben

Alles vorsichtig mit einem Schneebesen zu einer glatten Masse verrühren. Nicht zu lange rühren, sonst fällt der Teig wieder zusammen, also zügig rühren!

2. Methode – mit ganzen Eiern

Eier evtl. Wasser	→	zu einer schaumigen Masse schlagen
Zucker	→	während des Weiterrührens langsam einrieseln lassen. Solange rühren, bis eine feste, helle, cremige Masse entstanden ist!
Mehl, Stärkemehl evtl. Backpulver	→	mischen, auf die Crememasse sieben, vorsichtig, aber zügig mit einem Schneebesen unterheben

3. Methode – mit Fett im Wasserbad

Eier Zucker	→	im Wasserdampfbad aufschlagen, Schaummasse unter Schlagen abkühlen lassen
Mehl, Stärkemehl	→	daraufsieben und vorsichtig unterheben
Fett	→	schmelzen, einrühren
		Den Teig sofort abbacken!

TIPP: Grundsätzlich können alle Methoden mit einer Msp. Vanillemark und/oder einem 1/2 TL Zitronenabrieb verfeinert werden.

Arbeitsregeln:

1. Backform vorbereiten – nicht fetten, sondern glatt mit Pergament auslegen!
2. Backofen vorheizen!
3. Geräte bereitstellen!
4. Hinweis für die Zutaten:
   – Mittelgroße Eier (M) verwenden, sonst stimmen die anderen Zutatenmengen nicht!
   – Feinkörnigen Zucker (Backzucker) verwenden, der löst sich besser!
5. Teig rühren – nicht zu lange rühren, sonst fällt der Teig wieder zusammen!
6. Das Unterheben des Mehles geschieht nur mit dem Schneebesen!
7. Der Teig muss sofort abgebacken werden, sonst fällt er zusammen!
8. Den Backofen frühestens nach 3/4 der Backzeit öffnen, sonst fällt der Teig zusammen!
9. Die Garprobe machen! Flaches Gebäck ist gar, wenn es bei leichtem Druck in seine Form zurückspringt. Hohes Gebäck prüft man mit einem Holzstäbchen.
10. Platten für Bisquitrollen müssen sehr schnell gestürzt und aufgerollt werden, sonst werden sie fest, bevor sie gerollt sind!
11. Bei Tortenböden wird der Rand mit einem scharfen Messer von der Form gelöst, der Boden gestürzt, das Pergament entfernt und der Boden wieder gewendet!
12. Kleingebäck muss sofort vom Pergament gelöst werden, sonst klebt es fest!
13. Backpapier ist besonders gut geeignet zum Backen von Bisquitteig!
14. Tortenböden lassen sich am besten einen Tag nach dem Backen aufschneiden!

Backtemperatur:	180–200°C, Gas Stufe 3–4
Backhöhe:	flaches Gebäck – obere Schiene , hohes Gebäck – mittlere Schiene
Backzeit:	flaches Gebäck – ca. 10–15 Min., hohes Gebäck – ca. 20–30 Min.

Vollwertkost-Bisquitteig

6	Eier
4 EL	Ahornsirup
180 g	feinstgemahlenes Weizenvollkornmehl
1 TL	Backpulver
60 g	Butter

Zubereitung:

1. a Methode – Eigelb und Eiweiß getrennt

Eigelb	→	mit 4 EL Wasser cremig schlagen
Ahornsirup	→	einrühren, es muss eine Crememasse entstehen
Mehl Backpulver	→	trocken mischen, auf die Crememasse sieben
Eischnee	→	sehr fest schlagen, auf das Mehl geben, alles vorsichtig glattrühren
Butter	→	zerlassen, schnell aber vorsichtig unterrühren
		Den Teig sofort abbacken!

1. b Methode

Eischnee	→	sehr fest schlagen
Eigelb Ahornsirup	→	verquirlen, unter den Schnee ziehen
Mehl Backpulver	→	trocken mischen, daraufsieben, unterheben
Butter	→	zerlassen, zügig aber vorsichtig unterrühren
		Den Teig sofort abbacken!

2. Methode – mit ganzen Eiern

Eier	→	sehr schaumig schlagen
Ahornsirup	→	einrühren, es muss eine Crememasse entstehen
Mehl Backpulver	→	trocken mischen, daraufsieben, unterheben
Butter	→	zerlassen, schnell aber vorsichtig unterrühren
		Den Teig sofort abbacken!

Arbeitsregeln: die gleichen, wie beim normalen Bisquitteig

Backtemperatur:	180–200°C, Gas Stufe 3–4
Backhöhe:	flaches Gebäck – obere Schiene , hohes Gebäck – mittlere Schiene
Backzeit:	flaches Gebäck – ca. 10–15 Min., hohes Gebäck – ca. 20–30 Min.

Kalorienreduzierter Bisquitteig

Grundmenge			Menge für einen einfachen Tortenboden:		
1		Ei	4		Eier
1	EL	Wasser	4	EL	Wasser
10	g	Zucker	40	g	Zucker
1	ml	Süssstoff flüssig	5	ml	Süssstoff flüssig
40	g	Mehl	160	g	Mehl
10	g	Stärkemehl	40	g	Stärkemehl
1/4	TL	Backpulver	1	TL	Backpulver

Zubereitung:
Am besten eignet sich Methode 2 „Zubereitung mit ganzen Eiern".
Die Arbeitsregeln sind die gleichen wie beim normalen Bisquitteig.

Rezepte für Bisquitgebäck

Grundmenge Backpulverbisquitteig für

Tortenboden			**Rollen / Schnitten**			**Obstboden**		
6		Eier	3		Eier	2		Eier
6	EL	Wasser	3	EL	Wasser	2	EL	Wasser
180	g	Zucker	90	g	Zucker	60	g	Zucker
240	g	Mehl	120	g	Mehl	80	g	Mehl
60	g	Stärkemehl	30	g	Stärkemehl	20	g	Stärkemehl
2	TL	Backpulver	1	TL	Backpulver	1/2	TL	Backpulver

Buttercremetorte

1 Bisquittortenboden	→	drei- bis viermal der Länge nach in Tortenbodenscheiben schneiden
1 Pck Vanillepuddingpulver 3/8 L Milch	→	nach Anweisung auf der Packung eine feste Creme kochen, kaltrühren, damit sich keine Haut bildet
200 g Butter 80 g Puderzucker	→	sehr cremig rühren, löffelweise Vanillecreme einrühren, die Böden dünn damit bestreichen und die Torte von außen verzieren und beliebig dekorieren

Schokoladenbisquit

Zutaten		Zubereitung
6 Eier 3 EL Wasser 200 g Zucker	→	am besten nach Methode 2 – Zubereitung mit ganzen Eiern – den Teig herstellen
300 g Mehl 50 g Kakao 1 Vanillezucker 3 TL Backpulver	→	den Kakao besonders sorgfältig durchsieben, so dass keine Klümpchen entstehen, in einer vorbereiteten Springform oder auf dem Blech als Platte abbacken, 180°C, 35–40 Minuten, auf dem Blech 20 Minuten

Schwarzwälder-Kirschtorte

Zutaten		Zubereitung
1 Rezept Schokoladenbisquit	→	den Boden in der Mitte durchschneiden
50 ml Kirschwasser	→	auf den unteren Boden träufeln
750 g Sauerkirschen (Glas – ohne Saft – diesen zum Mischen für ein Saftschorle verwenden) 50 g Zucker 1 TL Zimt	→	zusammen erhitzen
5 g Speisestärke, anrühren	→	Kirschen damit binden und etwas auskühlen lassen, auf den unteren Boden streichen, erkalten lassen
1/4 L Sahne 1 Vanillezucker	→	sehr steif schlagen, auf die kalte Kirschmasse streichen, den oberen Boden daraufsetzen
1/2 L Sahne 2 Vanillezucker	→	sehr steif schlagen, die Torte von außen damit bestreichen und verzieren
Kirschen, Schokostreusel	→	zum Verzieren

Möhrentorte (Rüblitorte)

Zutaten		Zubereitung
4 Eigelb 100 g Zucker	→	schaumig schlagen
200 g Möhren	→	schälen, mittelfein reiben, zugeben und mitschlagen
1 TL Zitronenschale, gerieben 1 Pr Zimt 1/2 Fl Rumaroma 100 g gemahlene Nüsse	→	zur Schaummasse geben und gut durchschlagen
4 Eischnee 1 EL Zucker	→	zu einem festen Schnee schlagen
100 g Mandeln, gemahlen 80 g Speisestärke 1 TL Backpulver	→	auf die Schaummasse geben und mit einem Schneebesen locker unterheben, die Masse in eine mit Pergament ausgelegte, etwas gefettete Springform geben, bei 180°C ca. 60 Minuten abbacken
Puderzucker oder Kuvertüre	→	nach dem Backen damit bestäuben oder bestreichen

Der Hefeteig

Hefeteig – Grundrezept			
Zutaten	leichter Teig	mittelfester Teig	schwerer Teig
Mehl	500 g	500 g	500 g
Hefe	20 g	30 g	60 g
Zucker	50 g	80 g	80 g
Milch	1/4 L	1/8 L	1/8 L
Fett	20 g	80 g	150 g
Salz	1 Pr	1 Pr	1 Pr
Eier	---	1 St	1–2 St

Zubereitung:

1. Methode mit Vorteig

Mehl → in eine Schüssel sieben, eine Vertiefung in die Mitte

Hefe → drücken

1 EL Zucker → glattrühren und in die Vertiefung schütten, mit etwas Mehl bestäuben
3 EL handwarme Milch
(max. 30–35°C)

Den Teig an einem warmen (Zimmertemperatur), zugluftfreien Platz (Teig mit einem Tuch oder einer Frischhaltefolie abgedeckt) 10–15 Minuten gehen lassen (gären lassen!). Der Vorteig ist gut, wenn er Blasen wirft.

Fett → als Flöckchen (zimmerwarm) auf den Mehlrand setzen

Salz → auf den Mehlrand geben

Rest der lauwarmen Milch → zugeben
Rest des Zuckers

(Eier → zugeben)

Alle Zutaten zu einem glatten Teig verkneten. So lange schlagen, bis der Teig leicht glänzend wird. Den Teig wieder zugedeckt an einem (zimmer-)warmen, zugluftfreien Platz gehen lassen (gären lassen!). Dieses Mal 30–40 Minuten, der Teig muss sein Volumen verdoppeln. Jetzt kann der Teig zu Gebäck weiterverarbeitet werden.

2. Methode – ohne Vorteig, „All-in-Methode"

Mehl	→	in eine Schüssel geben, eine Vertiefung machen
Hefe	→	in die Vertiefung geben
zimmerwarme Milch		
Zucker		
Fett	→	als Flöckchen (zimmerwarm) auf den Rand setzen
Salz	→	auf den Mehlrand geben
(Eier	→	zugeben)

Alle Zutaten mit den Knethaken des Handrührgerätes gut durchkneten. So lange schlagen, bis der Teig einen leichten Glanz bekommt. Den Teig wieder zugedeckt an einem (zimmer-)warmen, zugluftfreien Platz gehen lassen (gären lassen!). Dieses Mal 30–40 Minuten, den Teig weiter zu Gebäck verarbeiten.

Arbeitsregeln:

- Backform fetten, Backofen vorheizen, Geräte bereitstellen!
- Zutaten vorbereiten – immer frische Hefe verwenden oder 1 Pck Trockenhefe nach Anweisung auf der Packung!
- Hefe benötigt 4 Lebensbedingungen, um den Teig zu lockern:
  1. Nahrung aus Mehl und Zucker
  2. Feuchtigkeit
  3. Luft – aber keine Zugluft
  4. Wärme, am besten 30°C bis max. 35°C – aber keine Hitze über 40°C!

- Hefe darf nicht mit Salz und Fett direkt in Berührung kommen, sonst geht der Teig nicht auf!
- Der Teig muss gut geschlagen werden, damit er viel Luft aufnehmen kann zum Aufgehen!
- Der Teig muss einmal bis zum Doppelten seines Volumens aufgehen!
- Das Gebäck wird sehr locker, wenn der Teig vor dem Abbacken nochmals kurz aufgehen kann!
- Die Garprobe mit einem Holzstäbchen machen!
- Das fertige Gebäck auf einem Kuchengitter auskühlen lassen!

Backtemperatur: 180°–200°C, Gasstufe 3–4
Backhöhe und Backzeit: richten sich nach dem jeweiligen Gebäck

Vollwertkost-Hefeteig

Zutaten für einen mittelfesten Teig

500 g feingemahlenes Weizenvollkornmehl
30 g Hefe
1/4 L handwarme Milch
1 TL Honig für einen Vorteig
1 EL Honig zum Süßen
1/4 TL Salz
60 g flüssige Butter (handwarm)
1 Ei

Zubereitung:

1. Methode – mit Vorteig
2. Methode – ohne Vorteig → bleiben die gleichen, wie beim üblichen Hefeteig

Arbeitsregeln:

- Alle Regeln, die beim üblichen Hefeteig gelten, finden auch hier ihre Anwendung!
- Besonderheiten: da das Mehl frisch gemahlen wird, bietet es eine besonders gute Nahrung für die Hefe. Damit der Teig nicht zu schnell aufgeht und auch locker wird, dürfen die Zutaten nicht wärmer als 20°C sein.

Salziger Hefeteig

Salzige Hefeteige werden für Pizza, Quiche und salzige Torten gebraucht.

Salziger Hefeteig – Grundrezept		
350 g Mehl	→	in eine Schüssel geben, eine Vertiefung machen
20 g Hefe, zerbröselt 1 TL Zucker für den Vorteig 1/8 L lauwarmes Wasser	→	in die Vertiefung geben und etwas verrühren
1 TL Salz 40 g Fett	→	auf den Rand geben, 15 Minuten gehen lassen, alles zu einem glatten Teig verkneten, nochmals 20 Minuten gehen lassen, weiterverarbeiten
Hinweis: Die Zubereitung erfolgt wie beim süßen Hefeteig! Am besten gelingt hier der Teig mit Vorteig!		

Salziger Vollwert-Hefeteig – Grundrezept		
375 g fein bis mittelfein gemahlenes Weizenvollkornmehl	→	in eine Schüssel geben, eine Vertiefung machen
20 g Hefe, zerbröselt 1/4 L Milch, handwarm	→	in die Vertiefung geben, etwas verrühren
1/2 TL Salz 6 EL Olivenöl	→	auf den Rand geben, alle Zutaten zu einem glatten Teig verkneten, ca. 30 Min. gehen lassen, weiterverarbeiten
Hinweis: Die Arbeitsregeln für Hefeteig, besonders aber für Vollwertkost-Hefeteig, beachten!		

Vegetarische Pizza

1 Rezept salziger Hefeteig	→	dünn auf ein gefettetes Backblech ausrollen, mit einer Gabel mehrmals einstechen
2 EL Tomatenmark 1 EL Öl 2 EL Sahne 1/2 TL Kräutersalz	→	glattrühren, den Teig damit bestreichen
je 4 Tomaten und Zwiebeln	→	in Scheiben schneiden, auf die Pizza legen
je 1 grüne und gelbe Paprika	→	in feine Streifen schneiden, darauf geben
1 Ds Maiskörner	→	gleichmäßig verteilen
Oregano, Salz, Pfeffer	→	daraufstreuen
200 g geriebener Käse	→	verteilen, in den vorgeheizten Ofen schieben und bei 200°C etwa 30 Minuten backen

Streuselkuchen

1 Rezept Hefeteig nach Wahl	→	auf ein gefettetes Backblech geben
Streusel:		
125 g Fett 125 g Zucker 125 g Mehl 125 g Mandeln, gemahlen 1 TL Zimt 1/2 TL Backpulver	→	alle Zutaten in eine Rührschüssel geben und mit den Knethaken durchkneten, anschließend zwischen den Handflächen reiben bis große Krümel entstehen, die Streusel auf dem Hefeteig verteilen, 15 Minuten aufgehen lassen und bei 200°C 25 bis 35 Minuten backen, Nachwärme nutzen

Zwetschgenkuchen

1 Rezept Hefeteig mittelfest	→	auf ein gefettetes Backblech geben
1–1,5 kg Zwetschgen	→	putzen, entsteinen, schuppenartig auf den Hefeteig schichten, 15 Minuten aufgehen lassen, 20 bis 30 Minuten bei 200–220°C backen, Nachwärme nutzen
50 g Zucker Zimt nach Geschmack	→	über den heißen Kuchen streuen, auskühlen lassen, mit Sahne oder Vanillesoße servieren

Butterkuchen / Bienenstich

1 Rezept Hefeteig mittelfest	→	auf ein gefettetes Backblech geben
120 g Fett	→	in Flöckchen gleichmäßig auf dem Teig verteilen
125 g Zucker 1 Vanillezucker oder 2 Msp. Vanillemark	→	gleichmäßig darüber streuen
150 g Mandelblätter od. Stifte	→	darauf verteilen, 20 bis 30 Minuten bei 200°C backen, Nachwärme nutzen
Bienenstichfüllung:		
1/2 L Milch 1 Pck Vanillepuddingpulver 2 EL Speisestärke 1 Vanillezucker oder 2 Msp. Vanillemark Abrieb von 1/2 Zitrone	→	eine feste Creme kochen, kaltrühren
100 g Butter 50 g Puderzucker	→	cremig schlagen, die kalte Creme löffelweise unterschlagen, den Hefeteig in 10cm breite Streifen schneiden, kurz unterhalb der Kruste waagerecht aufschneiden, mit der Creme füllen und wieder zusammenklappen

Gugelhupf

1 Rezept schwerer Hefeteig

100 g Rosinen 100 g Korinthen 50 g Zitronat	→	unter den Teig kneten, eine Gugelhupfform fetten
50 g Mandelblätter	→	unten in die Form streuen, den fertigen Teig einfüllen, 20 Minuten aufgehen lassen, 50–60 Minuten bei 190–200°C backen, Nachwärme nutzen

Kleingebäck aus Hefeteig

1 Rezept Hefeteig nach Wahl	→	Zubereitung nach Wahl

Füllungsmöglichkeiten:
- frisches Obst
- Kompott
- Rosinen mit Zucker und Zimt
- Nussmasse aus: 1 Eischnee, 50 g Zucker, 125 g gemahlenen Nüssen

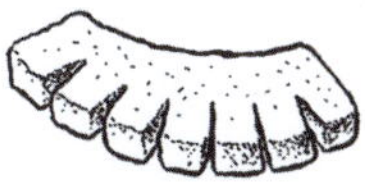

Hahnenkämme

Hörnchen

Schnecken

Brezeln

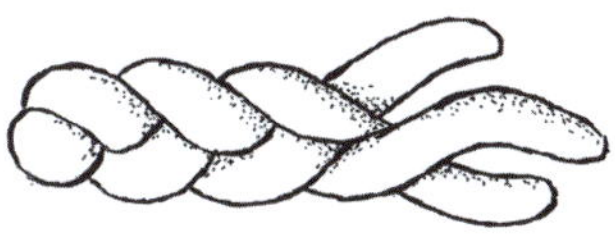

Hefezopf

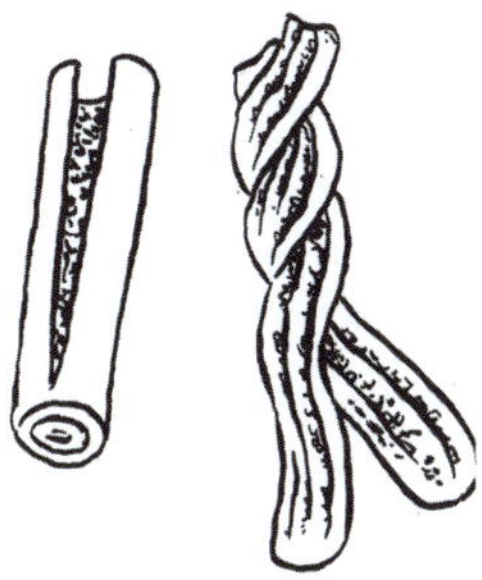

Russen

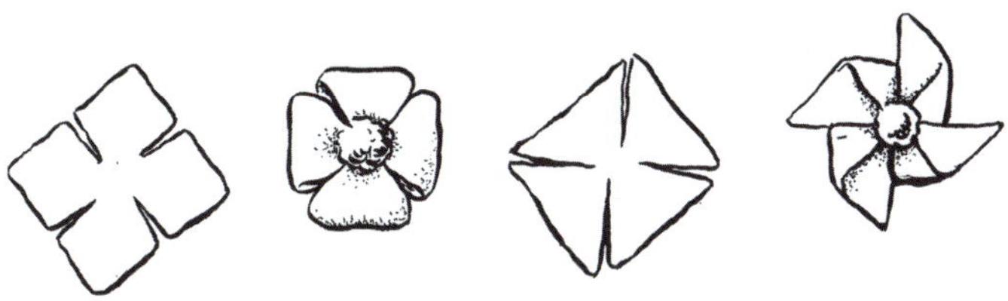

Windmühlen

Dampfnudeln

1 Rezept mittelfester Hefeteig	→	sogleich nach dem Kneten in 12–16 Stücke teilen und zu Klößen formen und in eine gefettete feuerfeste Auflaufform geben
100 ml Milch 50 g Fett, schmelzen	→	vor dem Backen über die Klöße gießen, bei 200°C etwa 30 Minuten backen

Veränderung:
Die Nudel kann mit verschiedenen Füllungen gefüllt werden:
- geraspelte Äpfel
- entsteinte Pflaumen
- gemahlener, gekochter Mohn

Hinweis: Dazu wird eine Soße oder Kompott serviert.

Schwäbischer Kranz

1 Rezept mittelfester Hefeteig	→	gut aufgehen lassen, zu einem Rechteck ausrollen
50 g flüssiges Fett	→	damit das Rechteck bestreichen
50 g Rosinen (Sultaninen) 50 g gehackte Mandeln oder Nüsse 50 g Zucker Zimt nach Geschmack	→	alle Zutaten mischen und auf dem Rechteck verteilen, das Rechteck von der Breitseite aufrollen, und die entstandene Rolle der Länge nach in der Mitte durchschneiden, mit den Schnittflächen nach außen aufwickeln, als Kranz oder Strang auf ein gefettetes Blech legen, 15 Minuten aufgehen lassen, 40–50 Minuten bei 200°C backen, Nachwärme ausnutzen
Zuckerguss	→	das heiße Gebäck damit bestreichen

Fettgebäck – Berliner

Berliner Ballen, Krapfen, Kräppel

1 Rezept mittelfester Hefeteig	→	ausrollen, etwa 1 cm dick und runde Plätzchen ausstechen, gut aufgehen lassen
1–1,5 L Fritierfett oder Butterschmalz	→	auf 150–170°C erhitzen, die Ballen von beiden Seiten langsam goldbraun backen, der helle Ring in der Mitte ist ein Qualitätsmerkmal, herausnehmen und gut abtropfen lassen
250 g Marmelade, glattrühren	→	mit einer Krapfenspritztülle die Ballen füllen
100 g Zucker	→	noch heiß darin wenden.

Hinweis: Man kann die Ballen auch vor dem Backen füllen. Dazu legt man 2 etwas dünnere Teigscheiben aufeinander, die die Füllung dicht einschließen müssen.

Zwiebelkuchen / Speckkuchen

1/2 Rezept Hefeteig nach Wahl	→	ausrollen, in eine gefettete große Springform geben und den Rand etwa 1–2 cm hochdrücken
20 g Fett 60 g durchwachsener Speck	→	fein würfeln und auslassen
750 g Zwiebeln, in Ringen	→	glasig dünsten, auskühlen lassen
50 g Mehl 4 Eier 1/4 L Sauerrahm (saure Sahne) 1 Pr Salz Kümmel nach Geschmack	→	die Zutaten unterrühren und den Belag auf den Boden geben, 25–35 Minuten bei 220–240°C backen, die Nachwärme nutzen

Hinweis: Für den Speckkuchen: 250 g durchw. Speck, 2 große Zwiebeln, 125 g Sauerrahm, 2 Eier, Gewürze

Sauerteigansatz

20 g Hefe	→	in eine Schüssel bröckeln
1/2 L Wasser, lauwarm	→	darübergießen und glattrühren
300 g Mehl, Type 550	→	hineinschütten und gut verrühren, den Ansatz 3 Tage bei Zimmertemperatur stehen lassen, mit einem Trockentuch abdecken

Mischbrot

500 g Weizenmehl, Type 405 500 g Roggenmehl, Type 1370 40 g frische Hefe 3/4 L Wasser, lauwarm 1 TL Salz 100 g Sauerteigansatz 1 TL Honig	→	einen Hefeteig mit Vorteig herstellen, nach dem Aufgehen einen runden Brotlaib formen, auf das gefettete Blech legen, 40 Minuten gehen lassen und bei 220°C etwa 1 Stunde backen, die Nachwärme nutzen

Schrotbrot

400 g Roggenmehl, Type 1370 300 g Haferflocken 300 g Weizenvollkornschrot	→	einen Hefeteig mit Vorteig herstellen
40 g frische Hefe 3/8 L Wasser, lauwarm 1 TL Salz 300 g Sauerteigansatz 1 TL Honig	→	nach dem Aufgehen einen Brotlaib formen oder in eine gefettete, mit Schrot ausgestreute Kastenform geben, 40 Minuten gehen lassen, bei 220°C etwa 1 Stunde backen, die Nachwärme ausnutzen

Früchtebrot

je 300 g getrocknete Pflaumen, Birnen, Feigen	→	über Nacht in Wasser einweichen lassen, gut abtropfen lassen, in feine Würfel schneiden
je 100 g Rosinen und Korinthen	→	in etwas Wasser oder Wein aufkochen und quellen
je 100 g Orangeat und Zitronat	→	sehr fein hacken
je 100 g Nüsse und Walnüsse	→	zerhacken
1,5 kg Mehl 80 g Hefe Einweichwasser des Obstes 15 g Zimt 10 g Anis 3 g Nelkenpulver 1 EL Zitronenschale, gerieb.	→	einen sehr festen Hefeteig herstellen, als Flüssigkeit das Einweichwasser des Trockenobstes verwenden und alle Früchte gut unterkneten, den Früchteteig sehr gut aufgehen lassen, einen Laib formen, auf ein gefettetes Blech geben, 50–60 Minuten aufgehen lassen und 15 Minuten bei 225°C, dann 40 Minuten bei 180–200°C backen, die Nachwärme nutzen

Piroggen

1 Rezept Salziger Hefeteig	→	den Teig ausrollen, einen Deckel in der Größe der Auflaufform ausschneiden, mit dem restlichen Teig die gefettete Form auskleiden, die Füllung einfüllen, Deckel auflegen, ein Luftloch hineinstechen und evtl. einen Guss einfüllen, 45–60 Minuten bei 180–200° C backen

Füllungen:

Sauerkrautfüllung:

250 g Sauerkraut 2 gr. saure Äpfel, gewürfelt 1 Zwiebel, gewürfelt 1/8 L Wasser Salz, Zucker	→	15 Minuten vorgaren, etwas auskühlen lassen, einfüllen und sofort weitergaren

Kasselerfüllung:

400 g Kasseler, geraucht – ohne Knochen 1 Gemüsezwiebel	→	durch den Fleischwolf drehen
2–3 EL Paniermehl	→	unterrühren, einfüllen

Hackfleischfüllung:

1 Rezept Hackfleischteig

Guss:

1/4 L Buttermilch 2 Eier je 1/2 TL Salz, Pfeffer, Paprika	→	verrühren, über den Piroggen gießen

Zubereiten von Brandmasse

1. Mehl in den Topf schütten. Das macht man auf einmal, wenn Milch, Butter, Salz und/oder Zucker darin aufgekocht haben. Dabei so lange rühren, bis sich die Masse im Topf löst, einen Kloß bildet und eine weiße Haut den Topfboden überzieht. Jetzt ist die Masse gebrüht oder gebrannt.

2. Zuerst ein Ei in die abgekühlte Masse rühren, die man aus dem Topf in die Schüssel umgefüllt hat. Erst wenn sich das Ei völlig mit der Masse verbunden hat, rührt man das nächste Ei hinein.

3. Die Masse ist richtig, wenn sie glänzt und geschmeidig ist, so dass man sie spritzen kann.

4. So entsteht die Windbeutelform. Auf ein leicht gefettetes Blech große Rosetten spritzen. Und das mit nötigem Abstand, denn Brandmasse geht sehr stark auf. Den Spritzbeutel immer senkrecht halten und den Schluss der Masse immer exakt in die Mitte ziehen.

Der Brandteig

Brandteig – Grundrezept		
1/4 L Wasser	→	in einem geschlossenen Topf aufkochen lassen, von der Kochstelle nehmen
65 g Fett 1 Pr Salz 125 g Mehl	→	sofort auf einmal zugeben und glattrühren, wieder auf die Kochplatte stellen und den Kloß „abbrennen“, d.h. den Kloß im Topf solange rühren, bis sich auf dem Topfboden ein weißer Belag bildet
1 Ei	→	sofort in den heißen Teig rühren, solange rühren, bis sich wieder eine einheitliche Masse gebildet hat, den Teig 30 Minuten auskühlen lassen
3 Eier	→	jedes Ei einzeln prüfen und unterschlagen, beim vierten Ei muss erst die Beschaffenheit des Teiges geprüft werden. Er ist gut, wenn er schwer reißend vom Löffel fällt, er darf also nicht vom Löffel fließen, aber auch nicht kleben bleiben. Es kann sein, dass das vierte Ei nicht ganz gebraucht wird oder noch ein fünftes Ei zugegeben werden muss. Den Teig etwas ruhen lassen, jetzt kann er beliebig weiterverarbeitet werden. Den Backofen auf 225°C vorheizen.

Tipp: Die Grundmasse kann bei Bedarf auch noch mit etwas Vanillemark oder Zitronenabrieb verfeinert werden.

Weiterverarbeitung zu Windbeutel, Eclairs (Liebesknochen), Schwäne → die Brandmasse in einen Spritzbeutel füllen und die Form auf ein gefettetes, mit Wasser angefeuchtetes Backblech spritzen, 35–40 Minuten backen, je nach Größe des Gebäcks, den Backofen in den ersten 20 Minuten **nicht** öffnen, sonst fällt das Gebäck zusammen

nach dem Backen das Gebäck sofort vom Blech nehmen, vorsichtig aufschneiden und auskühlen lassen

Füllungen:

Schlagsahne
Buttercreme
Quark
Obst

Glasur für den Deckel:

Puderzucker
Zuckerguss
Kuvertüre

Käseschnitten

1/2 Rezept Brandteig

50 g geriebener Käse → unter den Brandteig rühren

4 altbackene Brötchen → in Scheiben schneiden, den Brandteig auf die Brötchenscheiben streichen

100 g Öl → erhitzen, die Schnitten von beiden Seiten goldbraun braten, mit Salat oder Gemüse servieren

Der Quark-Öl-Teig

Der Quark-Öl-Teig kann wie ein Hefeteig verwendet werden, z. B. für Kleingebäck, Blechkuchen mit Streusel oder Obstbelag und ohne Zucker auch für Pizza.

Quark-Öl-Teig – Grundrezept		
250 g Quark 6 EL Öl 1/8 L Milch 80 g Zucker 1 Vanillezucker 400 g Mehl 1 Pck Backpulver	→	alle Zutaten zu einem glatten Teig verkneten

Der kalorienreduzierte Quarkteig

Grundmengen:

250 g Magerquark 1 Ei 8 ml Süßstoff, flüssig 250 g Mehl 3 TL Backpulver	→	alle Zutaten zu einem glatten Teig verkneten

Obst-Käse-Kuchen

1/2 Rezept Quark-Öl-Teig oder Quarkteig	→	den Teig etwa 1/2 cm dick ausrollen und in einer gefetteten Springform (25–30 cm) bei 180°C 25–30 Minuten backen. Damit der Rand nicht herunterrutscht, sollte man ein rundgeschnittenes Pergamentpapier auf den Teig legen und mit Trockenerbsen oder Trockenlinsen auffüllen, nach dem Backen auskühlen lassen.
200 g Frischkäse (Magerstufe) 1 EL Zucker oder Süßstoff	→	glattrühren, auf den ausgekühlten Quarkboden geben
500 g frisches Obst nach Wahl z. B. Kiwi, Birne, Banane	→	putzen, zerkleinern, auf den Frischkäse legen
150 ml Apfelsaft 2 TL Pfeilwurz oder 1 Tortenguss	→	aufkochen, das Obst damit überziehen

Der Blätterteig

Blätterteig ist ein mehrlagiger Ziehteig. In den Grundteig aus Mehl, Salz und Wasser wird durch mehrfaches Ausrollen und Zusammenschlagen Butter eingearbeitet. Der Unterschied zu Plunderteig besteht darin, dass für den Grundteig keine Backhefe verwendet wird.
Bei der Herstellung entstehen viele Teig- und Fettschichten im Wechsel. Beim Backen verdampft das Wasser und treibt die Teigschichten hoch. Durch diese Schichtung entsteht die typische Splitterung des Blätterteiges. Damit diese Splitterung bei der Weiterverarbeitung nicht zerstört wird, müssen einige Arbeitsregeln beachtet werden.
Seit es das Angebot des tiefgekühlten Blätterteiges gibt, wird die Selbstherstellung heute nicht mehr oft durchgeführt.

Arbeitsregeln für die Verarbeitung von tiefgefrorenem Blätterteig:

1. Bei tiefgefrorenem Blätterteig stets die Arbeitsanweisung beachten.
2. Den Teig möglichst kalt verarbeiten, sonst schmilzt das Fett.
3. Den Teig nur mit einem scharfen Messer schneiden, sonst verkleben die Randschichten.
4. Die Teigreste nicht verkneten, nur aufeinanderlegen und wieder ausrollen.
5. Beim Rollen nicht drücken, sonst werden die Teigschichten zerstört.
6. Eigelb oder Eiklar dürfen nicht auf die Schnittstellen gestrichen werden.
7. Das Backblech nicht fetten, sondern mit kaltem Wasser abspülen oder ein Backpapier verwenden.
8. Den Backofen vorheizen auf 220–230°C, Backzeit für Kleingebäck 15–20 Minuten, für gefülltes Gebäck 20–30 Minuten.

Fett-Teig-Schichten

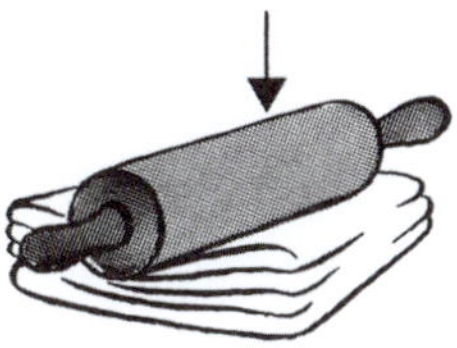
Druck von oben zerstört die Schichten

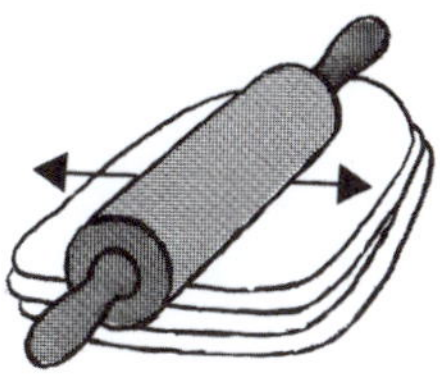
Richtig rollen von Seite zu Seite

Da Blätterteig einen neutralen Geschmack hat, kann er süß oder pikant verwendet werden.

Süßes Blätterteiggebäck:

1. Warme Desserts: Obst im Blätterteig, Strudel
2. Kleingebäck: z.B. Taschen, Hörnchen, Schillerlocken, Windmühlen (siehe Hefekleingebäck)
3. Kuchen: Holländer Kirschtorte, Nusstorte

Pikantes Blätterteiggebäck:

1. Vorspeisen: kleine Pasteten, Taschen, Rollen (Frühlingsrolle)
2. Hauptspeisen: eingebackenes Fleisch, eingebackener Fisch, große Pasteten, Pizza
3. Zwischenmahlzeiten: Rollen, Hörnchen, Taschen
4. Kleingebäck: Käsestangen

Weihnachtsgebäck

Makronen – Grundrezept		
4 Eiklar	→	zu festem Schnee schlagen
250 g Puderzucker 2 Msp, Vanillemark 1/4 TL Zitronenabrieb 1 Pr Salz	→	löffelweise unterschlagen, bis sich der Zucker ganz aufgelöst hat
280 g Kokosflocken	→	für **Kokosmakronen** unterheben
280 g gemahlene Mandeln 1 Pr Zimt	→	für **Mandelmakronen** unterheben
250 g gemahlene Nüsse 2 Tr Rumaroma	→	für **Nussmakronen** unterheben
280 g gemahlene Mandeln 80 g ger. Zartbitterschokolade	→	für **Schokomakronen** unterheben
Oblaten	→	mit 2 Teelöffeln kleine Häufchen daraufsetzen, 20–30 Minuten bei 140–160° C trocknen lassen, nach 15 Minuten nachsehen, ob die Makronen nicht zu dunkel werden, sonst mit Alufolie abdecken

Zimtsterne

4 Eiklar	→	zu festem Schnee schlagen
300 g Puderzucker 2 Msp. Vanillemark	→	löffelweise unterschlagen, 2 EL von der Eischnee-Zuckermasse abnehmen
350 g geriebene Mandeln 1 TL Zimt, 2 Tr Rumaroma	→	unterheben, den Teig 1 Stunde ruhen lassen
Puderzucker	→	auf die Arbeitsfläche sieben und den Teig 1 cm dick ausrollen, Sterne ausstechen und mit der zurückgelassenen Eischnee-Zuckermasse bestreichen, 10 Minuten bei 170° C backen, die Sterne sollten von innen noch weich sein und die Oberfläche weiß bleiben

Anisplätzchen

3 kl. Eier 250 g Zucker, 250 g Mehl 1 TL Anispulver, 1 Prise Salz 1 Msp. Vanillemark	→	einen Bisquitteig herstellen, kleine Häufchen auf ein gefettetes Backblech setzen, über Nacht an einem warmen Ort trocknen lassen, 30 Minuten bei 150° C backen

Spritzgebäck – Grundrezept		
125 g Butter oder Margarine	→	schaumig rühren
125 g feinsten Zucker 1 Msp. Vanillemark 1 Pr Salz 1 TL Zitronenabrieb, 1 Ei 1 Eiklar	→	zugeben und mit schaumig rühren
250 g Mehl 1 Eigelb (zum Bestreichen des Spritzgebäcks)	→	unterrühren, mit einem Spritzbeutel S-Formen auf ein leicht bemehltes Blech spritzen, mit dem übriggebliebenen Eigelb bestreichen, evtl. mit Hagelzucker bestreuen 1/2 Stunde in den Kühlschrank oder 10 Minuten in die Gefriertruhe stellen, dann sofort in den vorgeheizten Backofen schieben, 10–15 Minuten bei 180°C abbacken

Hinweis: Man kann den Teig auch erst kühlen, dann ausrollen und beliebige Plätzchen ausstechen oder Brezelformen. Nach dem Formen nochmal 10 Min. kalt stellen.

Schwarz-Weiß-Gebäck (Zebraplätzchen)

200 g Butter oder Margarine	→	schaumig schlagen
200 g Zucker 1 Msp. Vanillemark 1 Pr Salz	→	unterschlagen
400 g Mehl	→	unterkneten, den Teig halbieren
30 g (2 EL) Kakao 30 ml (2 EL) Milch 1 Eiklar zum Bestreichen der Teigplatte	→	unter eine Hälfte des Teiges kneten, beide Hälften zu dünnen Platten ausrollen, eine Platte mit Eiklar bestreichen, die andere Platte darauflegen und zusammen aufrollen, 30 Minuten kaltstellen, dann etwa 1/2 cm dicke Scheiben abschneiden, auf ein gefettetes Backblech legen und 10–12 Minuten bei 180–200°C abbacken

Hinweis: Man kann auch beliebige andere Schwarz-Weiß-Muster herstellen, z.B. Schachbrettmuster.

Schokoladenbrezel (Vollwertkost)

300 g Weizenvollkornmehl 150 g Butter 1 Pr Salz 2 EL Birnendicksaft o. ä. 2 Eigelb	→	Mürbeteig herstellen
1 TL Zitronenschale 2 TL Kakao 2 EL Rum	→	unterkneten, aus dem Teig Brezel formen, auf einem mit Backpapier ausgelegten Backblech abbacken, 12–15 Minuten bei 180°C

Ochsenaugen

250 g Mehl 125 g Butter 65 g Zucker 1 Msp. Vanillemark 1 Ei, 1 EL Wasser 1 TL Backpulver	→	Mürbeteig herstellen, runde Plätzchen mit ca. 8 cm Durchmesser ausstechen, ca. 10 Minuten ins Tiefkühlfach stellen, im vorgeheizten Backofen bei 200°C 10 Minuten vorbacken
2 Eiweiß	→	sehr fest schlagen
100 g Zucker 100 g Kokosflocken	→	langsam unterschlagen
100 g Marzipanrohmasse (zimmerwarm in kleine Stücke zupfen)	→	unterschlagen, einen Ring aus der Baisermasse auf die vorgebackenen Plätzchen geben, am besten mit 2 TL
Aprikosenmarmelade	→	glattrühren, in die Mitte des Kokoskranzes je einen Teelöffel geben, 10–15 Minuten bei 200°C backen

Christstollen

500 g Mehl 1 Pck Backpulver 1 Msp. Zimt, 1 Msp. Kardamom 1 Msp. Piment	→	in eine große Schüssel geben, gut mischen und in die Mitte eine Mulde drücken
2 Eier 175 g Zucker 3 Msp. Vanillemark 1/2 TL Zitronenabrieb 200 g Butter 250 g Magerquark	→	hineingeben und zu einem glatten Teig kneten
250 g Rosinen 80 g Orangeat / Zitronat 125 g Mandeln, gehackt 3 EL Rum	→	unterkneten, den Teig zu einem Stollen formen oder in eine gefettete Stollenbackform geben, 70–80 Minuten bei 180°C backen
50 g Butter	→	erhitzen und über den heißen Stollen gießen
50 g Puderzucker	→	dick damit bestäuben

Einfacher Honigkuchen auf dem Blech

250 g Honig 200 g brauner Kandis oder Grümmel	→	zusammen erwärmen, bis sich alles aufgelöst hat, etwas auskühlen lassen
125 g Butter 1 Pr Salz 1 TL Zimt 1 Msp. Nelken, gemahlen 1/2 TL Kardamom 1/2 TL Koriander 1 Msp. Anis oder 1 Pck Honigkuchengewürz 125 g Mandeln, gemahlen 80 g Korinthen 40 g Zitronat 40 g Orangeat 5 EL Wasser	→	alle Zutaten unter die Honigmasse rühren, die Masse ganz auskühlen lassen
500 g Mehl 50 g Kakao 1 1/2 Pck Backpulver	→	mischen, in die Mitte eine Mulde drücken, die Honigmasse hineingeben
3 Eier	→	zugeben, von der Mitte aus einen glatten, geschmeidigen Teig kneten, den Teig auf ein gefettetes Backblech streichen, 30–40 Minuten bei 180°C backen, nach dem Backen sofort in Stücke schneiden

Hinweis: Der Honigkuchen kann auch mit einem Guss aus Schokolade oder Zucker bestrichen werden. Erst nach dem Bestreichen in Stücke schneiden.

Spekulatius

250 g Mehl 1 TL Backpulver 100 g Zucker	→	einen Mürbeteig herstellen, Arbeitsregeln beachten!
50 g gemahlene Mandeln 1 Msp. Kardamom 1 Msp. Nelkenpulver 1 Msp. Vanillemark 1/2 TL Zimt 1/2 TL Zitronenschale 1 Ei 125 g Butter	→	den Teig ausrollen und in einem Spekulatius-Model oder mit anderen Ausstechformen Plätzchen formen, 10–12 Minuten bei 220°C abbacken

Zusammenfassung zum Thema fleischähnliche Produkte

Vegane oder vegetarische Produkte

Sich vegetarisch oder vegan zu ernähren ist kein Trend mehr, sondern gehört in die heutige Zeit und ist so normal wie alle anderen Ernährungsformen auch – und das ist auch gut so!

Bei diesen Ernährungsformen gibt es jedoch auch kleine Unterschiede:

* Vegetarier (moderne Interpretation) – verzichten auf Fisch und Fleisch – essen jedoch grundsätzlich Produkte mit Milch und/oder Eiern
* Pescetarier – verzichten auf Fleischprodukte, essen jedoch Fisch
* Ovo-Vegetarier – verzichten auf Fleisch- & Fischprodukte – essen jedoch Eier
* Lacto-Vegetarier – verzichten auf Fleisch- & Fischprodukte – essen jedoch Milchprodukte
* Veganer – verzichten auf Fisch- & Fleischprodukte – tierische Produkte jeglicher Art (auch Honig) und erweitern diese Grundeinstellung zum Teil auch um den Verzicht wie zum Beispiel von Leder, Seide, Pelz, Daunen, Wolle, Kosmetik ohne tierische Inhaltsstoffe, etc.

Es ist unmissverständlich, dass wir alle darauf aus sein sollten, den Fleisch-/Fischkonsum und deren Beiprodukte erheblich zu reduzieren. Mehr hin zum Genuss – weg vom „immer und überall“. Dies in Verbindung mit der Demut und dem Respekt dem Tier gegenüber – wäre hier schon als ein großer Erfolg zu vermelden.

Wir erinnern uns doch an die Erzählungen der Großeltern, welche in der Regel einmal in der Woche etwas mit Fisch oder Fleisch auf den Tisch brachten (z. B. den Sonntagsbraten) – hier war es dann der absolute Genuss – und sich die restliche Woche mit einer wunderbaren Vielfalt an heimischen Gemüse, Kartoffeln und auch leckeren Eintöpfen und Suppen ernährten.

Positiv hinterfragt, so gibt es auf dem unendlichen Markt der Lebensmittel auch viele vegane Lebensmittel, welche von großen und kleinen Unternehmen für den Massenmarkt hergestellt werden. Hier lohnt es sich dann meist und gerne einen Blick auf die Zutatenliste zu werfen. Oft sind diese Lebensmittel mit einer Art Chemiebaukasten stark denaturiert und verarbeitet worden, so dass diese im Mund, im Geschmack und im Geruch dann doch einem Fleisch oder Fisch ähneln bzw. so nah als möglich kommen. Auch können z. B. das Kaugefühl durch Lebensmitteldesigner so entwickelt werden, dass dieses einem Fleisch sehr ähnelt.

Schauen Sie doch einfach auf Ihrem Wochenmarkt, Ihren Bauernmärkten, in den Hofläden, den Biomärkten etc. nach dem, was Erde, Bäume, Sträucher und Gewürze ganz natürlich und lecker anbieten. Daraus lassen sich wunderbar schmackhafte, raffinierte sowie gesunde Gerichte zaubern, welche Gaumen, Herz und die Seele pfiffig be- und verzaubern.

Obst

Als Obst bezeichnet man die essbaren Früchte und Samen mehrjähriger Pflanzen. Man unterscheidet verschiedene Sorten:

Kernobst: Äpfel, Birnen, Quitten

Steinobst: Kirschen, Pflaumen, Zwetschgen, Pfirsiche, Aprikosen, Mirabellen, Renekloden, Nektarinen

Beerenobst: Erdbeeren, Johannisbeeren, Stachelbeeren, Himbeeren, Brombeeren, Heidelbeeren, Preiselbeeren, Weintrauben

Südfrüchte: Apfelsinen, Zitronen, Pampelmusen, Bananen, Ananas, Kiwi, Granatapfel, Avocado, Mango, Mandarinen, Litschi, Papaya

Samen-, Schalenobst: Nüsse, Mandeln, Kastanien, Pistazien

Trockenobst: Äpfel, Pflaumen, Aprikosen, Birnen, Datteln, Feigen, Rosinen

Die letzten beiden Gruppen nehmen aufgrund des hohen Nährstoff- und Energiegehaltes eine Sonderstellung ein.

100 g	Eiweiß	Fett	Kohlenhydrate	Energie
Erdnüsse, geröstet, geschält	26 g	50 g	18 g	650 kcal / 2720 kJ
Haselnüsse	10 g	60 g	10 g	700 kcal / 2900 kJ
Mandeln	18 g	54 g	16 g	651 kcal / 2730 kJ
Walnüsse	15 g	63 g	14 g	705 kcal / 3000 kJ
Trockenobst im Durchschnitt	04 g	00 g	72 g	280 kcal / 1200 kJ

Saisonkalender für Obst

Beim Obst bietet der Sommer Sortenvielfalt in Hülle und Fülle. Im Winter sieht es dagegen mau aus.
Heimische Äpfel sollten hier den Großteil des Obstverzehrs ausmachen. Wer in der kalten Jahreszeit nicht ausschließlich Äpfel essen möchte, sollte beim Kauf von Südfrüchten auf das Fair-Trade-Siegel achten.

Zutat (Obst)	Jan	Feb	Mar	Apr	Mai	Jun	Jul	Aug	Sep	Okt	Nov	Dez
Apfel	○	○	○	○	○	–	–	●	●	●	●	○
Aprikose	–	–	–	–	–	–	●	●	–	–	–	–
Birne	–	–	–	–	–	–	–	●	●	●	○	○
Blaubeeren / Heidelbeeren	–	–	–	–	–	●	●	●	●	–	–	–
Brombeeren	–	–	–	–	–	–	●	●	●	–	–	–
Erdbeeren	–	–	–	–	●	●	●	–	–	–	–	–
Himbeeren	–	–	–	–	–	●	●	●	–	–	–	–
Holunderbeeren / Flieder	–	–	–	–	–	–	–	–	●	●	–	–
Johannisbeeren	–	–	–	–	–	●	●	●	–	–	–	–
Kirschen	–	–	–	–	–	●	●	●	–	–	–	–
Mirabellen	–	–	–	–	–	–	●	●	●	–	–	–
Pflaumen	–	–	–	–	–	–	●	●	●	–	–	–
Quitten	–	–	–	–	–	–	–	–	●	●	●	–
Rhabarber	–	–	–	●	●	●	–	–	–	–	–	–
Stachelbeeren	–	–	–	–	–	●	●	●	–	–	–	–
Wassermelonen	–	–	–	–	–	–	–	●	●	–	–	–
Weintrauben	–	–	–	–	–	–	–	–	●	●	–	–
Zwetschgen	–	–	–	–	–	–	●	●	●	●	–	–

Symbolerklärung für den Saisonkalender Obst

● Das Obst ist in diesem Monat frisch aus heimischem Anbau verfügbar.

○ Das Obst ist in diesem Monat als Lagerware aus heimischem Anbau verfügbar.

– Das Obst ist in diesem Monat nicht regional-saisonal verfügbar.

Obst ist ein wichtiger Vitamin- und Mineralstoffträger. Allerdings beeinflussen außer der jeweiligen Sorte auch die Lagerzeit, die Lagerbedingungen und die Zubereitung entscheidend den tatsächlichen Wirkstoffgehalt. Rohes, frisches Obst ist in dieser Hinsicht am besten geeignet. Der Gehalt an Fruchtsäuren bewirkt den erfrischenden Geschmack. Daneben hat das Obst durch seinen hohen Wassergehalt eine besondere Bedeutung für die Ernährung.
Die Kohlenhydrate sind sowohl als sättigende, stuhlfördernde Ballaststoffe vertreten als auch als Frucht- und Traubenzucker, deren Anteil mit zunehmendem Reifegrad zunimmt.

Wegen des guten Geschmacks und des niedrigen Energiegehalts eignet sich Obst besonders als Nachtisch und Zwischenmahlzeit.

Regeln für die Behandlung von Obst:

1. Obst möglichst roh verzehren.
2. Obst erst kurz vor dem Verbrauch frisch kaufen, auf Bio und Regional achten.
3. Obst, wenn es nötig ist, kühl lagern.
4. Obst immer gründlich mit kaltem Wasser waschen.
5. Beim Schälen von Kernobst sparsam vorgehen, die Wirkstoffe sitzen direkt unter der Schale.
6. Soll die Haut z. B. von Pfirsichen oder Mandeln entfernt werden, so brüht man das Obst kurz in siedendem Wasser ab. Die Schale lässt sich dann leicht abziehen.
7. Obst wird im Handel neben dem Frischobst als Kompott, Obstspeisen oder Quarkspeisen mit Obst angeboten.
8. Obst vitaminschonend weiterverarbeiten und sofort verzehren.
9. Zerkleinertes Obst immer abdecken und, wenn nötig, kaltstellen (Sauerstoff- und Wärmeeinwirkung auf die Vitamine, z. B. Vitamin C).
10. Säfte erst unmittelbar vor dem Trinken frisch pressen.
11. Beim Garen von Obst den Topf immer geschlossen halten und anschließend die Flüssigkeit mitverwenden, sie ist nährstoff- und wirkstoffhaltig.

Fette und Öle

Gewinnung und Bearbeitung von Speisefetten

⁎ kalt gepresstes Öl (Native)

➪ rein mechanisches Pressen der Ölsaaten oder der Ölfrüchte - ohne dass dabei Wärme zugeführt wird. Trübstoffe oder ähnliches werden durch Filtern, Absetzen oder mit einer Schleudermaschine herausgefiltert.

⁎ raffiniertes Öl

➪ pressen der Ölsaat unter Wärmezufuhr. Der verbliebene Saatenrückstand wird dann nochmals mit Hilfe von Lösungsmitteln behandelt, dadurch ergibt sich noch mehr Öl. Dieses (zweite) Öl ist jedoch ungenießbar und muss mit mehreren Schritten gereinigt (raffiniert) werden.

⁎ Butter

➪ 80% Fettanteil und max. 16% Wasseranteil, 4% Milchzucker, Mineralstoffe, Proteine, Cholesterin, etc.

⁎ Butterschmalz (geklärte Butter)

➪ Butter ohne Wasser, Molke (Milcheiweiß) und Milchzucker. Es besteht zu 99,5% aus Reinfett. Rein technisch ist es auch identisch mit dem aus Indien oder dem asiatischen Raum kommenden „Ghee". Durch die hier unterschiedlichen Herstellungsverfahren kann es zu unterschiedlichen Qualitäten oder Farbintensitäten oder einem etwas stärkeren Geruch kommen. Im Gar- oder Bratverhalten sind sie allerdings gleich.

⁎ Margarine

➪ Hier handelt es sich um ein industriell hergestelltes Streichfett mit einem erhöhten Anteil an ungesättigten Fettsäuren und ist daher in der grundsätzlichen Ernährung positiver anzusehen. Die gelbliche Farbe wird meist durch die Zugabe von Beta-Carotin erreicht.

Fette in der Küche

1. Fette werden nach ihrer Herkunft in tierische und pflanzliche Fette eingeteilt.
2. Im Haushalt werden heute meistens folgende Fette verwendet:
   a) tierische Fette: Butter, Schmalz und Speck
   b) pflanzliche Fette: Öle, Margarinen
3. Der Wassergehalt der Fette bestimmt die Verwendungsmöglichkeiten. Man teilt in wasserarme und wasserreiche Fette ein. Durch den Wassergehalt wird der Qualm- oder Rauchpunkt beeinflusst.
4. Wasserreiche Fette, die man nur bis 150° C erhitzen kann, wie Butter und Frühstücksmargarinen, benutzt man nur zum Brotbestreichen, eventuell als Geschmacksverfeinerung beim Kochen, Dünsten und Dämpfen.
5. Wasserarme Fette, die man bis 220° C erhitzen kann, wie Speck, Schmalz, Plattenfette, Öle und Backmargarinen, benutzt man zum Braten, Schmoren, Fritieren, Grillen, Backen.
6. Fette müssen richtig gelagert und verwendet werden, damit sie nicht verderben. Dazu sollten folgende Grundsätze beachtet werden:
   – Fette kühl und dunkel lagern.
   – Fette nicht zu lange aufbewahren, sie werden ranzig.
   – Fette nicht öfter als zweimal erhitzen, besonders Frittierfette.
   – Fette nicht über den Qualmpunkt erhitzen, es bilden sich gesundheitsschädliche Stoffe.
   – Auch eingefrorene Fette können verderben, sie werden ganz langsam ranzig.
   – Fette nehmen Fremdgeschmack an, deshalb Fette immer gut verpackt aufbewahren.

Zucker in der Küche

Küchentechnische Eigenschaften des Zuckers

1. Süßen

Wegen der hohen Süßkraft wird zum Süßen von Speisen Rohr- und Rübenzucker verwendet. Für alle Speisen ist mittelfeine bis feine Raffinade besonders gut geeignet, da sie sich gut löst. Im Gegensatz dazu löst sich grober Zucker nur langsam auf. Zum Süßen von Schlagsahne und Sahnespeisen nimmt man am besten Puderzucker. Sollen energiereiche Speisen, z.B. für Sportler oder Kranke, zubereitet werden, dann kann man Traubenzucker verwenden. Wegen der geringeren Süßkraft von Traubenzucker lassen sich davon größere Mengen verarbeiten, ohne dass die Speise unangenehm süß schmeckt. Zum Süßen von Milchgetränken und Müsli lässt sich gut Honig einsetzen. Saure Speisen, wie z.B. Rhabarber, saure Äpfel, müssen unbedingt nach dem Garen gesüßt werden. Wird nämlich Zucker mit Säure erhitzt, so wird er zu Einfachzucker abgebaut. Da dieser eine geringe Süßkraft hat, wäre eine zu große Zuckermenge notwendig.

2. Karamellisieren

a) Der Karamell

Zucker zersetzt sich bei trockenem Erhitzen. Er schmilzt und sein Kristallwasser verdampft. Ab 160° C wird Zucker braun, verliert seine Süßkraft und bekommt den typischen Karamellgeschmack. Zur Herstellung von Karamell gibt man den Zucker in eine Pfanne oder einen Topf und erwärmt ihn. Der Zucker schmilzt, und während er karamellisiert, beginnt er zu schäumen. Wenn er gut schäumt, muss sofort kochendes Wasser zugegeben werden, sonst verbrennt der Karamell und wird bitter. Erhitzt man den Zucker, bis er dunkelbraun ist, so hat er keinen Geschmack mehr und dient als Zuckerfarbe (Zuckercouleur) zum Färben von Speisen. Bei der ganzen Zubereitung muss ständig gerührt werden, aber VORSICHTIG, Karamell ist sehr heiß!

b) Der Krokant

Krokant wird als Einlage in Cremes und Eis und zum Verzieren von Nachspeisen und Torten gebraucht.

Zutaten: 60 g Zucker, 20 g Fett, 30 g gehackte Mandeln, Nüsse oder Kokosflocken

Der Zucker wird, wie unter Punkt a) beschrieben, geschmolzen. Wenn er zu schäumen beginnt, gibt man Fett und Mandeln zu. Unter ständigem Rühren lässt man den Krokant hellbraun werden. Nun gibt man ihn zum Erkalten auf ein geöltes Pergamentpapier. Nach dem Erkalten wird er zerbröckelt.

3. Aromatisieren

Vanillezucker und Zitronenzucker

Man gibt eine aufgeschnittene Vanillestange in ein Glas, schüttet etwa 100 g Zucker darauf und verschließt das Glas. Nach etwa 2 bis 3 Tagen hat der Zucker den Vanillegeschmack aufgenommen.

Ungespritzte Zitronen oder Apfelsinen werden heiß gewaschen. Nach dem Trocknen wird die Außenschale entweder abgerieben oder fein abgeschält und dann mit Zucker in ein Glas gegeben. Die abgeschälte Schale kann man nach 2 bis 3 Tagen herausnehmen, die geriebene Schale bleibt enthalten. Zitronenzucker wird als Geschmackszutat zu Milch- und Obstspeisen und beim Backen verwendet.

4. Konservieren

In einer konzentrierten Zuckerlösung können sich Mikroorganismen (Gärungserreger) nicht entwickeln, da ihnen das lebensnotwendige Wasser entzogen wird. Zucker hat eine wasseranziehende (hygroskopische) Wirkung, wie auch das Salz. Die gleiche Wirkung hat das Kochen von Früchten mit Zucker bei der Marmeladenherstellung.

Zuckeraustauschstoffe als Zuckerersatz

Dies sind Zuckeraustauschstoffe, die Süßkraft liegt bei 40–70% vom klassischen Zucker. Diese sind unter anderem:

- Sorbit
- Mannit
- Isomalt
- Maltit
- Maltitsirup
- Lactit
- Xylit (98–100 % Süßkraft)

Zuckeraustauschstoffe wirken in höheren Mengen abführend.

Süßstoff als Zuckerersatz

Saccharin
Cyclamate
Aspartam
Acesulfam

Süßstoffe sollten nach der Empfehlung der Weltgesundheitsorganisation (WHO) nicht in höheren Mengen genossen werden.

Gelatine

Gelatine ist ein Geliermittel. Sie wird aus eiweißhaltigen Leimstoffen von Knochen, Knorpeln und Häuten von Schlachttieren gewonnen.
Gelatine kann etwa das 50fache ihres Gewichtes an Flüssigkeit binden. Die Gelatinemenge ist abhängig von der Temperatur, der Steifdauer und dem Säuregehalt der Speise.
Gelatine wird sehr vielseitig verwendet, nicht nur im Haushalt.

Die Gelatine wird in Blattform und als Pulver in klar und in rot angeboten. Sie ist geschmacksneutral und kann deshalb für süße und pikante Speisen verwendet werden. 6 Blatt Gelatine entsprechen 1 Beutel gemahlener Gelatine. Für 1/2 L Flüssigkeit verwendet man:

- 6 Blatt bei nicht gestürzten Speisen
- 8–10 Blatt bei gestürzten Speisen
- 7 Blatt bei nicht gestürzten Speisen mit Fruchteinlage.

Wird ein Gelee am Vortag zubereitet, kann 1 Blatt weniger genommen werden. Der Vorteil von Blattgelatine ist, dass man sie besser zählen kann.

Die Blattgelatine muss in kaltem Wasser für ca. 10 Minuten eingeweicht werden, bis diese komplett weich ist.

Die eingeweichte Gelatine aus dem Wasser nehmen und gut ausdrücken.

Die ausgedrückte Gelatine in eine warme bis heiße Flüssigkeit geben.

Die aufzulösenden Gelatine sofort und gut mit einem Schneebesen einarbeiten, in ein entsprechendes Gefäß umfüllen und kalt stellen. Am Besten sollte dies im Kühlschrank geschehen – je nach Größe gerne über Nacht – mind. jedoch 4–6 Stunden.

Zum Stürzen des Gelees den Rand mit einem scharfen Messer von der Form lösen, evtl. die Form (sehr kurz) in warmes Wasser halten und stürzen.

Sollte die Gelatine in eine kalte Speise eingearbeitet werden, so sollten die Blätter (s. o.) in wenig warmer Flüssigkeit – leicht rührend – aufgelöst werden. Nun von der zu gelierenden Masse etwas in die aufgelöste Gelatine geben, glattrühren um dann diesen Ansatz in die große Masse sauber mit einem Schneebesen einzuarbeiten.

Gelatine in Pulverform wie auf der Packung angegeben verarbeiten. Beachten Sie bitte die angegebene Quellzeit.

Die Milch

1. Vorzugsmilch

➪ unbehandelte Milch, welche nach dem Melken nur gefiltert wird und sofort auf 4°C gekühlt werden muss. Nur von staatlich zugelassenen und kontrollierten Vorzugsmilchbetrieben. Im Handel zu erwerben. 3,6%–4,2% Fettgehalt.

2. Rohmilch

➪ wie Vorzugsmilch – darf nur „ab Hof" abgegeben werden.

3. Vollmilch

➪ Milch, die für 15–30 Sekunden auf 72°C–75°C erhitzt wird, um Keime und unerwünschte Mikroorganismen abzutöten. 3,5% (Standard) – 4,2% Fettgehalt.

4. fettarme Milch

➪ Wie Vollmilch. 0,3%–1,5% Fettgehalt.

5. H-Milch

➪ Wie Vollmilch. Wird jedoch für mind. 3 Sekunden auf 135°C–150°C erhitzt. Ungeöffnet bis zu 4 Monate haltbar. 0,1%–3,5% Fettgehalt.

6. Milchersatzprodukte (nicht tierisch):

⁎ Sojadrink ⁎ Mandeldrink ⁎ Reisdrink ⁎ Haferdrink ⁎ etc.

➪ Diese Produkte dürfen nicht „-milch" heißen und können auch nicht eins zu eins bei der Speisen- und Teigzubereitung ausgetauscht werden.

Vollmilch enthält in der Regel:

⁎ 3,5% Fett ⁎ 3,3% Milcheiweiß ⁎ 4,5% Kohlenhydrate ⁎ 87% Wasser ⁎ 7% Mineralsalze und Vitamine.

Die Milch ist das vollkommenste Nahrungsmittel, das wir besitzen. Sie enthält alle zum Leben und Wachstum notwendigen Nährstoffe in leichtverdaulicher Form und günstiger Zusammensetzung. Für das Kleinkind enthält sie auch die genügende Menge der zur Wärme- und Krafterzeugung notwendigen Kohlenhydrate. Auch für kranke und alte Menschen ist die Milch unentbehrlich. Für die Gesamternährung und Gesunderhaltung der Menschen spielen Milch und Milcherzeugnisse eine wichtige Rolle.

Das Milcheiweiß ist wie das Fleischeiweiß vollwertig. Die Milch enthält auch noch wichtige Vitamine und Mineralstoffe, wie das Kalzium und Magnesium für den Knochenaufbau. Um der Bevölkerung einwandfreie Milch liefern zu können, muss alle Milch über Sammelstellen an die Molkereien abgeliefert werden, wo sie 40 Sekunden lang auf 71–74°C erhitzt wird. Dabei bleibt der Rohmilchcharakter erhalten. Durch die Kurzzeiterhitzung werden enthaltene Krankheitserreger abgetötet, während die Vitamine erhalten bleiben. Die Rohmilch, die als Vorzugsmilch in den Handel kommt, ist aus tuberkulosefreien Viehbeständen, die ständig sehr strengen Kontrollen unterliegen. Der Fettgehalt der Vorzugsmilch schwankt zwischen 3,8–4,2%, sie ist entsprechend teurer.

Aufbewahrung von Milch und Milchprodukten

Milch ist ein leichtverderbliches Lebensmittel und muss sorgfältig gelagert werden.

1. Die Kühlkette vom Geschäft bis nach Hause darf nicht unterbrochen werden.
2. Milch nicht offen stehenlassen, denn sie nimmt Fremdgerüche und Geschmack an.
3. Milch immer kühl aufbewahren, sie wird sonst sauer oder faul.
4. Milch nicht dem Sonnen- oder Neonlicht aussetzen, dadurch werden Vitamine zerstört.
5. Milchprodukte werden genauso wie Milch gelagert, Käse am besten in der Originalverpackung aufbewahren, Kondensmilch dagegen immer aus der Dose umfüllen (Zinkvergiftung).

Mögliche Menüfolgen:

Schwäbisch:

Maultaschen mit Kartoffelsalat
*
Kalbsfrikassee, Spätzle,
Wirsinggemüse
*
Schokoladenspeise

Gaisburger Marsch
*
Geschnetzeltes Kalbfleisch, Breite Nudeln
*
Süße, gebratene Grießschnitten mit Kompott

Käsesuppe
*
Geschmorter Hackbraten, Spätzle, Blattsalat
*
Ofenschlupfer, Vanillesoße

Festlich:

Champignonsuppe
*
Fisch im Gemüsebett, Kartoffelpuffer
*
Rote Grütze, Vanilleeis

Spargelsuppe
*
Rehrücken, Kartoffelauflauf,
gedämpftes Gemüse
*
Wiener Apfelstrudel

Geröstete Grießsuppe
*
Brieschen in Buttersoße, Reis, Spinat
*
Fruchtgelee

In den klassischen Menüfolgen sind wir in den letzten Jahren wesentlich entspannter geworden. Trotzdem sollten sollte man sich an den grundlegenden Regeln weiter orientieren. Für zu Hause und bei geladenen Gästen gerne ein 3 Gang Menü. Hier wäre darauf zu achten, dass es keine Doppelungen von z. B. Fisch oder anderen Zutaten zwischen den Gängen gibt. Ebenfalls sollte darauf geschaut werden, dass die Vorspeise gerne kalt oder warm sein kann, der Hauptgang warm und das Dessert gerne eine Mischung aus kalt und warm sein darf. Auch sollte man sich dringend an die Jahreszeiten und die Saison der einzelnen Lebensmittel gehalten werden und soweit möglich auf regionale Lebensmittel zurückgreifen.

Zusammenfassung zum Thema Anrichten

Neben dem Kochen, Zubereiten und feinem Abschmecken von Lebensmitteln und Gerichten ist das entsprechende Anrichten und Präsentieren in der heutigen Zeit immer wichtiger.

Hierzu kommt selbstverständlich auch die Verwendung eines ansprechenden Tellers, einer Bowl, einer Platte von unterschiedlichen Materialien oder ähnlichem zum Einsatz.

Grundsätzlich gilt die ebenso alte wie richtige Regel – Sättigungsbeilage links (11 Uhr), Gemüse rechts (14 Uhr) und auf 18 Uhr dann der Hauptbestandteil. Genau – ein Teller wird beim Anrichten gerne wie eine Uhr gesehen. Damit weiß jeder und jede beim Anrichten eines Tellers, wohin genau die einzelnen Bestandteile gelegt werden sollen.

Unabhängig von dieser Grundform entwickeln sich die Anrichteweisen im Laufe der Zeit auch weiter – neue Einflüsse auch aus anderen Ländern, Kulturen und Regionen kommen dazu und erweitern auch hier die Präsentation auf dem Teller – eine Bereicherung!

Auch geht es weg vom klassischen, runden Speiseteller hin zu Formen und Farben, wie es die Jahreszeiten vorgeben, wie es Spaß und Freude bereitet.

Gerne wird immer mehr auf die klassischen Sättigungsbeilagen (fast) verzichtet.

Freuen Sie sich auf Ihre Ideen auf Ihrem Teller – seien Sie mutig! Fächer, Türme, nebeneinander – alles ist erlaubt:

Z. B. ein Klecks Selleriepüree in die Mitte des Tellers und dann mit einem Zackenspachtel einmal durchziehen – perfekt.

Oder das Risotto in die Mitte, ein gebratenes Medaillon locker oben drauf gesetzt, eine Parmesanschaumhaube als Abschluss.

Oder den Zwiebelrostbraten einmal anders denken – den Rostbraten, rosa gebraten, in ca. 1,5 cm breite Streifen der Länge nach schneiden – die Röstzwiebeln nicht klassisch, sondern geschält, halbiert, in Butter auf der Schnittfläche mit etwas Puderzucker karamellisiert in einer Pfanne bei mittlerer Hitze mit Deckel schön mit Farbe geschmort, etwas Soße. Hier nun einfach 2 halbe geschmorte Zwiebeln in die Mitte eines tiefen Tellers geben, die heißen Fleischstreifen durcheinander darauf legen, etwas Soße drumherum, noch etwas Grün und mit einem frisch gebackenen Brot serviert – ein Genuss.

Immer mehr wird auch schon außerhalb eines Nachtisches auf die Kombination von warm und kalt geachtet. So wird zur warmen Fischvorspeise zum Beispiel ein Meerretticheis oder zur warmen Suppe ein kalter Gewürz-Shot serviert.

Lassen Sie Ihren Ideen freien Lauf – sei es in Farbe, Form, Geschmack oder Temperatur!

Tisch eingedeckt mit Gläser

Tisch eingedeckt ohne Gläser

Besteckübersicht

I. Definition – KOCHEN

Kochen ist Garen in viel siedender Flüssigkeit (100° C).
Die Flüssigkeit kann auch gerne etwas gesalzen werden oder durch eine Brühe ersetzt werden.

II. Lebensmittel zum KOCHEN

Suppenfleisch, Knochen, Kartoffeln, Eier, wasserarme und stärkereiche Lebensmittel, wie z. B. Hülsenfrüchte, Reis, Nudeln

III. Geräte zum KOCHEN

Kochtopf mit gut schließendem Deckel

IV. Garvorgang beim KOCHEN

Die Nahrungsmittel werden gar, wenn
- Eiweißstoffe gerinnen
- Wasser aufgenommen wird
- Stärke quillt und verkleistert
- Fette flüssig werden
- der Zellverband aufgelockert wird.

  Weitere Vorgänge, die beim Kochen ablaufen :
- Auslaugen wasserlöslicher Inhaltsstoffe – Vitamine und Mineralstoffe
- Auslaugen von Aroma- und Farbstoffen
- Zerstören der Form.

V. Methoden zur Durchführung – KOCHEN

1. Ansetzen in kalter Flüssigkeit – das Wasser sollte gesalzen sein oder in Gemüse- oder Fleischbrühe ansetzen.
   Nahrungsmittel, die ein festes Zellgewebe haben oder die stark auskochen sollen, müssen mit kalter Flüssigkeit aufgesetzt werden.
   a) So gehen die Nähr- und Geschmacksstoffe weitgehend in die Brühe über,
      z. B. Suppenfleisch, Huhn, Knochen.
   b) Außerdem hat das Nahrungsmittel genügend Zeit, Wasser aufzunehmen, d. h. zu quellen,
      z. B. Hülsenfrüchte, Graupen, alte Kartoffeln, Trockenobst, Trockengemüse.
   c) Auch zum Zerkochen von Obst zu Mus oder Brei wird kalt angekocht, z. B. Äpfel oder Pflaumen.
2. Ansetzen in siedender Flüssigkeit
   Nahrungsmittel, die ein lockeres Zellgewebe haben oder nicht auskochen dürfen, müssen in kochender Flüssigkeit angesetzt werden. Ebenso sollten z. B. Gemüse im Anschluss in Eiswasser abgeschreckt werden, um die Farbe zu erhalten und den Garprozess sofort zu unterbrechen.
   a) So bleiben die Nähr- und Geschmacksstoffe besser erhalten, z. B. bei Gemüse oder Obst.
   b) Außerdem bleiben die Form, das Aussehen und der Geschmack besser erhalten, z. B. Nudeln, Reis, frische Kartoffeln.

I. Definition – GARZIEHEN – wird auch als „Pochieren“ bezeichnet

Garziehen ist Garen in reichlich Flüssigkeit unterhalb des Siedepunktes (75°–95°C).
Die Flüssigkeit kann auch gerne etwas gesalzen werden oder durch eine Brühe ersetzt werden.

II. Lebensmittel zum GARZIEHEN

Besonders geeignet sind Lebensmittel und Speisen mit einer lockeren Zellstruktur wie z. B. Knödel, Klöße, Klopse, Eierspeisen, Fisch, Geflügel, Fleisch, Obst.

III. Geräte zum GARZIEHEN

Töpfe, Pfannen, höhere Backbleche, Bräter

IV. Garvorgang beim GARZIEHEN

Bei Temperaturen zwischen 75°–95°C werden die Inhaltsstoffe der Lebensmittel langsam gegart:

- Eiweißstoffe gerinnen
- Wasser wird aufgenommen
- Stärke quillt und verkleistert
- Fette werden flüssig
- der Zellverband wird aufgelockert
- außerdem werden wasserlösliche Inhaltsstoffe wie Vitamine, Mineralstoffe, Aroma- und Farbstoffe ausgelöst.

V. Methoden zur Durchführung – GARZIEHEN

1. Garen in geschlossenem Topf
   Die Temperatur muss hier bei 75°–80°C liegen. Es wird bei milder Wärme ohne Wasserströmung gegart.
2. Garen in offenem Topf
   Die Temperatur liegt hier bei 90°–95°C, also kurz vor dem Sieden. Es wird bei mittelstarker Hitze ohne Wasserströmung gegart. Der Deckel kann auch schräg aufgelegt werden.
3. Garen in Salzwasser oder Sud
   Das Lebensmittel wird in das heiße Salzwasser gelegt. Nach dem Garen wird aus der Garflüssigkeit eine Soße hergestellt. Das Wasser kann auch zu einem Sud abgeschmeckt werden, indem man z. B. Zitronensaft, Essig, Wein und Gewürze zugibt und es einmal kräftig aufkochen lässt, bevor das Gargut hineingelegt wird. Beispiele: Curryreis, Fisch, Klopse.
4. Garen in vorgefertigter Soße
   Es wird eine Soße zubereitet, in der man das Gargut ziehen lässt. Eventuell noch austretende Flüssigkeit muss von der Soße noch aufgenommen werden, d. h. die Soße muss dick genug sein. Beispiele: Fisch in Tomatensoße, Hühnerbrust in Currysoße.

I. Definition – DÜNSTEN

Dünsten ist Garen in wenig Flüssigkeit, eventuell mit Zugabe von etwas Fett, bei einer Temperatur von 100° C.
Die Flüssigkeit kann auch gerne etwas gesalzen werden oder durch eine Brühe ersetzt werden.

II. Lebensmittel zum DÜNSTEN

Lebensmittel mit einem hohen Wassergehalt wie z. B. Gemüse und Obst, Fisch und zartfaseriges Fleisch.

III. Geräte zum DÜNSTEN

Kochtopf mit gut schließendem Deckel

IV. Garvorgang beim DÜNSTEN

- Das Nahrungsmittel wird vorwiegend im Eigenwasser und im Wasserdampf gegart, deshalb wird nur ein kleiner Teil der wasserlöslichen Vitamine und Mineralstoffe ausgelaugt.
- Die Nährstoffe – Eiweiß, Fett und Kohlenhydrate – werden wie beim Kochen und Dämpfen gegart.
- Da in der Dünstflüssigkeit ein Teil der wasserlöslichen Inhaltsstoffe sind, stets die Dünstflüssigkeit für Suppen oder Soßen weiterverwenden.

V. Methoden zur Durchführung – DÜNSTEN

1. Sehr wasserreiche Nahrungsmittel wie z. B. Paprika, Tomaten, Spinat können auch nur mit einer sehr geringen Wassermenge gedünstet werden.
2. Wasserärmere Nahrungsmittel mit einer entsprechenden Menge Wasser zum Dünsten aufsetzen.
   - Es kann auch etwas Butter oder Öl zugesetzt werden.
   - Aus der Dünstflüssigkeit können schmackhafte Soßen bereitet werden, man kann sie auch für Suppen weiterverwenden.

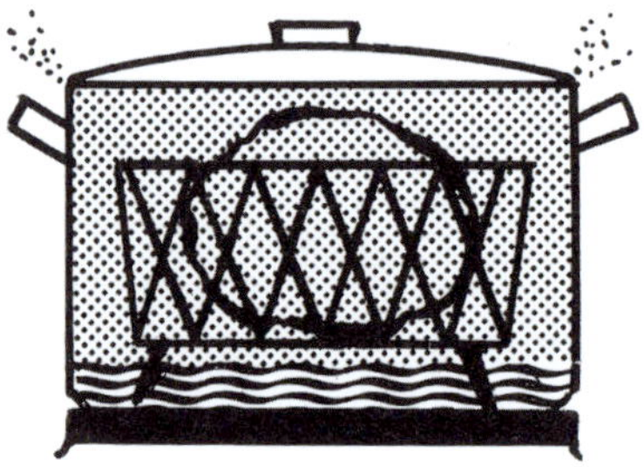

I. Definition – DÄMPFEN

Dämpfen ist Garen in strömendem Wasserdampf auf einem Siebeinsatz bei 100°C.

II. Lebensmittel zum DÄMPFEN

Nahrungsmittel, die genügend Eigenflüssigkeit besitzen wie z. B. Kartoffeln, Spargel, Fleisch, Fisch, Serviettenknödel und die meisten Gemüsesorten.

III. Geräte zum DÄMPFEN

Kochtopf mit gut schließendem Deckel und einem Siebeinsatz / Dampfgarer für den Herd mit Temperaturanzeige / Dampfbackofen.

IV. Garvorgang beim DÄMPFEN

Durch die Dampfaufnahme können folgende Garungsprozesse ablaufen:

- Bei 70°C gerinnen die Eiweißstoffe.
- Bei 70°C quillt die Stärke und verkleistert.
- Die auslaugende Wirkung des Wassers tritt nicht ein; der Dampf hat nur eine sehr geringe Auslaugekraft. Dies bedeutet, dass die wasserlöslichen Inhaltsstoffe – Vitamine, Mineralstoffe – im Nahrungsmittel bleiben.
- Der Dampf nimmt aber Aroma- und Duftstoffe auf, deshalb muss der Topf immer gut verschlossen bleiben, damit kein Dampf entweichen kann.
- Die Form bleibt besonders gut erhalten, da keine Wasserströmung wie beim Kochen wirken kann.

V. Methode zur Durchführung – DÄMPFEN

Es gibt drei verschiedene Methoden zum Dämpfen:

1. Kochtopf mit Deckel
2. Dampfgarer für den Herd mit Temperaturanzeige
3. Dampfbackofen.

Dabei gilt immer die selbe Vorgehensweise:

1. Das Lebensmittel vorbereiten und gut würzen.
2. Das Lebensmittel auf den Siebeinsatz legen und in den Topf oder den Dampfgarer geben. So viel Wasser einfüllen, dass das Sieb nicht berührt wird, einen gut schließenden Deckel darauf setzen.
3. Die Hitzezufuhr so regulieren, dass einerseits genügend Dampf zum Garen vorhanden ist, andererseits nicht zu viel Dampf entweichen kann.

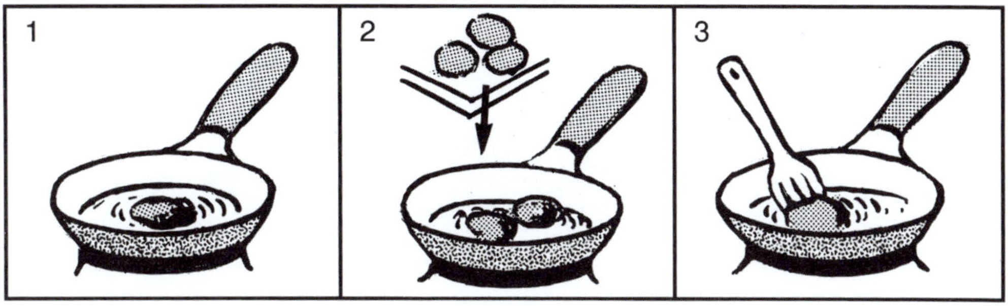

Fett erhitzen → Lebensmittel anbraten → Lebensmittel wenden und weiterbraten

I. Definition – BRATEN

Braten ist Garen und Bräunen in heißem Fett bei Temperaturen zwischen 120° C und 220° C.

II. Lebensmittel zum BRATEN

Kleine Fleischstücke, kleine Fischstücke, Kartoffeln, Eierspeisen

III. Geräte zum BRATEN

Brattopf oder Bratpfanne

IV. Garvorgang beim BRATEN

- Die Eiweißstoffe der Randschichten gerinnen sofort und bilden eine nährstoffschonende, braune Kruste.
- Die Eigenfette werden flüssig und fließen aus in den Bratensatz.
- Bei der Bräunung entstehen wohlschmeckende Röst- und Aromastoffe.

V. Methoden zur Durchführung – BRATEN

1. Man soll hitzebeständiges Fett oder Öl verwenden und auf 120° bis 220° C erhitzen.
2. Man darf Fette oder Öle nicht überhitzen, sie dürfen nicht qualmen, es bilden sich sonst gesundheitsgefährdende Stoffe.
3. Feuchte Lebensmittel müssen abgetrocknet werden – Spritzgefahr.
4. Die Lebensmittel werden von allen Seiten braun angebraten.
5. Die Hitzezufuhr wird auf ca. 100° C reguliert und das Lebensmittel weitergebraten bis es gar ist.
6. Beim Braten wird das Bratgut öfter gewendet oder mit Fett begossen.
7. Braten erfolgt im offenen Kochgeschirr.

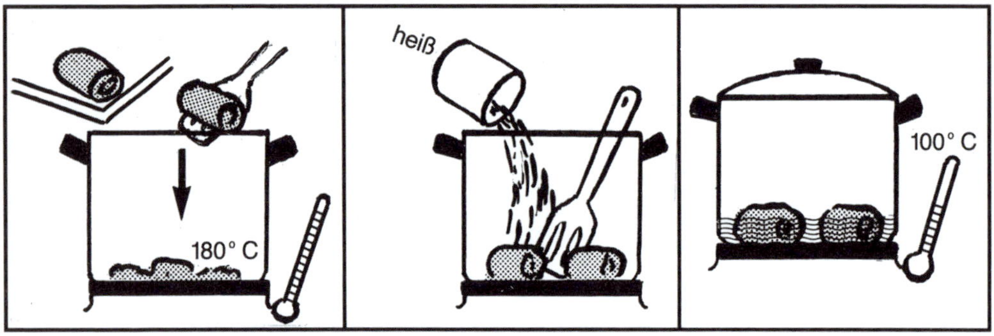

Lebensmittel von allen Seiten anbraten → heiße Flüssigkeit zugeben → im geschlossenen Topf weitergaren

I. Definition – SCHMOREN

Schmoren ist Garen durch Anbraten und Bräunen in heißem Fett und Weitergaren nach Zugabe von Flüssigkeit.

II. Lebensmittel zum SCHMOREN

Größere Fleisch-Schmorstücke, Rouladen, Gemüse mit und ohne Füllung

III. Geräte zum SCHMOREN

Kochtopf, Schmortopf oder Pfanne mit gut schließendem Deckel

IV. Garvorgang beim SCHMOREN

- Der Garvorgang verläuft zunächst genauso wie beim Braten.
- Die Eiweißstoffe der Randschichten gerinnen sofort und bilden eine nährstoffschonende, braune Kruste.
- Die Eigenfette werden flüssig und fließen aus in den Bratensatz.
- Bei der Bräunung entstehen wohlschmeckende Röst- und Aromastoffe.
- Durch die Zugabe von Flüssigkeit zum Weitergaren werden die Röst- und Aromastoffe gelöst, man kann eine Bratensoße zubereiten.
- Die Kohlenhydrate können beim Schmoren durch die Flüssigkeit, die nach dem Anbraten zugegeben wird, quellen und verkleistern.

V. Methoden zur Durchführung – SCHMOREN

1. Das Bratgut im offenen Topf in heißem Fett von allen Seiten kräftig anbraten.
2. Erst nach dem Anbraten wird gesalzen und auch gewürzt.
3. Zwiebeln und Gemüse werden erst nach dem Anbraten zu Fleischgerichten gegeben und kurz mitgebraten.
4. Es wird Flüssigkeit (Wasser, Wein) zugegossen, bis das Gargut halb bedeckt ist.
5. Man muss rechtzeitig zurückschalten und die Hitzezufuhr regulieren.
6. Es wird in geschlossenem Topf bei 100° C weitergegart.
7. Aus dem Bratensatz bereitet man eine Soße.

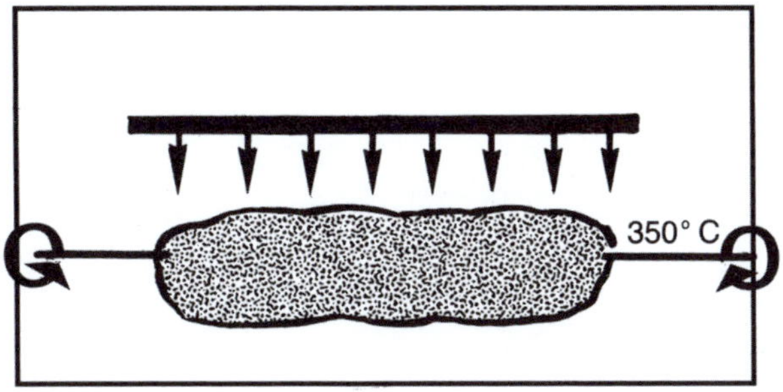

Drehspieß

I. Definition – GRILLEN

Grillen ist Garen unter Bräunung im geöffneten Grillraum in hohen Umgebungstemperaturen von ca. 350°C – durch Strahlungshitze oder direkte Wärmeleitung, d. h. Kontakt.

II. Lebensmittel zum GRILLEN

Kleinere wie größere Stücke Fleisch – wie Fischstücke, Geflügel, Gemüse, Kartoffeln, Brot, Brötchen, Obst

III. Geräte zum GRILLEN

Kohle-, Gas-, Elektrogrill / Oberhitze Gasgrill mit bis zu 800°C

IV. Garvorgang beim GRILLEN

Die Wärmestrahlen (Infrarotstrahlen) des Strahlungs- und Holzkohlegrills treffen auf das Grillgut, und es entwickeln sich Temperaturen über 300°C.

- Die Eiweißstoffe der Randschichten gerinnen sehr schnell zu einer dicken Schutzschicht, der Eigensaft und die weiteren Inhaltsstoffe bleiben erhalten.
- Das Eigenfett wird flüssig und tritt aus dem Gargut aus; bei Holzkohlegrills und stark tropfenden Lebensmitteln ein Stück Alufolie unterlegen.
- Die Kohlenhydrate von Obst und Gemüse werden nur durch die Eigenflüssigkeit gegart, deshalb nur wasserreiche Sorten zum Grillen verwenden.
- Die Kohlenhydrate von Brot und Brötchen – Zucker und Stärke – rösten zu einer braunen Kruste, Zucker karamellisiert, und Stärke bildet sich zu Dextrinen.

V. Methoden zur Durchführung – GRILLEN

1. Man soll nur im vorgeheizten Grillraum grillen.
2. Es wird erst nach dem Grillen gesalzen, sonst wird das Grillgut trocken.
3. Es kann vor dem Grillen gewürzt werden, aber auch hier vorsichtig.
4. Den Grillrost mit vorheizen und mit etwas Öl bestreichen, sonst backt das Grillgut fest.
5. Flache Grillstücke nahe an die Hitzequelle, große Grillstücke weiter weg zum Grillen legen, damit sie nicht von außen verbrennen und von innen noch nicht gar sind.
6. Während des Grillens das Grillgut öfter wenden.
7. Es kann mit und ohne Fettzugabe gegrillt werden, Grillkost ist daher diätgeeignet.
8. Grillkost stets sofort heiß servieren und nicht warmhalten, das Grillgut wird sonst zäh.

Fett in einer Friteuse oder im Topf erhitzen → Lebensmittel einfüllen, fritteren → Lebensmittel herausnehmen, abtropfen lassen

I. Definition – FRITTIEREN

Frittieren ist Garen unter Bräunung in viel Fett bei einer Temperatur zwischen 160° C und max. 170° C. Bei höheren Temperaturen kann das möglicherweise gesundheitsschädliche Acrylamid oder das stark giftige Acrolein gebildet werden.

II. Lebensmittel zum FRITTIEREN

Kleine wie größere Stücke Fleisch, Fischstücke (auch paniert), Geflügel, Gemüse, Kartoffeln, Backwaren, Obst im Backteig oder Quarkölteig, Rührteig und Knetteig

III. Geräte zum FRITTIEREN

Friteuse, hoher Kochtopf mit Einsatz

IV. Garvorgang beim FRITTIEREN

- Das Gargut wird von heißem Fett umgeben und erhält so schnell eine braune Kruste.
- Die Hitze dringt nach und nach in das Innere des Gargutes ein, wobei die Garung erfolgt.
- Die Nährstoffe werden wie beim Braten gegart.
- Eiweißstoffe gerinnen und bilden die braune Kruste.
- Bei den Teigen wird durch die Hitze das Treibmittel (Hefe, Backpulver) wirksam, und das Gebäck geht während des Frittierens auf.

V. Methoden zur Durchführung – FRITTIEREN

1. Es wird ein hitzebeständiges Fett erhitzt.
2. Prüfen Sie die richtige Temperatur mit einem entsprechenden Thermometer, sonst verbrennt das Gargut oder saugt sich bei zu niedriger Temperatur voll Fett.
3. Feuchte Lebensmittel wie Fleisch müssen abgetrocknet werden, Spritzgefahr!
4. Das Gargut wird schwimmend ausgebacken.
5. Füllen Sie nicht zuviel Gargut auf einmal ein, das Fett kühlt sonst zu stark ab, und das Gargut saugt sich voll Fett.
6. Frittieren Sie nicht zu große Stücke, sonst ist das Gargut außen braun und innen noch nicht gar.
7. Ist das Gargut frittiert, wird es aus dem heißen Fett genommen und auf einem Küchendraht oder einem Sieb zum Abtropfen abgelegt.
8. Das Frittierfett kann höchstens 3–4 mal gebraucht werden.
9. Nach jedem Gebrauch muss das Fett gefiltert werden.
10. Das Fett muss immer kühl aufbewahrt werden.

I. Definition – BACKEN

Backen ist Garen und Bräunen in trockener, heißer Luft bei Temperaturen zwischen 120° und 350° C.

II. Lebensmittel zum BACKEN

Backwaren aus allen Teigarten, Fleisch und Fisch, Überbacken von Speisen und Aufläufen

III. Gargerät zum BACKEN

Backofen mit Blechen, Rosten und Backformen

Ober-/Unterhitze: Die Hitze kommt ausschließlich von oben und/oder unten. Vor allem für Blechkuchen, Kuchen, Hefezöpfe, Pizza, Flammkuchen, Brote, etc.

Umluft: Hitze durch die Ober-/und Unterhitze, welche durch einen Ventilator im Backraum gleichmäßig verteilt wird.

Heißluft: Hitze wird durch einen Heizkörper direkt am Ventilator produziert und dadurch gleichmäßig im Backraum verteilt.

Beides ist ideal für Kuchen, Feingebäck und für den Einschub von mehreren Blechen.

IV. Garvorgang beim BACKEN

- Durch die Backhitze gerinnt das Eiweiß, die Stärke verkleistert, und das Backgut wird gar.
- An der Oberfläche entsteht eine schmackhafte Kruste aus Röststoffen des Eiweißes, karamellisiertem Zucker und Dextrinen der Stärke.
- Im Inneren des Backgutes steigt die Temperatur nicht über 100° C.
- Bei Teigen entfalten die Teiglockerungsmittel – Backpulver, Hefe – ihre Wirkung.
- Bei Aufläufen bindet das geronnene Eiweiß die Speise.
- Bei Fleisch und Fisch tritt das Eigenfett aus; damit das Backgut nicht trocken wird, muss man es öfter mit Flüssigkeit oder Fett begießen.

V. Methoden zur Durchführung – BACKEN

- Es wird immer im geschlossenen Backraum gebacken.
- Meistens wird der Backofen vorgeheizt.
- Die Temperatur richtet sich nach dem jeweiligen Backgut.
- Während des Backens von Teigen darf die Ofentür nicht geöffnet werden, sonst könnte der Teig zusammenfallen.
- Nach dem Backen die Tür zum Auskühlen etwas offen stehen lassen.

Die Alufolie

Eigenschaften der Alufolie

Alufolie ist die Abkürzung für Aluminiumhaushaltsfolie. Es handelt sich hierbei um reines Aluminium, das auf einige tausendstel Millimeter ausgewalzt ist. Sie sollte sparsam verwendet werden, da die Folie bei der Herstellung die Umwelt stark belastet.

Alufolie hat im heutigen Haushalt eine große Bedeutung. Sie wird sehr vielseitig eingesetzt:
- zum Verpacken
- zum Frischhalten
- zum Einfrieren
- zum Backen
- zum Garen

Alufolie hat viele positive Eigenschaften im Umgang mit Lebensmitteln:
- sie ist luft-, gas-, licht- und flüssigkeitsundurchlässig
- sie ist hitze- und kältebeständig
- sie ist beliebig formbar
- sie gibt keinen Geruch oder Geschmack ab und nimmt keinen an
- sie reflektiert an der glänzenden Seite einen Teil der auftreffenden Wärmestrahlen (wichtig beim Frischhalten)
- der Inhalt bleibt lange warm oder kalt
- sie ist absolut hygienisch.

Alufolie leitet die Wärme wie ein Topf weiter an das Nahrungsgut. Deshalb die Folie von innen etwas einfetten oder etwas Flüssigkeit zugeben, damit nichts anklebt. Soll eine Bräunung erzielt werden, so muss die Verpackung rechtzeitig geöffnet werden.
Die Garzeit in einer Alupackung ist wegen der Reflexion der Wärmestrahlen etwas länger als die Normalgarzeit. Ein besonderer Vorteil ist, dass man die Alufolie direkt in eine heiße Pfanne oder zum Grillen in offenes Feuer geben kann.

Die Bratfolie

Eigenschaften der Bratfolie;

Die Bratfolie ist aus einem besonderen, klaren Kunststoffmaterial.
Sie hat folgende Eigenschaften:
- sie ist hitzebeständig bis etwa 250° C
- sie ist transparent und lässt die Wärmestrahlen bis auf das Gargut durch
- sie ist luft- und feuchtigkeitsundurchlässig
- sie ist geruchs- und geschmacksneutral.

In der Bratfolie wird das Gargut knusprig braun, ohne besondere Fettzugabe. Es gibt Bratfolie als Beutel oder Schlauch zu kaufen. Den Schlauch kann man besser der Größe des Gargutes anpassen. Das Garen in Folie ist teurer als das Garen im Topf, da die Folie nur einmal verwendet werden kann. Bratfolie kann auch im Mikrowellenherd eingesetzt werden, aber zum Zubinden dürfen keine Metallclips verwendet werden. Bratfolie darf nicht mit offenem Feuer oder sehr heißem Metall in Berührung kommen, sonst verschmort sie.

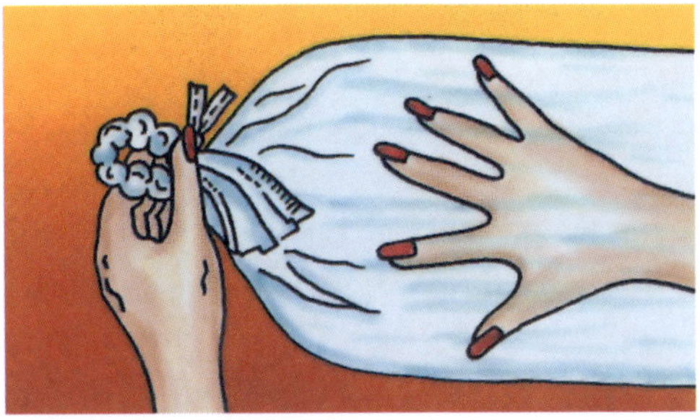

Arbeitsregeln:

1. Lebensmittel vorbereiten und würzen.
2. Speise in die Bratfolie legen und fest verschließen.
3. Den Backofen vorheizen, keinen Infrarot-Grill benutzen.
4. Die Folie einmal von oben einstechen, sie platzt sonst.
5. Die Packung auf ein Backblech legen, Roststäbe können die Folie leicht beschädigen.
6. Das Gargut auf der unteren Leiste in den heißen Ofen schieben. Die Hülle darf nicht die Ofenwände berühren, sonst verschmort sie.
7. Anbraten oder Nachbräunen entfällt.
8. Am Ende der Garzeit die Packung öffnen und den Saft auffangen.
9. Aus dem Saft eine Soße bereiten.

Backpapier:

Backpapier ist grundsätzlich als Trennpapier zwischen einem Backblech, einer Backform und dem Backgut – z. B. Plätzchen, Kuchen, etc. zu verwenden. Es gibt diese auf einer Rolle zum selbst „abreißen“ – oder es gibt schon auf ein Backblechmaß vorgeschnittene Stücke – meist als Einwegbackpapier, oder noch besser als Dauerbackfolie für den mehrmaligen Gebrauch.

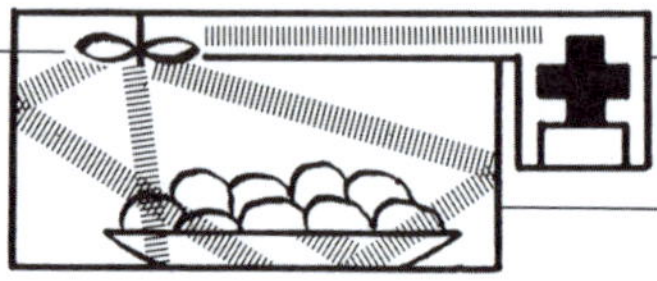

I. Definition – MIKROWELLENGAREN

Mikrowellengaren ist Garen durch elektromagnetische Wellen in einem Spezialgerät bei Temperaturen von 100° C.

II. Lebensmittel zum MIKROWELLENGAREN

Es eignen sich alle Lebensmittel und Speisen in kleinen Mengen bis etwa 500 g.

III. Geräte zum MIKROWELLENGAREN

Mikrowellenherd mit geeignetem Geschirr zum Garen oder Bräunen, mit oder ohne Deckel

IV. Garvorgang beim MIKROWELLENGAREN

Die Garvorgänge verlaufen wie beim Kochen und Dünsten:
- Eiweißstoffe gerinnen.
- Stärke quillt und verkleistert.
- Fette werden flüssig und treten aus.
- Der Zellverband wird aufgelockert.

Mikrowellen trocknen das Gargut schnell aus, deshalb ist die Zugabe von genügend Flüssigkeit je nach Gericht für den Garprozess wichtig. Durch Abdecken der Gerichte verhindert man weiteres Austrocknen. Beim Mikrowellengaren entsteht keine Kruste. Ist eine Kruste erwünscht, so muss entweder erst im normalen Topf angebraten werden oder nachher im Ofen oder Grill überbacken werden. Durch Bräunungsgeschirr wird nur eine geringe Bräunung erzielt.
Der besondere Vorteil des Mikrowellengarens liegt im schonenden, kurzen Aufwärmen von fertigen Speisen.

V. Methoden zur Durchführung – MIKROWELLENGAREN

1. Das Gargut vorbereiten, würzen und in das Gargeschirr legen.
2. Nicht zu große Mengen nehmen, nur bei kleinen Portionen ist die Garzeit verkürzt, und das Garen im Mikrowellenherd lohnt sich. Mengenempfehlungen des Herstellers sind zu beachten!
3. Das Geschirr mit dem passenden Deckel abdecken, sonst trocknet die Speise aus.
4. Die Garzeiten nach der Leistung des Gerätes und den Empfehlungen des Herstellers wählen.
5. Es kann ohne Fett- und Flüssigkeitszugabe gegart werden, wenn es aber nötig ist, sollte man doch etwas Flüssigkeit zugießen, damit die Speise nicht trocken wird.

Das Mikrowellengerät ist kein Ersatz für Herd und Backofen. Es sollte als nützliches Zusatzgerät gebraucht werden.

Pfannenübersicht

Die meisten Grundmaterialien für Pfannen:

* Edelstahl
* Eisen / Gusseisen
* Aluminium
* Kupfer

Beschichtete Pfannen

* Pfannen sind aus unterschiedlichem „Grundmaterial“, meist Edelstahl oder Aluminium, haben jedoch alle eine Antihaftbeschichtung.
* Lebensmittel haften daher beim Braten nicht so schnell an. Die Pfannen sind leichter zu reinigen, ebenso ist das Braten mit weniger Fett möglich.

In der Regel wird unter 2 verschiedenen Beschichtungen unterschieden (beide Typen gehören nicht in die Spülmaschine!):

* Keramik
* PTFE

→ Keramik ist sehr hitzebeständig und sehr kratzfest. Diese Beschichtung ist nicht für Braten oder Garen mit Olivenöl geeignet. Diese kaltgepressten Öle enthalten Teerharze, welche die Beschichtung angreifen können – diese Pfannen können daher schon nach kurzem Gebrauch unbrauchbar werden.

→ PTFE (als Markenname auch als Teflon bekannt) hat eine hohe Antihaftwirkung, ist allerdings kratzempfindlicher und sollte nicht so hoch erhitzt werden (Teflonfieber). Ebenfalls sollte darauf geachtet werden, dass Pfannen mit dieser Beschichtung einen „PFOA-frei“ Hinweis (PFOA ist in der EU seit Juli 2022 verboten) haben. PFOA war ein Hilfsmittel, schon zur Produktion von z. B. Teflon.

Eisen und Gusseisen

→ (Schmiede-)Eisen-Pfannen haben den Vorteil, dass man diese grundsätzlich nicht überhitzen kann. Ebenfalls sind diese meist dünner als Gusseisen-Pfannen und daher leichter im Umgang.

→ Gusseisen-Pfannen sind bedingt durch die Herstellung meist etwas dicker und daher auch schwerer.

Beide Pfannenarten müssen vor dem ersten Gebrauch „eingebrannt“ werden. Hier sollte man sich an die Hinweise des Herstellers halten. Beim Gebrauch bekommen die Pfannen eine natürliche Patina, welche final auch (fast) wie eine Antihaftbeschichtung wirkt. Beide Pfannentypen sollten allerdings nur mit warmen Wasser gereinigt werden! Nicht mit Spülmittel oder in der Spülmaschine.

Edelstahl (ohne Beschichtung)

- → Edelstahlpfannen sind fast unverwüstliche Pfannen – aber auch nicht einfach in der Handhabung. Sie erfordern etwas mehr Übung – sei es bei den Temperaturen, der Hitzeleitung und dem „Anhängen“ von Lebensmitteln beim Anbraten. Ebenso ist bei der Legierung auf den Wert 18/10 zu achten.
- → Wegen der niedrigen Leitfähigkeit der Temperaturen haben diese Pfannen meist noch einen eingearbeiteten Boden aus Aluminium oder (seltener) Kupfer.
- → Grundsätzlich sind sie jedoch sehr leicht zu reinigen und sind frei von Allergenen oder Unverträglichkeiten im Material.

Aluminiumpfannen

- → Diese Pfannen sind meist die leichtesten, sind jedoch auch fast immer mit PTFE oder Keramik beschichtet. Dies, da Aluminium gerne auf säurehaltige Lebensmittel reagiert. Ebenso haben sie eine schlechte Wärmekapazität und verformen sich recht leicht.

Kupfer

- → Diese Pfannen sind innen meist mit einer Edelstahlschicht ausgestattet, da bei reinen Kupferpfannen das Kupfer über die Nahrung in den Körper gelangen kann. Grundsätzlich ist eine Kupferpfanne allerdings die wohl langlebigste Alternative, welche in der Regel sofort auf die Hitzeregelung reagiert, (sie wird schnell heiß und kühlt schnell ab) und weist eine perfekte Wärmeverteilung auf. Allerdings sind diese Pfannen recht schwer und auch sehr teuer. Sie sollten auch nicht in den Geschirrspüler oder mit einem Scheuerreinigungsmittel gesäubert werden.

Messer-Guide / Informationen von Jörg Ilzhöfer

Messertypen

- Grundsätzlich unterscheidet man
  - klassische Küchenmesser mit einer glatten, evtl. leicht gebogenen Klinge (Wiegemesser), meist mit Messerklingen zwischen 9 und 28 cm
  - Wellenschliffmesser
  - Sondermesser wie Flexmesser, Filetiermesser, Tranchiermesser, Zerlegemesser, Ausbeiner, Kullenschliff oder Tourniermesser.

- Welche Messer sollte man zu Hause haben?
  - 1 Officemesser mit einer Klinge von 9 cm oder 12 cm
  - 1 Kochmesser mit leichter Wiege mit einer Klinge von 15 cm oder 18 cm
  - 1 Kochmesser mit leichter Wiege mit einer Klinge von 26 cm oder 28 cm
  - 1 Wellenschliffmesser mit einer Klinge von 21 oder 26 cm

- Unterschied Deutschland (Europa) / Japan
  - Der Hauptunterschied liegt vor allem in der Härte des Stahls und dem Schliff.
  - Japanische Messer haben eine Härte von 59–64 HRC / Deutsche Messer liegen hier bei 55–58 HRC.
  - Je härter die Klinge, desto steiler / dünner kann man im Winkel schleifen – die Klinge wird daher schärfer. In der Regel haben wir hier einen V-Schliff oder einen einseitigen V-Schliff mit ca. 15 %.
  - Deutsche Messer hingegen haben meist einen U-Schliff mit auf jeder Seite 15 % – also einen Finalschliff von ca. 30 %. Dies ist dem leicht weicheren Stahl geschuldet.
  - Daher sind Deutsche Messer meist robuster und in der Klinge nicht so empfindlich.
  - Japanische Messer sind auf Grund ihrer feineren Klinge anfälliger für Schäden an Klinge und Schärfe.
  - Ebenfalls ist das Schärfen / Schleifen von Japanischen Messern sehr aufwendig, wenn man es richtig machen möchte. Hier gelten verschiedene Schleifsteine zwischen 80 und 220 zum Schäden richten – ca. 1000 für die Grundschärfe – ca. 3000–5000 für höchste Schärfe.
  - Ebenso bestehen die meisten Japanischen Messer aus einem Hohlgriff mit gesteckter Klinge und Deutsche Messer haben von der Klinge bis in den Griff hinein einen meist geschmiedeten Stahl.
  - Dies hat erhebliche Unterschiede in der Form: wie ein Messer in der Hand liegt – wie man sich mit dem Messer in der Hand wohl fühlt.

- Bessere Messer?
  - Eine Festlegung ist hier sehr schwer – für mich ist das Wichtigste, wie das Messer vom Griff und der Schwere der Klinge „in der Hand liegt" – man muss ein Messer im wahrsten Sinne „begreifen". Was nützt einem die möglicherweise beste Klinge, wenn das Messer nicht in der Hand liegt und man auf Grund dessen nicht richtig damit schneiden kann.

  - Eine Härte von 58–60 HRC ist perfekt – im Schnitt wie im Halten der Schärfe. Auch hier bieten einige in Deutschland hergestellte Messer die nötige Alternative.
  - Neben dem Wunsch nach dem „richtigen“ Schliff – steckt eben auch ein großer Anteil der „Messerphilosophie“ dahinter …

- Was schneidet man mit welchem Messer?
  - Gemüse und Obst, gerne mit einem Officemesser
  - Fleisch, Geflügel mit einem klassischen Küchenmesser / ab 15 cm Klingenlänge
  - Fisch, gerne mit einem leichten Flexmesser
  - Brot mit einem Wellenschliffmesser
  - Fett und Sehnen befreien mit einem Flexmesser
  - Vom Knochen nehmen mit einem Ausbeiner
  - Die Spitze eines Messers hat nichts Maßgebliches mit dem Schneiden zu tun

- Griff
  - Er muss „in der Hand liegen“.
  - Wie oben bereits beschrieben ist es eine Geschmacksfrage, ob der Griff leicht wie ein Handschmeichler in der Hand liegt oder eher etwas „blockisch“ oder im Oval, wie die meisten Japanischen Messer als Hohlgriffmesser, in der Hand steckt.
  - Das Material muss eben lebensmittelecht und plan, ohne sichtbare und fühlbare Unebenheiten, feine Spalten oder Lücken, verarbeitet sein.

- Pflege
  - Unter heißem Wasser mit einem Spültuch und etwas Spülmittel reinigen. Danach Klinge und Griff trocken reiben.
  - Bei nicht rostfreiem Stahl das Einölen nicht vergessen.

- Spülmaschine
  - Dies ist nicht so gut. Die zum Teil aggressiven Spülmittel sind auf Dauer nicht gut für die sehr fein geschliffene Klinge. Ebenfalls ist der lange und heiße Dampf nicht gut für den Griff und die dort befindlichen Anschlussstellen an das Messer / die Klinge.

- Aufbewahrung
  - Gerne in einer Messerschublade mit entsprechender Einteilung
  - Magnetschiene an der Wand
  - Messerblock mit Magnetschiene
  - Messerblock mit Kunststoffeinsatz. Evtl. kann der Block bei einer einseitigen Belastung umfallen. Der Schmutz, der sich in den Kunststoffstäbchen ansammelt, ist nur schwer zu entfernen.

- Wie werden Messer wieder scharf?
  - Je nach Typ – Japanische Messer über einen Schleifstein, wegen dem V-Schliff / Deutsche Messer mit einem U-Schliff mit einem Wetzstahl oder Ähnlichem.

- Schleifstein
  - KozyGear Premium Messerschärfer Schleifstein – perfekt für Japanische Messer mit 15 % V-Schliff (1000 / 6000 Körnung ist super!)

- 3 Stufen Messerschleifer B.PRIME Messerschärfer Classic
  - Klassischer Messerschleifer – da hier jedoch Messer durch Stufen gezogen werden können, welche für die jeweilige Klinge nicht geeignet sind, ist das eher schwierig anzusehen.
  - Besser in meinen Augen ist ein Schleifer wie Friedr. Dick Rapid Steel. Dieser gleicht sich automatisch der Klinge an. Ebenfalls ist hier der Rollschleifer der Firma HORL aus dem Schwarzwald zu nennen.

- Wenn man ein Messer gut pflegt – stetig durch Abziehen „auf der Klinge hält“ und bei Bedarf auch einmal zu einem Profi – zum richtigen Schleifen einer Klinge geht, dann kann man mit einem Messer gemeinsam alt werden!

Messerkunde

Das richtige Messer ist für das Kochen fast genauso wichtig wie die guten und frischen Lebensmittel. Daher hier ein kleiner Einblick in unsere Messerkunde – welches Messer in der Küche zu was gebraucht wird.

Die Grundausstattung:

„Officemesser" zwischen 9 und 12 cm Klingenlänge

→ Dieses kleine und praktische Messer ist ideal für Schälarbeiten bei Gemüse und Obst, ebenso für kleine Schneidearbeiten z. B. bei Pilzen, Knoblauch, Ingwer oder eben bei Gemüse und Obst.

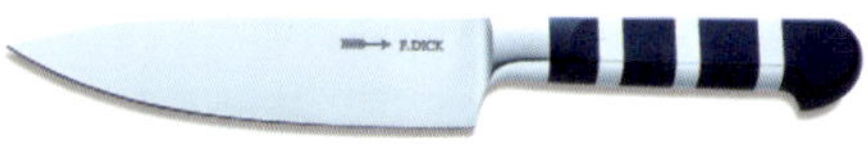

„Kleines Kochmesser" ca. 15 cm Klingenlänge

→ Das Allzweckmesser ist für fast alle klassischen Schneidearbeiten geeignet, ob für größere Gemüse- oder Obststücke, ob für Fleisch oder Geflügel oder zum Schneiden / Hacken von Küchenkräutern und Ähnlichem.

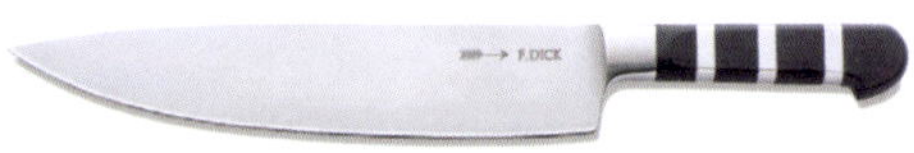

„Kochmesser" zwischen 21 und 26 cm Klingenlänge

→ Der Klassiker in der Küche – ideal zum Schneiden, Zerteilen und Zerlegen von Fleisch, Fisch, Geflügel, von großem Gemüse wie Kürbis oder Auberginen – durch seinen Wiegeschliff auch bestens geeignet zum Hacken von Kräutern, etc.

„Wellenschliffmesser / Brotmesser“ zwischen 21 und 26 cm Klingenlänge

→ Ein Muss für alle Brotliebhaber für den perfekten Brot-Schnitt – ebenso wie für alle Krusten (Braten), Torten oder harten Schalen bei Obst und Gemüse.

Die Zusätzlichen:

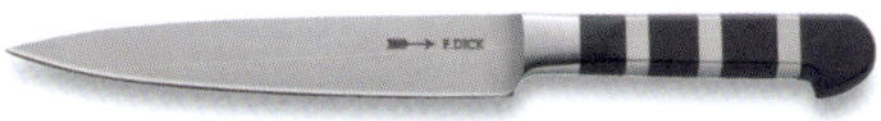

„Filetiermesser / flexibel“ zwischen 18 und 21 cm Klingenlänge

→ Perfekt für das Filetieren und Portionieren von Fisch, dem Entfernen von Haut bei Fisch, dem Parieren und küchenfertigem Vorbereiten von Fleisch

„Santoku mit Kullenschliff“ zwischen 18 und 21 cm Klingenlänge

→ Klassiker trifft Asien – in Verbindung von dünner Klinge und den Kullen für das weniger Anhaften des Schnittguts. Das ist ideal für Gemüse und Fleisch

Schneidebretter

Es gibt die unterschiedlichsten Materialen für Schneidebretter:

* Marmor
* Glas
* Edelstahl
* Kunststoff
* Holz

Marmor, Glas und Edelstahl sind zwar, was die Hygiene angeht, durch die glatten Oberflächen perfekt, doch auf Grund ihrer Härte schaden diese der Klinge bei jeder Schnittbewegung.

Holz- und Kunststoffbretter sind durch die weichere Oberfläche für die Schneidebewegungen und dadurch für die empfindlichen Klingen wesentlich positiver.

Im gewerblichen Bereich sind Kunststoffbretter sehr verbreitet, auch deshalb, da diese meist eine Saftrinne haben und durch die unterschiedlichen Farben schnell und immer griffbereit für die dafür vorgesehenen Lebensmittel bereit sind: Zum Beispiel BLAU für Fisch / ROT für Fleisch / GELB für Geflügel / GRÜN für Gemüse und Obst / SCHWARZ für Dessert / BRAUN für Brot.

Für den privaten Gebrauch könnte dies auch umgesetzt werden. Wenn hier Holzbretter verwendet werden, so könnte man diese Unterscheidungen auch mittels eigener Markierungen der Bretter treffen.

Kunststoff ist neben dem weicheren Material auch gut, da er grundsätzlich wasserabweisend ist. Holz hingegen nimmt zwar in geringem Maße Flüssigkeiten auf, doch bei jeder Schneidebewegung werden die im Holz enthaltenen Tannine freigesetzt und daher Keime abgetötet. Wichtig ist im Besonderen, dass nach dem Reinigen die Holzbretter gut und gründlich trocknen können.

Wenn mehrere Schneidebretter im Haushalt genutzt werden, so sollten diese dann getrocknet nicht aufeinander sondern stehend nebeneinander aufbewahrt werden.

Gute Hölzer für Schneidebretter wären:

* Nussbaum – gute Festigkeit und leichte Pflege
* Eichenholz – langlebig und messerschonend
* Buchenholz – stabiles Material und gute Umweltbilanz
* Bambus – dichte Oberfläche und messerschonend

Haltbarmachung

Lebensmittel sollen möglichst frisch zubereitet und verzehrt werden, damit ihr Gehalt an Nährstoffen dem Körper möglichst vollständig zugute kommt.
Trotzdem gibt es Gründe dafür, Lebensmittel haltbar zu machen und vorrätig zu halten:
Jahreszeit, Erntezeiten von Obst und Gemüse, Sonderangebote des Marktes, Alter und Gesundheit, Lebensgewohnheiten der Familie wie z. B. häufiger unangemeldeter Besuch.
Man sollte aber immer bedenken, dass sich die Lebensmittel zu Ungunsten ihrer Qualität verändern.
Es gibt zwei Bereiche der Haltbarmachung:

1. Physikalische Verfahren – Gefrieren, Kühlen, Trocknen, Einkochen (Sterilisieren)
2. Chemische Verfahren – Salzen, Zuckern, Räuchern, Einlegen in verschiedene Lösungen

Das schonendste Verfahren für Lebensmittel und Inhaltsstoffe ist heute das Tiefgefrieren. Aus diesem Grund soll das Hauptgewicht auf die Herstellung von Tiefkühlkost gelegt werden. Das Verfahren des Einkochens soll nur kurz angesprochen werden.

Sterilisieren – Einkochen

Beim Einkochen oder Sterilisieren wird das vorbereitete Lebensmittel in saubere Einmachgläser gefüllt, mit Flüssigkeit bedeckt, verschlossen und eine bestimmte Zeit auf 75° C bis 100° C im Wasserbad oder 150°C bis 180°C im Backofen erhitzt. In der Hitze werden viele Mikroorganismen abgetötet, die Luft im Glas dehnt sich aus, und beim Erkalten bildet sich dann ein Vakuum.

Sterilisieren im Wasserbad

Die Gläser werden in einen Topf mit kaltem Wasser gestellt. Das Wasser muss bis gut 3/4 Höhe der Gläser reichen. Dann werden die Gläser langsam erwärmt, bis das Innere ausreichend erhitzt ist. Ein vorsichtiges aber schnelles Abkühlen erhält die Qualität des Inhaltes.

Sterilisieren im Backofen

Der Backofen wird auf 180° C vorgeheizt. Dann schiebt man die Fettpfanne auf den Boden und füllt etwa 3–4 cm Wasser ein. Jetzt stellt man 6 gleichgroße Gläser gleichmäßig verteilt in die Fettpfanne. Die Gläser werden solange erhitzt, bis der Inhalt zu perlen beginnt. Die Nachwärme sollte immer 20–30 Minuten ausgenutzt werden.

Fermentieren

Fermentiert wird z. B. Sauerkraut, Käse, Bier, Joghurt, Kombucha etc. Hier arbeiten dann natürliche Milchsäurebakterien und sorgen für die Haltbarmachung. Hierzu in einem z.B. Einmachglas das zu Fermentierende in Salzlake legen, luftdicht verschließen und an einem dunklen Ort lagern. Bei dieser Fermentation entsteht Milchsäure, welche dann ihren Dienst tut. Ebenfalls kann in Essig fermentiert werden.

	Einkochen im Backofen bei 180°C	Einkochen im Wasserbad		
		kleine Gläser	große Gläser	Temperatur
Beerenobst	vom Perlen an 20–25 Minuten in der Nachwärme	20 Minuten	25 Minuten	75° C
Steinobst	vom Perlen an 25–30 Minuten in der Nachwärme	25 Minuten	30 Minuten	80° C
Kernobst	vom Perlen an 30–35 Minuten in der Nachwärme	30 Minuten	35 Minuten	90° C
Gemüse	70–90 Minuten + 30 Minuten in der Nachwärme	90 Minuten	110 Minuten	100° C

Die Klammern erst nach dem Erkalten abnehmen, damit das Vakuum nicht verloren geht und die Gläser aufgehen. Die Gläser werden sauber abgewischt und überprüft, ob sie tadellos geschlossen sind. Dann werden die Gläser beschriftet und kühl, trocken und dunkel aufbewahrt. In den ersten Wochen sollen die Gläser öfter geprüft werden.

Herstellung von Marmeladen, Fruchtsäften und Gelees

Marmelade

Die verschiedenen Obstsorten enthalten in unterschiedlicher Menge Pektine. Die Pektine sind natürliche Gelierstoffe, die in Verbindung mit Zucker, Säure und Hitze Flüssigkeit binden. Nicht alle Obstsorten enthalten gleich viel Pektin. Reich an Pektinen sind Johannisbeeren, Quitten, halbreife Äpfel und Stachelbeeren. Unreife Früchte enthalten mehr Pektine als reife, deshalb eignet sich zur Marmeladenherstellung besonders gut unreifes Obst. Arm an Pektinen sind Himbeeren, Erdbeeren und Kirschen. Es empfiehlt sich, etwas pektinreiches Obst zuzugeben, z. B. ein paar halbreife Äpfel.

Durch die Zugabe von käuflichen Geliermitteln kann die Kochzeit auf ein Mindestmaß verkürzt werden und auch aus pektinarmen Früchten eine reine Marmelade hergestellt werden.

Für die Herstellung ohne Geliermittel rechnet man 500 g Obst und 500 g Zucker, dies wird solange unter Rühren gekocht, bis es dicklich wird (anfängt zu gelieren). Das kann je nach Obstsorte lange dauern.

Es gibt verschiedene Geliermittel, die man zusetzen kann: Gelierzucker (Gelierpulver + Zucker), Gelierpulver und Gelierflüssigkeit. Damit benötigt man zur Herstellung von Marmelade 1 kg Obst und 500 g Zucker. Die Kochzeiten betragen 1 bis 2 Minuten. Bei der Verwendung eines Geliermittels sollten die Angaben des Herstellers immer beachtet werden. Auf einem kalten Teller unbedingt die Gelierprobe machen. Geliert die Masse nicht, so muss die Kochzeit verlängert werden, bis die Masse richtig geliert.

Die gekochte Marmelade wird in saubere, vorgewärmte Gläser mit Schraubdeckel randvoll eingefüllt. Der Rand wird mit einem sauberen Tuch gut abgewischt und die Gläser noch heiß zugeschraubt. Jetzt werden die Gläser 5 Minuten auf den Kopf (Deckel) gestellt, dann umdrehen und in aller Ruhe auskühlen lassen. Die Gläser werden beschriftet und kühl, dunkel und trocken gelagert. Ab und zu die Gläser kontrollieren, ob sie richtig verschlossen sind und sich keine Schimmelschicht gebildet hat.

Fruchtsäfte

Fruchtsäfte werden vorwiegend aus Beerenobst hergestellt. Zur Herstellung verwendet man einen Dampfentsafter. Die Benutzung erfolgt nach Angaben des Herstellers. Der fertige Saft kann mit und ohne Zuckerzusatz in Flaschen mit Twist-off-Schraubverschluss gefüllt werden.

Gelees

Hier gilt sinngemäß, was bereits zur Marmeladenherstellung geschrieben wurde.

Für die Herstellung benötigt man 1/2 L Saft und 500 g Zucker oder 1 L Saft + 500 g Zucker und ein Geliermittel. Hier sind wieder die Angaben des Herstellers zu beachten.

Tiefkühlkost

Gefrieren	= Haltbarmachen von Lebensmitteln durch den Entzug von Wärme unterhalb des Gefrierpunktes
Tiefgefrieren	= industrielles Haltbarmachen von Lebensmitteln durch schnellen Wärmeentzug
Tiefkühlkost	= Lebensmittel, die am Ende des Verfahrens eine Kerntemperatur von mindestens -18°C haben müssen und bei mindestens -18°C gelagert werden

Vorgänge beim Tiefgefrieren und Gefrieren

Alle Lebensmittel enthalten Wasser und die darin gelösten Inhaltsstoffe in unterschiedlicher Konzentration. Dies hat zur Folge, dass der Gefrierpunkt nicht wie bei Wasser bei 0°C liegt, sondern zwischen 0°C und -5°C. Dieser Temperaturbereich wird als Bereich der „maximalen Kristallbildung" bezeichnet. Bei Gefriertemperaturen bis -10°C wird dieser Bereich nur sehr langsam durchschritten. Es bilden sich unregelmäßige, große Eiskristalle. Diese großen Kristalle zerstören die zarten Zellwände. Das hat zur Folge, dass beim Auftauen die Zellflüssigkeit mit allen Inhaltsstoffen verloren geht.

Bei Gefriertemperaturen von -30°C wird dieser Bereich sehr schnell durchschritten. Es bilden sich kleine, feinkörnige Kristalle.
Das eigentliche Tiefgefrieren kann nur industriell bei Temperaturen zwischen -30°C und -40°C durchgeführt werden. Im privaten Haushalt ist nur Gefrieren möglich, da höchstens Temperaturen von -30°C erreicht werden. Außerdem kann dann nur eine kleine Menge tiefgefroren werden und meistens werden diese Mengen überschritten.

Vorteile der TK-Kost

Durch das Gefrieren werden die Eiweißstoffe in einem bestimmten Maß denaturiert und die Zellulose aufgeknackt, das bedeutet für den menschlichen Organismus eine günstige Aufbereitung der Lebensmittel. Die Lebensmittel sind leichter verdaulich. Dies ist besonders bei Kohlarten von Bedeutung, z. B. Grünkohl sollte einmal Frost mitbekommen. Als es noch keine Gefriertruhe gab, ließ man ihn bis nach dem ersten Frost im Garten stehen. Heute übernimmt dies die Truhe.
Wenn die Gefriertruhe sinnvoll genutzt wird, bedeutet sie einen wirtschaftlichen und zeitlichen Vorteil.

Lagerdauer der TK-Kost

Im Temperaturbereich von –1°C und –5°C beträgt der gefrorene Wasseranteil des Lebensmittels ca. 75%. Bei Temperaturen von –20°C bis –35°C steigt der gefrorene Anteil auf etwa 90%. Der jetzt noch nicht gefrorene Teil ist eine konzentrierte Flüssigkeitslösung mit Salzen und anderen löslichen Stoffen. Dies bedeutet, dass auch TK-Kost nicht unbegrenzt haltbar ist. Die Zersetzungsprozesse laufen nur sehr verlangsamt ab.
Die Lagerdauer einzelner Lebensmittel kann aus Tabellen entnommen werden.

Selbstgefertigte TK-Kost

Um ein gutes Gefrierergebnis zu erhalten, müssen einige wichtige Punkte beachtet werden:
- die Lebensmittel müssen zum Einfrieren geeignet sein
- nur gute Qualität einfrieren, die Qualität wird zwar weitgehend erhalten, aber nicht verbessert
- möglichst frische Ware verwenden und zügig verarbeiten
- die richtige Vorbehandlung und Verpackung durchführen
- im Vorgefrierfach mit Superschaltung einfrieren, Höchstmenge nicht überschreiten
- Beschriftung nicht vergessen.

Gemüse:

Das Gemüse vollreif ernten und sofort einfrieren. Es wird gesäubert und zerkleinert. Dann muss Gemüse blanchiert werden, um kältebeständige Mikroorganismen durch Hitze abzutöten. Enzyme werden unwirksam gemacht, und es ist eine bessere Qualitätserhaltung möglich. Beispiel: Der Verlust an Vitamin C in Spinat nach 5 Monaten beträgt bei rohem Spinat ca. 90% und bei blanchiertem nur ca. 30%. Weitere Vorteile des Blanchierens sind:
- es reinigt das Gemüse zusätzlich
- macht es elastischer und erleichtert platzsparendes Verpacken
- vertieft grüne Farbtöne z. B. in Erbsen, Bohnen, Spinat
- vermindert Schadstoffe, Bitterstoffe, Oxalsäure.

Blanchieren = kurzfristiges Erhitzen in kochendem Wasser und sofortiges Abkühlen.

Blanchiervorgang:

1 kg geputztes, zerkleinertes Gemüse in 10 L kochendes Wasser geben. Das Wasser muss spätestens nach 1 Minute wieder aufkochen. Gemüse gut durchschwenken, damit alles gleichmäßig überbrüht wird. Die Blanchierzeit sollte 3 Minuten nicht überschreiten. Gemüse sofort in kaltes Wasser geben. Man kann Eiswürfel zum schnelleren Abkühlen zugeben. Gut abtropfen lassen, sofort verpacken, beschriften und einfrieren. Das Blanchierwasser kann mehrmals verwendet werden; verdampfte Wassermenge nachfüllen. Bei hellem Gemüse, z. B. Blumenkohl, kann etwas Zitronensaft zugesetzt werden.

Obst:

Obst voll ausgereift, aber noch fest, ernten, schälen, entsteinen oder entkernen und zerkleinern. Mit Trockenzucker oder einer Zuckerlösung einfrieren. Der Zucker verhindert das Braunwerden von besonders hellem Obst wie Äpfeln oder Birnen.

Fleisch:

Fleisch muss gebrauchsfertig vorbereitet werden, das heißt Knochen, Haut, Fett, Innereien und Ähnliches müssen entfernt werden. Kurzbratstücke wie Schnitzel sollten mit Zwischenfolien eingefroren werden, damit man sie in angetautem Zustand schon voneinander trennen kann. Die Portionen genau berechnen, denn einmal angetaute Ware kann nicht nochmals eingefroren werden. Je fetthaltiger das Fleisch ist, desto kürzer ist die Lagerzeit. Fett wird mit der Zeit auch im Gefriergerät ranzig.

Backwaren:

Backwaren dürfen als einzige Ware in lauwarmem Zustand eingefroren werden, damit sie nicht so austrocknen und nach dem Auftauen noch saftig sind.

Fertiggerichte:

Wenn Speisen zum Einfrieren vorgekocht werden, mit dem Würzen vorsichtig sein. Einige Gewürze verändern durch das Einfrieren ihren Geschmack.

TK-Verpackung:

Alle Lebensmittel, die tiefgefroren werden, müssen sachgerecht verpackt werden. Dafür wird gefriergeeignetes Verpackungsmaterial genommen. Dies schützt das Lebensmittel vor Qualitätsverlust durch Austrocknen, Gefrierbrand, Geschmacks- oder Geruchsübertragung und vor Gewichtsverlust.

Anforderungen an das Material:

- wasser- und luftdicht
- geringe Wasserdampfdurchlässigkeit
- große Festigkeit
- große Schmiegsamkeit
- beständig gegen das Lebensmittel
- geruchs- und geschmacksneutral
- fettunempfindlich
- gut verschließbar
- leicht zu handhaben
- bei Wiederverwendung leichte Reinigung
- preisgünstig

Die im Handel erhältlichen Materialien mit der Bezeichnung „gefriergeeignet“ entsprechen diesen Anforderungen. Geeignete Materialien sind Gefrierfolie oder Beutel, Alufolie und Gefrierdosen. Ungeeignete Materialien sind Pergamentpapier oder Backpapier, Frühstücksbeutel, Plastiktüten aller Art, Gläser, Originalverpackungen, Töpfe.

Hinweise zum Verpacken:

- Dosen bis ca. 2 cm unter den Rand füllen, Deckel fest verschließen, eventuell verkleben.
- Das Aneinanderfrieren von Stücken innerhalb der Packung durch Zwischenlagen geeigneter Folie oder durch Vorgefrieren der unverpackten Einzelstücke verhindern.
- Aus Folien und Beuteln beim Verschließen die Luft heraussaugen oder -streichen; Luft wirkt isolierend.
- Beutel oder Folienpackungen möglichst quadratisch oder rechteckig formen; sie lassen sich besser stapeln.
- Das Beutelende am besten zuschweißen, sonst fest umdrehen und mit Gummis oder Clips sichern.

Beschriftung:

- Inhalt
- Menge
- Zusatz (z. B. Zucker oder Salz)
- Vorbehandlung (z. B. grillfertig gewürzt)
- Verpackungsdatum
- wenn möglich das Verbrauchsdatum

Lagerzeiten:

Die Lagerzeiten sollten nicht überschritten werden.

Maximale Lagerzeiten:

Fleisch, fettreich	5 bis	6	Monate
Fleisch, mager	5 bis	12	Monate
Gemüse	9 bis	12	Monate
Obst	8 bis	12	Monate
Fertigspeisen	bis zu	3	Monaten
Brot, hell	bis zu	1	Monat
Brot, dunkel	bis zu	3	Monaten

Dies sind nur Richtwerte für die maximal längste Lagerdauer!

Auftauen von TK-Kost:

Auftauen immer im Kühlschrank – nicht „draußen" bei Zimmertemperatur!
Je langsamer man auftaut, desto schonender ist es für das Lebensmittel. Je nach Größe der Portion dauert das langsame, schonende Auftauen im Kühlschrank bis zu 24 Stunden.

Nährmittel und deren Lagerung:

Nährmittel sind:

1. Getreide – Buchweizen, Dinkel/Grünkern, Gerste, Hafer, Hirse, Mais, Weizen
2. Getreidemahlerzeugnisse – Graupen, Grütze, Grieß, Flocken groß/klein, Mehle
3. Teigwaren – Nudeln mit den verschiedensten Formen
4. Stärkeerzeugnisse – Puddingpulver, Soßenpulver, Suppenpulver, Sago, Tapioka
5. Reis – siehe Kapitel „Reis" auf Seite 148.

Mehle und Schrot zum Backen von Brot und Gebäck gehören nicht zu den Nährmitteln.

Tipps zur Lagerung:

Nährmittel sind wasserarme, stärkereiche Nahrungsmittel, die sich daher gut lagern lassen. Sie enthalten viele Mineralstoffe und einige Vitamine.

- Nährmittel sollten in der Originalverpackung oder in Spezialbehältern aufbewahrt werden.
- Sie sollten in gut belüfteten Vorratsschränken oder einem Regal im Vorratsraum trocken gelagert werden.
- Die Lagertemperatur sollte nicht über 20°C steigen.
- Fein gemahlene Nährmittel wie Flocken, Grieß und Mehl können auch bei geschlossenem Behälter von Mehlmotten oder Mehlmilben befallen werden, deshalb sollte man ab und zu den Zustand kontrollieren.
- Nährmittel sind bei sachgerechter Lagerung 1–2 Jahre haltbar. Man sollte aber immer das Verfallsdatum des Herstellers beachten.

Register